中国特色社会主义政治经济学丛书编委会

主　任：蒋永穆
成　员（以姓氏笔画排序）：王国敏　王洪树　邓　翔
　　　　　　　　　　　　刘吕红　何洪兵　张红伟
　　　　　　　　　　　　张　衔　曹　萍　龚勤林
　　　　　　　　　　　　熊　兰

中国特色社会主义政治经济学丛书

中国四十年价格改革研究

ZHONGGUO SISHINIAN
JIAGE GAIGE YANJIU

蒋和胜　曾　兴　李小瑜 著

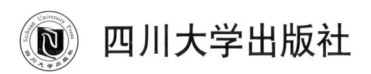

四川大学出版社

项目策划：邱小平　梁　平
责任编辑：傅　奕
责任校对：杨　果
封面设计：墨创文化
责任印制：王　炜

图书在版编目（CIP）数据

中国四十年价格改革研究 / 蒋和胜，曾兴，李小瑜著. 一成都：四川大学出版社，2019.9
（中国特色社会主义政治经济学丛书）
ISBN 978-7-5690-3070-9

Ⅰ. ①中… Ⅱ. ①蒋…②曾…③李… Ⅲ. ①物价改革－研究－中国 Ⅳ. ①F726.1

中国版本图书馆CIP数据核字（2019）第197171号

书名　中国四十年价格改革研究

著　者	蒋和胜　曾　兴　李小瑜
出　版	四川大学出版社
地　址	成都市一环路南一段24号（610065）
发　行	四川大学出版社
书　号	ISBN 978-7-5690-3070-9
印前制作	四川胜翔数码印务设计有限公司
印　刷	郫县犀浦印刷厂
成品尺寸	170mm×240mm
插　页	2
印　张	14.5
字　数	285千字
版　次	2019年12月第1版
印　次	2019年12月第1次印刷
定　价	65.00元

◆ 版权所有 ◆ 侵权必究

◆ 读者邮购本书，请与本社发行科联系。
　电话：(028)85408408/(028)85401670/
　(028)86408023　邮政编码：610065
◆ 本社图书如有印装质量问题，请寄回出版社调换。
◆ 网址：http://press.scu.edu.cn

四川大学出版社
微信公众号

丛书序

党的十一届三中全会以来,我们党把马克思主义政治经济学基本原理同改革开放新的实践结合起来,不断丰富和发展马克思主义政治经济学,形成了适应中国国情和时代特点的当代中国马克思主义政治经济学——中国特色社会主义政治经济学。

中国特色社会主义政治经济学是马克思主义政治经济学基本原理与中国特色社会主义经济建设实践相结合的理论成果,是当代中国马克思主义政治经济学的集中体现,是指导中国特色社会主义经济建设的理论基础。它立足于中国改革发展的成功实践,诞生于中国,发展于中国,服务于世界,是指引当代中国不断解放和发展生产力的科学理论,是引领社会主义市场经济持续健康发展的指南。

党的十八大以来,以习近平同志为核心的党中央坚持理论创新引领实践创新,推动一系列重大经济理论创新,提出了一系列新思想新论断,形成了以新发展理念为主要内容的习近平新时代中国特色社会主义经济思想,揭示了新时代中国经济发展的客观规律,为中国和世界带来了新的经济发展理念和理论。

四川大学在长期的办学历程中,始终坚持以马克思主义政治经济学为指导,高举中国特色社会主义伟大旗帜,围绕国家和世界经济发展面临的重大问题,不断推进知识创新、理论创新、方法创新,致力于构建中国特色社会主义政治经济学的理论体系,在社会主义基本经济制度、社会主义基本分配制度、社会主义市场经济理论、社会主义经济运行理论、社会主义经济发展理论、社会主义城乡一体化理论以及社会主义经济全球化与对外开放理论等领域长期耕耘,并形成了自身的研究特色和优势。

为了进一步学习实践习近平新时代中国特色社会主义经济思想,更好地阐释经济建设实践中的重大理论和现实问题,巩固和深化现有研究成果,不断为道路自信、理论自信、制度自信、文化自信做出新的理论创造和理论贡献,我们以四川大学"双一流"超前部署学科"马克思主义理论与中国特色社会主义创新"为依托,研究设计了中国特色社会主义政治经济学丛书。

丛书的第一集共八本,以庆祝改革开放四十周年为主题,分别从"中国农村改革四十年:回顾与经验""改革开放与货币政策宏观调控变革""中国四十年价格改革研究""改革与增长:中国经济奇迹的政治经济学解释""改革开放四十年:我国经济周期波动及对外经济政策调整""改革开放四十年:创新驱动供给侧结构性改革""从城乡分割到城乡融合:成都的土地改革与乡村振兴"以及"中国经济改革与对外开放四十年:理论与实践探索"等方面对改革开放四十年的具体实践进行了深入分析。之后,我们还将从中国特色社会主义政治经济学的其他维度进行系统设计。

我们希望这套丛书的出版,有助于四川大学学术大师的不断涌现和学术流派的逐渐形成,有助于中国一流、川大风格的马克思主义理论与中国特色社会主义创新研究学科的逐渐形成。

学术永无止境。该丛书肯定会有不少需要改进之处,恳请各位同仁、读者为我们提出宝贵意见,让该丛书越办越好,在构建中国特色社会主义政治经济学理论体系中发挥积极作用。

目 录

第一章　中国价格改革四十年总览 ……………………………………（001）
　第一节　中国四十年价格改革的历史回顾……………………………（001）
　第二节　中国价格改革四十年取得的成就……………………………（005）
　第三节　新时期深化价格改革的任务与思路…………………………（009）

第二章　中国四十年价格改革的历史地位与阶段划分 ………………（019）
　第一节　中国价格改革的历史必然和关键地位………………………（019）
　第二节　中国价格改革四十年的总体脉络与阶段划分………………（031）

第三章　中国四十年价格改革的历程 …………………………………（038）
　第一节　1977—1978年：价格改革的逻辑起点　 ……………………（039）
　第二节　1979—1984年：价格改革的关键探索　 ……………………（040）
　第三节　1985—1991年：价格改革向纵深演进　 ……………………（051）
　第四节　1992—2001年：价格改革的重点突破　 ……………………（062）
　第五节　2002—2012年：价格改革的全面推进　 ……………………（074）
　第六节　2013—2018年：价格改革的逻辑演进目标　 ………………（085）

第四章　中国价格改革四十年的成功经验 ……………………………（096）
　第一节　坚定市场化价格改革方向，稳步推进价格改革……………（096）
　第二节　始终坚持渐进式价格改革方略………………………………（100）
　第三节　统筹兼顾，正确协调各方利益关系…………………………（103）
　第四节　科学立法规范市场主体行为，巩固价格改革成果…………（108）
　第五节　审时度势精准把握力度，有序推进价格改革………………（112）
　第六节　各项改革协调配合，共同推进价格改革……………………（116）

第五章　中国价格改革四十年的伟大成就……………………………(122)
第一节　制度成就：市场决定价格机制基本形成…………………(122)
第二节　价格体系成就：价格管理体系初步完善…………………(128)
第三节　经济成就：促进生产力大发展，提高人们生活品质………(133)
第四节　法律成就：建立健全价格相关的法律法规、监督体系……(137)
第五节　理论成就：初步形成中国特色社会主义价格理论体系……(143)
第六节　民生成就：满足了人民日益增长的美好生活需要…………(148)

第六章　中国价格改革前瞻………………………………………………(152)
第一节　建立和完善市场决定价格机制的主导格局………………(152)
第二节　重要领域的价格改革持续推进……………………………(153)
第三节　价格法律、监督检查机制继续完善………………………(159)
第四节　健全应对国际市场价格波动的体制机制…………………(163)

参考文献………………………………………………………………………(165)

附录一　纪念价格改革十周年与三十周年论文三篇………………………(172)

附录二　中国价格改革四十年重要政策文件法律法规目录索引…………(201)

附录三　2016年版中央定价目录……………………………………………(223)

后　记…………………………………………………………………………(226)

第一章

中国价格改革四十年总览

四十年价格改革历史，蜿蜒曲折、波澜壮阔，开创了中国特色的渐进式价格改革道路，初步实现了由计划形成价格机制到市场为主形成价格机制的转变，使价格在政府的有效调控下，能够及时反映市场价值和供求关系的变化，不断发挥价格机制对资源配置和社会再生产四个环节的良性调节作用。与此同时，作为整个国民经济体制改革成败的关键，价格改革每前进一步，都带动了整个国民经济体制改革的深化，推动了社会主义市场经济体制的建立，促进了社会生产力大发展，大幅提高了人民的生活水平。

第一节 中国四十年价格改革的历史回顾[①]

从1978年至今，我国四十年价格改革除理论准备初期外，大致经历了五大改革阶段。翔实记叙五大阶段的重大改革举措和成效，还原价格改革四十年的历史场景及其实践进程，研究我国价格改革四十年的理论逻辑演进，探索价格改革深层逻辑规律，不仅具有重要的经济史料价值，而且对于深化价格理论研究，构建中国特色社会主义价格理论体系，完善新时代中国特色社会主义市场价格体制，具有重要的学术价值和现实意义。

中国四十年价格改革的历程，按照不同时期的改革理论突破成果、改革环境、改革目标、改革思路、重点和方式的不同，大体可以划分为以下五个阶段。

---

① 蒋和胜，刘世炜，等. 重要商品与服务价格研究［M］. 成都：四川大学出版社，2018.

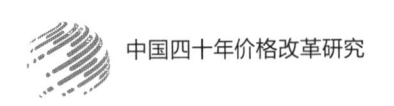

一、价格改革的初始阶段（1979—1984 年）

这一阶段我国针对过去否定市场调节的积极作用，实行单一的高度集中统一的计划经济体制，提出了整个经济体制实行"计划经济为主，市场调节为辅"的目标模式，与此相适应的价格体制模式是"计划价格为主，市场价格为辅"。因此，这一阶段的价格改革重点，就是对长期实行的僵化的计划价格体制导致的不合理的价格体系进行改革。改革的思路是调整价格结构，对不合理的计划价格进行有升有降的调整。同时，用下放定价权的方式改革高度集中指令性计划价格管理体制。主要举措是面向企业逐步下放了全部小商品价格的管理权限，企业拥有了小商品定价权；改革农副产品价格管理体制，逐步放开了三类鲜活农副产品价格管理权限，企业、农户和消费者在集市贸易市场上随行就市，自由议价；改革轻工业产品价格管理体制，适当下放了部分轻工业商品价格管理权限。

这一阶段通过调放结合，以调为主的改革方式，调整了严重不合理的计划价格体系，一定程度上疏导了价格体系长期累积的矛盾。同时，对计划价格体制进行了初步改革，改变了单一的国家定价形式，中央下放了部分产品的定价权，出现了国家定价、浮动价、协议价和集市贸易价等多种价格形式，市场机制开始在价格形成中发挥调节作用，增强了价格的灵活性，发挥了市场价格机制在经济生活中的辅助调节作用。

二、价格改革全面展开与巩固阶段（1985—1991 年）

这一阶段以 1984 年 10 月党的十二届三中全会公布的《中共中央关于经济体制改革的决定》（简称《决定》）为起点，按照《决定》提出的有计划的商品经济目标模式，建立计划经济与市场调节相结合的经济运行体制的要求，价格改革的目的就是要全面发挥价值规律的作用，建立政府定价、浮动价、市场价相结合的混合价格体制；改革的重点开始转到改革价格形成机制，逐步建立和改善价格宏观调控体系等方面；改革的方法是调放结合，以放为主。自 1985 年起，我国开始进行以"放开"价格为主基调的价格形成机制改革。这一改革方式的转变，标志着中国价格改革目标逐步明晰，改革方向逐步明确，开始探索建立主要由市场形成价格的新机制。

1985 年开始的第二阶段价格改革，放开了除国家定购的粮、棉、油等少数产品以外的绝大多数农副产品的购销价格；放开了计划外生产资料价格，形成生产资料价格"双轨制"，价格"双轨制"作为中国渐进式价格改革的重要形式，虽然一度引起计划内外商品价差过大，官倒私倒盛行，流通秩序混乱，社会分配不公等诸多弊端，但现在看来这是渐进式改革必须付出的成本代价，实践证明，与疾风暴雨式的改革相比，它所引起的社会震荡小，成功把握大，是中国改革的创举和成功经验；还放开了耐用轻工消费品价格。总之，这一阶段通过上述价格改革举措，价格形成机制的转换取得较大进展。但是，由于1988年出现了严重的通货膨胀和1989年的政治动荡，政府对经济实行了三年的"治理整顿"，价格改革的步伐放缓，甚至出现怀疑价格市场化改革方向是否正确的观点，价格改革政策上也有所收紧，对已经放开的部分重要商品定价权重新收归政府，并采用"限价"、恢复"凭证"供应粮食等行政手段抑制价格上涨。在通货膨胀得到明显抑制、市场趋于平稳的情况下，政府重启价格改革工作，采用"以调为主"的方式，有计划、分步骤地提高了偏低的农副产品、工矿产品及交通运输服务的政府定价，从而使长期偏低的主要商品价格水平得以提高。此外，还初步建立和健全了价格总水平的监测和调控体系，以及某些重要商品的储备制度、价格调节基金制度，价格管理工具呈现出多样化趋势。

三、初步建立社会主义市场价格体制阶段（1992—2001年）

1992年10月，党的十四大确立了我国经济体制改革的目标是建立社会主义市场经济新体制，在价格改革方面也明确提出要建立起以市场形成价格为主的价格机制。因此，这一阶段，价格改革的步伐明显加快，转换价格机制、调整价格结构以及健全价格调控体系等诸多方面的改革全面深化。主要内容包括：重新修订和颁布了中央管理价格的分工目录，从中央到地方都大范围地放开了一批商品和服务的价格；大力推进生产资料价格"双轨制"的并轨，即把原来同一种商品实行政府定价的部分，向企业定价并轨，绝大部分双轨制价格的政府定价部分逐步减少直至取消，价格主要由企业根据市场供求自主决定；这期间三次较大幅度提高粮食定购价格，四次大幅度提高铁路运价，五次提高原油的出厂价格和电力价格；从1997年开始实行粮食保护价格政策，较大幅度地提高了粮食收购价格和原油、统配煤、铁路运输、电子产品等国家定价水平；提高了城市公用事业和公益事业的收费标准；加强价格法制建设，1997年12月，由全国人大常委会通过的《中华人民共和国价格法》（以下简称《价格法》），这是我国第一部价格法，成为价格调控与管理步入法治轨道的标志；完善政府管理的商品和服务价格形成机制，初步改革垄断行业价格形成方式，运用成本调查、听证会、专家咨询等办法，为实现政府定价的科学性、合理性奠定了基础。

总之，这一阶段通过放调管结合的价格改革和加强价格法制建设等举措，不仅逐步理顺了价格体系，而且开始转换价格形成机制，逐步建立价格宏观调控体系，到 2000 年，全国商品及服务的定价权大部分由政府直接定价成功过渡到了由市场供需决定价格的局面，标志着我国社会主义市场价格形成机制基本建立。

四、深化社会主义市场价格体制改革阶段（2002—2012 年）

2001 年 11 月 11 日我国正式加入 WTO，标志着我国对外开放进入了一个新的阶段，价格体制与机制需要逐步与国际接轨。2007 年 10 月党的十七大报告明确提出，加快完善反映市场供求关系、资源稀缺程度、环境损害成本的生产要素和资源价格形成机制。因此，对加快转换价格形成机制，完善社会主义市场价格体制提出了新的要求。这一阶段价格改革的主要任务是完善市场形成价格机制，重点是按照科学发展观的要求和参与全球化的需要，进一步完善市场形成价格的体制和政府对价格的管理调控体系，同时继续对极少数重要商品和服务价格进行调整，并继续下放定价权限，引入市场竞争机制，尽可能发挥市场竞争规律和供求规律对水、电、气、通信、药品、交通等自然垄断行业和教、科、文、卫、环境等公益公用行业的商品和服务价格的调节作用。

这一阶段价格改革的主要内容包括：一是有升有降的调整价格。提高了部分进口产品和资源类产品价格；降低了多种加工产品价格；多次提高天然气价格；根据国际市场价格变化对成品油价格进行了多次调整，并且尝试启动石油价格国内外联动机制；取消了部分公益性服务收费项目，降低了仍然保留的行政事业性收费标准。二是继续放开一部分自然垄断行业和教、科、文、卫、环境等公益公用行业的商品和服务价格，大力转换价格形成机制。

五、放管服结合的社会主义市场价格新体制阶段（2013—2018 年）

2013 年 11 月，党的十八届三中全会通过的《中共中央关于全面深化改革若干重大问题的决定》明确指出，价格是市场经济的核心，要求全面建立和完善以市场调节为主的价格管理体制。2015 年《中共中央国务院关于推进价格机制改革的若干意见》发布，为了贯彻落实中央价格改革精神，国家发展改革委出台了《推进价格机制改革专项行动计划》（2015—2017 年），随后，各省、市、自治区陆续制定了《进一步深化价格改革的意见》，打响了价格改革攻坚战，价格改革步入深水区。这一阶段价格改革紧紧围绕市场价格在资源配置中起决定性作用展开，深化了生产要素价格、自然垄断行业和公益公用行业价格形成市场化改革，试点推进了能源价格、交通运输价格、水价、通讯价格的市场化改革；推进农副产品价格、医药价格、教育收费改革，进一步放开农副产品、药品、民办教育和部分医疗服务项目的价格和收费标准，进一步建立市场形成价格的机制，发挥市场在价格形成中的决定性作用。同时，依法规范政府定价程序，加强成本监审、加大对市场价格监测预警和监管力度、强化反垄断执法、完善市场价格调控体系，充分发挥政府在市场价格健康运行中的保障作用。

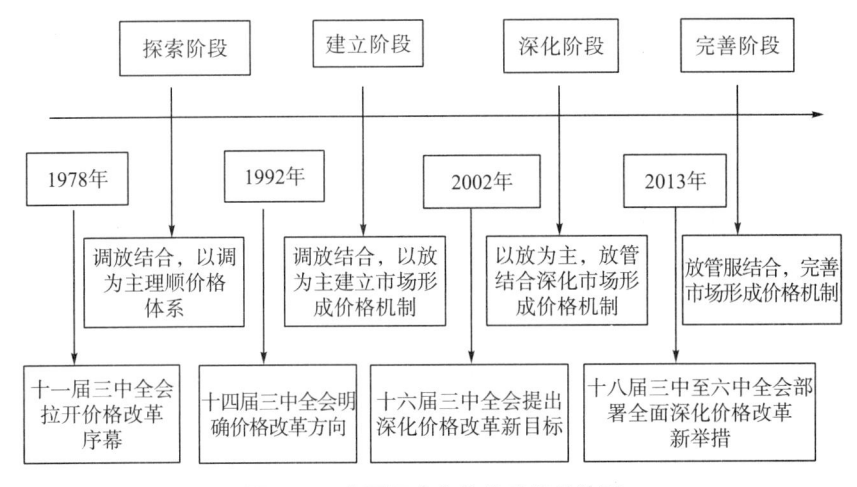

图 1—1 中国四十年价格改革总览图

第二节 中国价格改革四十年取得的成就[①]

从 1978 年到 2017 年，我国价格改革走过了四十年历程，走出了一条具有中国特色的计划价格体制向市场价格体制渐进转变的路子，并取得了巨大成功，主要表现在以下几个方面。

一、市场形成价格机制初步建立

我国价格改革采用"一调二放三建立四深化五完善"的方略，走出了一条中国特色的渐进式改革道路。按照先易后难，先改生活资料价格，再改生产资料价格；先调整不合理的计划价格，再放开价格，转换价格形成机制；先改价

---

① 蒋和胜，刘世炜，等. 重要商品与服务价格研究［M］. 成都：四川大学出版社，2018.

格体系,再改价格管理体制;先改一般商品服务价格,再改重要商品服务价格的总体思路,采取调放结合,有调有放,先调后放,边调边放的改革方法和策略,推动改革从商品和服务价格到生产要素价格,从竞争性领域价格到垄断领域价格逐步扩展,最终成功实现了计划形成价格机制向市场形成价格机制的转变。"据测算,当前我国价格市场化程度超过97%,2014、2015、2016年价格市场化程度分别比上年提高0.56、1.29和0.48个百分点,明显大于2013年0.35个百分点的水平,价格市场化改革步伐明显加快;从政府管理价格比重看,2016年政府管理价格的比重为2.99%,对全国价格市场化程度提高的贡献达到71.3%;从产业看,2016年第一、二、三产业的价格市场化程度分别达到100%、97.37%和95.90%。"[①] 总之,目前与改革开放初期相比,价格管理形式结构发生巨大变化,市场机制在价格形成中的主导地位已经确立,基本实现了全社会商品和服务价格主要由市场决定的改革目标。

二、价格体系逐步趋于合理

价格体系是指各种商品劳务价格相互联系、相互依存所构成的有机整体。它主要包括各种商品服务价格及其水平、价格之间相互联系形成的比价体系和差价体系。价格体系虽然由国民经济体系决定,但它能反映国民经济体系状况,对国民经济体系有巨大的调节作用。1978年以前,由于高度集中统一的政府定价体制,导致价格体系严重不合理,通过四十年来的调整与放开,基本实现了价格形成机制转换,价格体系在市场规律的调节下,处于自动调适状态。目前,除了成品油、天然气、电力、农副产品、医药服务等少数商品服务的比差价关系尚未完全理顺外,绝大多数商品在市场机制作用下比差价关系趋于合理,多数商品比价大致反映商品间的价值比例,商品差价大致反映商品价值差额,价格体系基本理顺。

在国内外市场价格关系方面,通过市场调节价格机制的建立,实行进出口商品代理作价、国内外价格挂钩联动、汇率及关税改革等举措,使我国在价格体制和价格管理方式上同发达市场经济国家逐步接轨,重要商品国内外市场价格差距逐步缩小,国内市场价格关系逐渐理顺,为扩大对外经济交流,发展开放型经济提供了重要条件。

---

① 郭锦辉. 我国价格市场化程度超过97% [N]. 中国经济时报,2017-07-28.

三、价格宏观调控体系和价格法律体系框架初步搭建

价格调控体系在上个世纪末建立后逐步完善,构成了涵盖面宽、内容广泛、相互联系的有机体系。确立了价格宏观调控目标是保持价格总水平基本稳定,注重调控极少数重要商品价格的异常波动,对微观经济主体主要实行间接调控;价格调控监管以经济、法律手段为主,行政手段为辅,配以宣传舆论手段,通过行业商协会组织企业加强价格自律;实行价格总水平和粮、肉、蔬菜等重要商品价格调控目标责任制,建立了粮食、猪肉、食用植物油、棉花、食糖等重要物资的政府储备制度和粮食最低收储保护价格制度,试点实施棉花、大豆、玉米等少数重要商品的目标价格制度,加强价格监测信息网络建设,逐步完善价格预测预警系统和临时价格干预措施与紧急措施,部分省份还出台了根据消费价格变动对低收入居民的动态挂钩补贴办法等等,从而保持了市场价格总水平的基本稳定。

初步建立了以《价格法》为核心的价格法律体系。1997年12月,由第八届全国人大常委会第二十九次会议通过的《价格法》,总结了1978年以来价格改革的成果与经验,并在此基础上用法律形式对社会主义市场经济条件下价格形成机制、价格管理形式、政府调控监管、经营者的价格行为、政府的定价行为、价格总水平调控以及保护市场竞争与制止不正当价格行为等重大问题做了规定,对构建新的价格形成、运行和调控机制,发挥价格合理配置资源的作用,增强政府宏观调控能力,稳定市场价格总水平,规范市场价格行为,保护生产者、经营者和消费者的合法价格权益,提供了重要的法律保障。并以《价格法》为核心,制定了一批相配套的价格法规、规章和规范性文件,价格管理逐步走上法制化、规范化轨道。这对规范市场主体的价格行为,建立竞争有序的市场价格秩序发挥了法制保障作用。

四、价格改革有力推动了我国经济发展和人民生活水平的提高

社会主义市场经济推动我国经济高速发展三十多年,价格改革功不可没。价格改革作为经济体制成败的关键,市场取向的价格改革取得成功,不仅推动了社会主义市场经济体制的建立,而且充分发挥了价格优化资源配置,调动市场主体的内生动力,推动经济高速增长,大幅提高人民生活水平的积极作用。

(1)价格改革促进了工农业生产和服务业的跨越发展。市场价格形成机制决定了合理的价格水平,价格的激励功能充分激发了市场主体的内生动力,推动工农业产品和服务业营业额大幅增长,使中国主要工农业产品产量和交通、

通讯、商贸、医疗、教育、金融保险等服务业营业额名列世界前茅，中国已经成为名副其实的第一制造业大国，也是第一农业大国，第一货物贸易大国。全球 500 种主要工业品中，中国有 220 种产品产量第一，有 1431 种出口份额排第一，远高于德国的 777 种、美国的 589 种、日本的 229 种。市场商品供应极大丰富，彻底改变了中国产品和服务供给长期短缺的局面。

（2）价格改革推动了我国经济总量的大幅跃升。通过价格改革，理顺价格关系，使价格机制成为推动经济高速增长的驱动器。我国国内生产总值由 1978 年的 3645 亿元，跃升至 2017 年的 827122 亿元，比改革开放初期增长了二百多倍，经济总量居世界位次从 1978 年的第十位提升至第二位，超过现在排第三位的日本的近两倍。经济总量占世界的份额由 1978 年的 1.8% 提高到 2017 年的 15%，人均 GDP 由 1978 年的 224.9 美元提高到 2017 年的 8866 美元。[①]

（3）价格改革推动了产业结构的转型升级。价格改革形成的较为合理的比价体系和差价体系，推动了我国产业结构的大调整。1978 年我国三大产业结构为 27.94：47.88：24.19，2017 年我国三大产业结构调整为 7.9：40.5：51.6，说明我国第一、二、三产业的比例关系渐趋协调，产业结构逐步实现转型升级。[②]

（4）灵活的市场价格机制与世界市场的价格优势，提高了中国商品国际价格竞争力，推动我国成为第一大货物贸易大国和外汇储备大国。我国进出口贸易总额从 1978 年的 206.4 亿美元提高到 2017 年的 41045 亿美元，成为第一大货物贸易大国；外汇储备从 1978 年的 1.67 亿美元，居世界第三十八位，提高到 2017 年的 31399 亿美元、连续 8 年稳居世界第一位，分别是排名第二位的日本和第三位的瑞士的 2.6 倍和 4.5 倍。

（5）价格改革推动了城乡居民生活水平的大幅提高。灵活的市场价格机制，极大地调动了企业和个人的生产经营积极性，大幅增加了商品和服务的市场供给，商品服务供给越来越丰富，价格保持基本稳定，不仅充分满足了城乡居民衣、食、住、行、医疗的基本需求，而且开始满足大众的旅游休闲、文化娱乐、体育健身等享受型需求，人民群众的生活水平由温饱逐步进入全面小康。

---

① 国家统计局：2017 年国民经济与社会发展统计公报.
② 国家统计局：2017 年国民经济与社会发展统计公报.

五、初步形成了具有中国特色的社会主义价格理论体系

通过四十年价格改革的实践，逐步探索并形成了对于市场价格的形成、运行、调控等若干新思想、新观点。价格改革不仅使价格体制发生了深刻变化，而且在实践中创新了价格理论，逐步形成了具有中国特色的社会主义价格理论体系，成为具有中国特色社会主义理论体系的组成部分。价格理论上的新思想、新观点成为推进我国价格改革的理论武器，对当前和今后市场经济条件下的价格实际工作也具有重要的指导意义。

社会主义价格理论体系主要涵盖了社会主义条件下价格的地位、职能、作用以及发挥价格杠杆作用的方式、方法和手段；建立市场价格形成机制、运行机制、调控机制等价格机制理论；农副产品价格、工矿产品价格、服务业价格等产业价格理论和企业定价理论；包括政府定价、政府指导价、市场调节价在内的具有中国特色的价格管理形式理论；综合运用经济、法律、行政、舆论导向等多种手段管控价格的调控理论；包括价格改革目标、方法、步骤、策略等内容在内的中国特色渐进式价格改革理论。

第三节 新时期深化价格改革的任务与思路①

一、当前深化价格改革面临的主要任务

回顾我国价格改革四十年的历程，在充分肯定价格改革成效的同时，还应当看到价格改革的任务远未完成，还存在不少"硬骨头"待啃，深化价格改革任重道远。资源性产品价格改革离完成还有较大差距，环境价格改革才刚刚起步，要素价格改革还未到位，医疗服务、药品、教育、房地产价格和收费还存在不少问题，需要深化改革，逐一解决，价格调控决策的科学化、民主化、透明度还有待提高，价格法制建设有待加强。

（一）主要由市场调节的价格形成机制还需要完善和巩固

进一步深化价格形成机制改革面临的主要任务是：农副产品以市场调节为主的价格机制和政府有效调控机制尚未最终建立；水、电、油、气、通讯、交通、房地产等资源性、垄断性产品价格，以及医药卫生、文化教育、科学技术

---

① 蒋和胜，刘世炜，等. 重要商品与服务价格研究［M］. 成都：四川大学出版社，2018.

等公益性价格机制和价格关系还未完全理顺；土地、劳动力、资本等要素价格市场化机制尚未建立；国内外粮食、矿产品、石油、技术等大宗商品和服务交易价格机制需要进一步对接，价格关系需要进一步协调，有关国内外市场主体价格行为、政府价格补贴等方面都需要与国际规则对接，符合相关法律法规要求。如何打破垄断，引入竞争，建立和巩固全面市场化的价格形成机制还有待通过深化改革来解决。

（二）政府定价和对市场价格运行的监管行为还有待规范

具体表现在：政府定价项目清单化尚未完成；政府定价目录调整机制缺失；政府定价依据、定价程序、定价方法、公众参与有待进一步形成制度规范。目前面临的问题是：政府在制定商品或服务价格时，对其真实成本并不完全掌握，对所定商品或服务价格的市场供求状况缺乏深度调研和科学预测，政府定调价很大程度上只是在经营者提出调整价格的方案后，综合考虑各方面的情况来进行审批，从而使政府定价实际变成了政府审价，审定的价格往往与市场真实价格差距大；政府相关部门在审定价格和制定价格政策方面受到非价格因素干扰多，导致制定的价格及政策与实际情况有偏差；价格执法机构与相关市场管理机关协同不够，缺乏合力，影响执法效果；在管理机构的职能方面，省级以上的价格主管部门与省级以下价格主管部门、价格主管部门与其他专业部门存在价格管理职能交叉、混淆等现象。如何构建科学的价格管理体系也需要通过深化改革加以解决。

（三）价格法制建设进程有待加快

首先，需要完善以《价格法》为核心的价格法律体系。目前，我国虽然建立了以《价格法》为核心的价格法律体系，但是由于经济体制转变的加快，市场体系的发展，对外开放的扩大，其作用在逐渐被削减，适应性也逐渐减弱，市场上一些内外资企业存在不同形式的价格欺诈、价格垄断等不正当行为，扰乱了市场价格秩序，影响了公平竞争。对此，应该抓紧制定反垄断、反不正当价格行为的可操作性配套法律，加快法制化建设的进度，对以上行为制定针对性强的限制措施，并对执法机构和执法人员的操作进行规范化管理，增强价格法制化的权威，以此规范市场交易和价格行为，同时规范市场主体的价格行为。

其次，亟待建立与《价格法》相配套的价格违法行为举报相关法律制度。虽然我国已建立起价格违法行为的投诉和举报机制，但是由于缺乏相应的法律法规约束，机制的操作性和权威性一直都被质疑，没有一部正规的保护举报者的相关法律，消费者的价格投诉没有得到很好地处理，价格违法行为未能得到及时处罚。所以，建立价格违法行为举报法规十分必要，只有制定出一套相关的保护举报者、惩治违法者的法规，才能更快地实现价格法制化，才能更全面地建立价格法制化体系。

再次，反价格垄断执法有待强化。由于市场价格垄断行为越来越隐蔽，对是否存在价格垄断的清晰界定难度大，导致对市场价格垄断行为发现不够及时，查处达成实施垄断协议、滥用市场支配地位和滥用行政权力排除限制竞争等垄断行为不够坚决，执法效能有待提高。

总之，健全价格管理法律体系，系统梳理和修订现有零散的价格法规和行政规章，根据市场发展过程中国内外市场主体出现的新的价格违法行为，颁布更有针对性、更加有效的价格法律法规，不断完善以《价格法》为基础的价格法律体系，增强价格法律的可操作性，并对市场价格行为做出更加准确、细化的规范。概括起来讲，机构权威、法律完备、机制完善、执行有力的市场价格监管工作体系目标尚未实现，价格法制建设任重道远。

（四）国内外价格关系需要进一步理顺

当前我国对外经济开放的广度和深度前所未有，国内经济已经深度融入世界体系，但是国内市场价格机制与国际市场价格机制还没有合理衔接，国内外市场的石油、天然气、铁矿石等大宗商品挂钩联动机制有待完善，国际技术转让的相关价格机制有待建立，跨国公司的价格垄断、转移价格行为有待进一步规范，主要农副产品价格水平明显高于国际市场，出现海外农副产品侵蚀国内市场份额，农民增收、农业增效、国际贸易摩擦等问题，给我们提出新的挑战。

（五）政府主导的成本调查与监审、价格监测预警、价格调控工作有待加强

政府成本监审目录修订不够及时，不能满足政府定价改革和市场价格监管的需要，成本公开制度和动态跟踪制度尚未覆盖生产、流通、消费等各个环节，特别是对民生有重大影响的教育、医疗服务、药品、水电气等公益公用事业与自然垄断行业的经营成本的调查监审十分薄弱，实时价格监测系统和动态成本信息系统还不健全，对重要农副产品、居民生活必需品、主要生产资料等监测调查重点领域出现的苗头性、倾向性问题发现不够及时，价格调控与财

政、货币、投资、产业、进出口、物资储备等政策手段不够协调配合，通缩、通胀预警工作有待加强。

二、进一步深化价格改革的总体思路

（一）明确深化价格体制机制改革的总体要求

主动适应和引领经济发展新常态，紧紧围绕使市场在资源配置中起决定性作用和更好发挥政府作用，坚持"市场决定、放管服结合、改革创新、稳慎推进"基本原则，深化重点领域和重点环节的重要商品和服务价格改革，不断完善重点领域价格形成机制和政策，健全政府定价制度，加强市场价格监管和反垄断执法，为经济社会发展营造良好的价格环境。

价格改革要始终把促进发展和人民生活改善作为改革的根本目的。发展是硬道理，只有经济发展了，人民生活才能得到改善，社会才会更加稳定。推进价格形成机制改革，必须遵循价值规律，充分发挥市场经济中价格机制的作用，把调节供求、优化资源配置作为第一要务。在改革过程中，政府要时刻了解经济社会发展的现状与背景，时刻不忘改革的最终目标和阶段性目标，每一个具体方案的制定与实施都要以促进经济稳定发展和人民生活水平提高为依归。只要有利于经济发展和人民生活水平提升，定价权"该放的放"，价格水平"该调的调"，市场价格秩序"该管的管"，切实理顺价格关系，不断完善价格形成机制。

（二）合理确定深化价格体制机制改革的主要目标

"十三五"期间通过价格改革，政府"放管服"水平大幅提高，市场主体价格行为得到有效规范，良好市场价格秩序建立，竞争性领域和环节的商品和服务价格完全放开，重要公用事业、公益性服务、网络型自然垄断环节的商品和服务价格机制改革基本到位，最终实现市场决定价格机制基本完善，科学、规范、透明的价格监管制度和反垄断执法体系基本建立，价格调控机制基本健全的价格改革目标。

（三）始终坚持市场化的价格改革方向

我国四十年价格改革的经验证明，只有把绝大多数商品和服务价格放开，实行以市场调节为主的价格模式，才能从根本上转换价格形成机制与价格功能，使价格自动合理化，进而充分发挥出价格杠杆的良性调节作用。因此，在今后的价格改革过程中，必须根据客观经济环境，根据各类商品及服务价格的特征和存在的主要问题，坚持"胆子要大，步子要稳"的方针，继续采用边调边放，以放为主的改革方法，坚定不移地走具有中国特色的价格改革道路，不断健全和完善市场形成价格机制。在任何艰难的情况下，都不能走回头路，后退是没有出路的。

（四）不断改革完善农产品市场形成价格机制

"三农"问题是党和政府工作的重中之重，粮食等主要农产品供给安全，是国计民生的重要安全保障，粮、棉、油、肉、蔬菜价格是整个价格体系的基础，其合理性，不仅关系到整个价格体系的合理化和全社会价格总水平的基本稳定，还关系到农民的增收和农业发展，因此需要把完善农产品市场形成价格机制与政府对农业的财政信贷扶持和价格支持政策密切结合，与符合 WTO 规则要求的黄箱政策、蓝箱政策、绿箱政策统筹使用。既要坚持农产品价格主要由市场调节形成，又要发挥政府适度干预政策的积极作用，校正农产品领域的市场失灵。

一是在一定时期内还要坚持实施鼓励农民持续增收的最低收购保护价格政策，或者国有农产品收储企业最低收储价格政策，辅之必要的财政补贴和信贷扶持政策，努力保持粮食等主要农产品价格在合理水平上的基本稳定，促进农民增产增收，阻止农产品价格超跌，防止谷贱伤农。

二是要稳定农村化肥、电力等农资价格，加大农村基础设施投入，改善农业生产条件，推动农业"降成本"和"补短板"。加强和改进农资价格监管，继续落实化肥淡季储备制度，保障化肥供应，稳定化肥价格；要加快电力体制改革，在更大范围内实现城乡电价统一，努力降低农村电价；完善和巩固涉农价格和收费公示制度，防止农民缴费负担反弹；政府应当充分利用 WTO 允许的绿箱和蓝箱政策容量，加大对农村水利、电力、通信、环境、交通物流等基础设施投入，以改善农业生产条件，增加农村科技、农产品病虫害防治和农业结构调整的投入，加快试点实施培育地力的农业休耕补贴政策，努力实现农业供给侧领域"降成本"和"补短板"。

三是采取积极稳妥的改革措施，逐步理顺农产品市场价格、政府干预价格、财政农业补贴三者关系，不断完善农产品价格市场形成机制和政府对农业的保护支持机制。因此，必须把完善粮食等主要农产品价格形成机制作为深化价格改革的重要任务，把粮食、棉花、生猪等主要农产品的最低收储保护价格与农产品补贴分离，即"价补分离"，继续试点实施粮食等主要农产品的目标价格政策。政府制定的目标价格要充分反映粮食生产消耗资源的价值和对生态、环境损害的成本，同时考虑国内外农产品市场供求关系的要求。建立以市场调节价格为主，以目标价格和最低收储保护价格为辅的三元价格形成机制，既保证粮食等主要农产品以市场价格作为调节其生产、流通和消费的主要机制，同时，政府又通过粮食目标价格作为粮价合理化的标准，以最低收储价格作为粮食保护价格的下限，当市场价格低于此线时，国家进市收购或者给粮农补贴，以目标价格作为粮食价格的上限，反映粮食完全成本和合理盈利。在市场价格低于目标价格、高于最低收储价格时给粮农非价格补贴，保证粮农有合理收益，从而调动农民种粮积极性，确保我国粮食长期供给充足和安全。

（五）持续深化资源性产品、生产要素和公用公益性服务的价格改革

我国当前资源性产品价格、生产要素价格和公用公益性服务价格市场化程度较低，存在的问题较多，价格关系还未从根本上理顺，深化资源性产品、生产要素和公用公益性服务的价格改革，成为我国当前和今后价格改革的攻坚任务。

资源性产品大都由自然垄断部门经营，推进资源性产品价格改革，要充分认识这些产品的自然属性和垄断性特征，加快建立能够反映市场供求关系和资源稀缺程度的价格形成机制。首先，在产品价格构成中，要体现完全成本，应包括资源的勘测找寻成本、开发成本、机会成本、资源开采后为保证持续开发的补偿成本以及资源消耗过程中环境污染的治理成本。其次，要使资源性产品价格逐步调整到合理水平，继续推进水价、电价、天然气价格改革，以促进资源节约，推动自然资源性产品的替代发展。再次，完善环境保护和资源补偿收费政策，按照"污染者付费"原则，提高企业排污收费标准，推行污染者治理污染、恢复自然原生态的制度。同时，对已经形成竞争的资源性产品要结合行业管理体制改革，放开价格管制，实行市场调节。最后，要构建合理的自然资源比价关系，完善资源性产品价格体系，指导行业协会协调资源进出口价格。

无论是资源性产品还是生产要素和公用公益性服务大都存在一定程度的经营垄断，其价格市场调节程度较低，对市场反应不灵敏。所以，深化资源性产品、生产要素和公用公益性服务价格改革，总的原则应是打破垄断，鼓励竞争，清晰界定政府、企业和用户的权利义务，区分基本和非基本需求，建立健全公用事业和公益性服务财政投入与价格调整相协调机制。政府制定和调整资源性产品、垄断性行业和公用公益服务价格前必须进行成本监审、专家论证、

公开听证。出台改革具体举措要区别竞争性产品与非竞争性产品、竞争性环节与非竞争性环节，针对不同的产品或环节采取不同的改革措施。对自然垄断性行业，如电网、路网、管网、水网、讯网价格要实行严格的政府规制，加强成本审核与成本约束，实行科学定价，防止利用垄断地位牟取暴利。目前，在电力领域，发电端已经基本实现了厂网分开，竞价上网，但是输配电价格改革还没有取得实质性进展。电力价格改革的方向是按照"管住中间、放开两头"的总体思路，促进市场主体多元化竞争，稳妥处理和逐步减少交叉补贴，还原电力商品属性。具体思路是实行输配电分开，把电力销售从电网分离出来，组建售电公司，增加售电主体，使电力生产环节和配售环节的价格在竞争中形成，同时，鼓励用电大户与发电企业根据市场供求直接进行电价谈判。政府监管部门要加强对电网企业的成本监测管理，通过引入激励性管制方法，促进企业提高效率，降低成本。理顺天然气价格，逐步放开气源价格、除网络型自然垄断环节的管网输配价格、居民生活用气价格以外的天然气销售价格。通信领域，除了具有垄断性的网络接入批发价格需要政府参与制定外，与广大零售用户相关业务的通信收费标准，要进一步放开，通过市场竞争形成价格，使之更加灵活地反映市场供求状况，政府主要是反对垄断和加强市场价格秩序的监管。交通运输价格改革方面，考虑综合交通发展、企业合理成本、财政补贴补偿和社会承受能力等因素，建立健全反映运输经营成本和市场供求关系的交通运输价格形成机制。

对公益性强的医疗服务收费、药品价格、教育收费等要区别对待。对公办医院和公办学校的重要服务项目收费标准，由政府和医院或学校共同协商制定，加强政府规制，民营学校和民营医院、非学历教育的收费标准可适当放开，更多的由供给主体根据市场供求和竞争状况自主确定，但要接受政府的监管，不能牟取暴利和哄抬价格；对于药品价格，由于大多数药品具有一定的竞争性，考虑到药品的特殊性和重要性，可进一步完善政府通过招投标确定价格的制度，进一步完善药品采购价格机制，对公办医院用药坚持药品零差率制度，同时试点实行医药企业、医院、医保机构和卫生主管部门等利益相关者集体谈判决定某些重要药品的价格，同步强化价格与医疗、医保、医药等相关政策衔接联动，逐步建立分类管理、动态调整、多方参与的价格形成机制；对于医疗服务价格改革方面，坚持政府主导与市场机制相结合，进一步简政放权、缩小政府定价范围，按照"总量控制、结构调整、有升有降、逐步到位"要求，引导医疗机构结构调整，合理调整医疗服务价格，理顺医疗服务比价关系，对市场竞争比较充分、个性化需求比较强的医疗服务项目，在国家指导下实行市场调节价，建立以成本和收入结构变化为基础的医疗服务价格动态调整机制，推动建立分类管理、动态调整、多方参与的医疗服务价格形成机制，同步建立健全医疗服务价格的行业监管规则，有效规范医疗服务收费行为，促进公立医疗机构建立科学合理的补偿机制。

对生产要素价格的制定，要坚持市场主导、政府参与的原则，不同属性的生产要素采取不同的价格决定机制和办法，但无论哪种机制，都要以市场机制为基础，让价格回到市场中去，发挥市场调节在价格形成中的决定性作用。

对于房地产价格中的土地价格，过去区别公益性和经营性用地，不同性质用地实行不同的价格形成机制，公益性用地实行政府定价，即政府划拨价格，经营性用地通过招拍挂方式，实行市场竞争性定价。今后，无论哪种性质的用地，都应更多引入市场机制调节价格的形成。政府征用农村集体土地，一般是由政府与村集体组织协商确定土地补偿价格，从现实看，有关补偿依据、补偿标准、补偿方式都有需要完善的地方，应当进一步厘清补偿依据，合理调整补偿标准，完善补偿方式；农村建设用地交易按照城乡一体化发展需要，逐步实现城乡同地同价同权，其交易价格要更多尊重市场规律要求，主要在市场竞争中形成；农地流转价格由流转双方协商确定，村集体组织协调和备案。总之，土地价格改革方向，仍然要坚持市场调节的主导作用，让价格能够比较充分反映土地价值和市场供求关系，合理兼顾各方利益，促进土地的节约高效利用。对于商品房价格应该主要由市场决定，政府加强宏观调控和引导，严格监管市场微观交易主体的定价行为，建立竞争有序的房地产市场价格秩序，避免房地产价格暴涨暴跌；政府为低收入人群提供的公租房和廉租房，其租金由政府根据低收入人群的支付能力和财政负担能力，参照市场租金一定比例制定，并实行动态调整。资本价格目前开始转为市场调节为主，市场上的资金、债券、股票等金融资产价格开始反映资产的内在价值和市场供求关系，但仍然存在政府干预过多和少数市场主体垄断操纵市场价格的行为等问题，所以，一方面，要进一步健全资本市场，充分发挥市场机制对资本价格的调节作用，另一方面，政府相关部门，要主动向市场主体简政放权，减少不必要的行政干预，把工作重点转移到宏观调控和市场秩序的治理整顿上来。

劳动力价格方面，市场价格机制开始对工资水平发挥基础性调节作用，政府通过实施最低工资标准，依法督促用人单位给劳动者建立社保和足额按时发放工资等举措保护劳动者权益，调节市场工资水平。但是，全国统一的劳动力市场尚未完全建立，不同地区、不同部门、不同所有制单位的相同质量劳动力价格差距较大，同一岗位不同身份的劳动力工资差距较大，高端人才工资水平总体偏低，不同地区和不同单位为了吸引人才，开出的工资标准不断攀升，虽然有利于反映劳动力价值水平，在全社会形成尊重人才的氛围，但也存在恶性竞争，对落后地区吸引和留住人才产生负面影响，这些问题都需要深入研究，统筹解决。此外，拖欠工资特别是农民工工资的现象时有发生，需要进一步健全劳动力市场，加强宏观调控和市场监管，使全社会工资水平随经济增长和劳动生产率提高而一定比例提高，打破阻碍劳动力流动的制度篱笆，不断缩小不合理的工资差距，依法加强劳动力市场监管，制止损害劳动者工资权益的行为。

（六）深化价格改革应与其他改革协调配套推进

我国四十年价格改革的宝贵经验，就是避免价格改革孤军深入，坚持价格改革与整个经济体制改革协同推进，走出了一条具有中国特色的渐进式价格改革道路，并取得巨大的成功。因此，进一步深化价格改革，必须坚持价格改革与其他改革协调配套推进，才能最终完成价格改革的攻坚任务。

首先，要安排好价格体系内部各项改革措施的协调配套。即在改革单项比价时，要注意与综合比价的变动协调；在改革比价体系时，要注意与差价体系的变动协调；改革价格体系时要与价格体制机制的改革协调。总之，价格改革的每一个方案与步骤都应上下左右协调，注意价格体系内部的整体性与各种价格之间的相关性和联动影响，避免价格改革先后出台的项目相互抵消而发生比价复归。

其次，价格改革方案的制定与出台必须与国家、企业和人民的承受能力相适应，做到因价格改革而使财政多支出的部分，财政能够负担；基础工业品价格提高引起加工产品成本上升的部分，加工企业能够消化；消费物价指数上升不至于引起多数人的生活水平下降，对少数低收入人群要按照核心物价指数对他们生活的影响，给予适当生活补贴。

再次，价格改革要与其他方面的改革配套进行。一是要与国家财税体制改革配套进行，即按照财政和企业的负担能力，相应确定政府定价商品的调价幅度、放开的范围和步骤，使两者保持一致。二是要与国家货币政策、投资政策、分配政策、产业和就业政策等相协同，形成合力，改革才能达到预期目的。三是要与流通体制的改革相适应，即要与市场体系和市场规则的健全程度相适应，与市场机制作用的发挥程度相适应，只有健全了现代市场体系和市场规则，政府能够有效监管市场，重要商品服务和要素价格才能逐步放开。四是要与企业内部治理结构和经营机制的改革相适应，使企业行为能对市场价格信

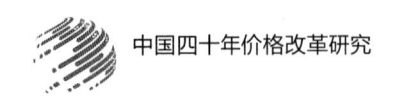

号作出灵敏的反应，从而通过价格在市场上的波动，促进生产要素的合理流动，实现生产要素的重新优化配置。

（七）加强政府价格行政能力建设

价格越是放开，越是需要加强市场价格监管和服务。必须正确处理"放管服"三者关系，把三者有机统一起来。提高政府价格行政能力建设，主要内容包括加强成本监审和成本信息公开，强化反垄断执法，完善价格社会监督体系，规范和引导市场价格行为，加强价格监测预警，完善市场价格调控、价格公共服务机制。只有这些工作做好了，才能巩固深化价格改革的成果，为经济社会发展营造良好的价格环境。

第二章

中国四十年价格改革的历史地位与阶段划分

价格是市场经济资源配置的"引擎",价格机制是市场机制的核心,市场决定价格是市场在资源配置中起决定性作用的关键。我国四十年价格改革,通过改革计划价格体系,逐渐下放定价权,不断扩大市场调节价格的比重,使市场价格配置资源的范围不断扩大,作用不断增强,最终实现市场对资源配置起决定性作用。中国价格改革经历了反复探索、不断深入、逐步明确的过程,是理论成果的长期探索,也是一系列改革的实践积累,更是社会主义市场经济体制的创制过程。中国价格改革四十年始终按照改革理论上的突破和整个经济体制改革的目标模式展开其自然的逻辑演进过程,系统梳理价格改革四十年历史,翔实记叙重大改革举措和成效,还原蜿蜒曲折、波澜壮阔的价格改革四十年的历史场景及其实践进程,研究我国价格改革四十年的理论逻辑演进,探索价格改革深层逻辑规律,不仅具有重要的经济史料价值,且对于深化价格理论研究,构建中国特色社会主义价格理论体系,完善新时代中国特色社会主义市场价格体制,都具有重要的学术价值和现实意义。

第一节 中国价格改革的历史必然和关键地位

价格是整个国民经济的指示器和调节器,合理的价格会促进社会资源的合理配置,保证国民经济的健康发展。改革开放前,中国原有的计划价格体系和计划价格管理体制存在着严重的弊端,价格的扭曲带来的是价格不能正确反映,也不能反映供求关系,严重制约了国民经济的发展和经济体制改革的进行。经济体制改革要求旧的价格形成机制和价格管理体制必须彻底改革。邓小平曾指出"理顺价格,改革才能加快步伐""价格没有理顺,就谈不上经济改革的真正成功。"[①] 中国价格改革四十年是在对原有体制的弊端及其产生的根源、改革旧体制的客观必要性、建立新体制的理论依据及目标模式、改革的指导原则和实施细则进行了反复的研究和论证基础上展开的,从改革不合理的价格体系和价格管理体制开始,从完善计划价格体制到建立市场价格体制再逐步到不断完善市场价格体制,期间伴随着"价格改革与企业改革谁先谁后"的理论争论,最终确立价格改革是整个经济体制改革成败的关键,并逐步采取渐进式改革,摸着石头过河,始终坚持市场化取向的改革,使市场价格配置资源的范围不断扩大,作用不断增强,并最终实现市场对资源配置起决定性作用。中国价格改革四十年的历程,有其历史的必然性。

一、计划价格体制的主要弊端

价格体制改革之所以从改革计划价格体制起步,有着深刻的历史背景和急迫的现实需要。1978年以前我国基本上实行中央集权制计划经济模式,与此相适应的,在价格方面,实行的是过度集中的固定计划价格体制。这种价格体制,对建立和发展社会主义经济制度、安定和改善人民生活,曾一度起过应有的历史作用。但这是一种高度集中的、以行政管理为主的体制,只承认有计划发展规律的作用和计划调节,不承认价值规律的调节作用和利用市场机制的必要性,实行按行政系统自上而下下达各项指令性指标,严重阻碍了社会主义经济的发展,它存在许多突出的问题和弊端。

(一)形式单一

价格形式是近乎单一的固定计划价格,浮动价很少,自由市场价格更少。在1978年以前,全社会消费品零售总额中,政府直接定价(即实行固定计划价格)的比重达97%,政府指导价(即浮动价)为零,自由市场价格仅占3%;全社会农产品收购价格总额中,政府直接定价的比重占92.2%,政府指导价占2.2%,自由市场价格仅占5.6%;全社会工业品出厂价格总额中,政府直接定价几乎占100%。那时,大到飞机、轮船,小到针头线脑,都是政府定价;正品是政府定价,废品、残次品也是政府定价。

(二)决策集中

定价权主要由中央政府掌握,地方定价权很少,企业基本上没有定价权。

---

① 成致平.价格改革若干大事聚焦[M].北京:中国物价出版社,2002:7.

在新中国成立后三年恢复时期,价格决策并不十分集中,1953 年,中央政府管理的价格只是十几个大城市的几种主要商品,如当时只管北京、天津、上海、汉口、广州、重庆、西安、沈阳等 8 个城市的小麦、面粉、大米、20 支纱、12 磅细布、棉花等 6 种商品的价格;对玉米、高粱、碱面、盐、木材、水泥、化肥、煤炭等只规定特定市场的牌价,并允许地方企业浮动;其他商品原则由地方管理。但是后来经过几次"收权—放权—收权"的循环,定价权越来越集中。在 1973 年制定的价格管理目录中,中央管理的农产品收购价格达 113 种(类),工业品出厂价格达 1086 种(类),消费品价格达 138 种(类)。中央管理的价格约占全社会各类商品流通总额的 70%。[1]

(三)行政制定

价格不是在市场上通过竞争形成,而是通过行政办法制定的。各类价格基本上是按照行政隶属关系,经过层层报批制定,并通过行政法令颁布,借助于行政手段加以实施的。各级政府在制定价格过程中,遵循的是"计划第一,价格第二"的原则,价格规律、供求规律等价格形成的一般规律长期被排斥或被置于从属地位。

(四)运行呆滞

不少价格"多年一贯制",甚至"一价定终身",不能随产品的生产成本和市场供求的变化灵活调整。例如,平信邮资,市内 4 分,外埠 8 分,这是新中国成立初制定的,直到 1989 年调价前,近 40 年未动;铁路客运票价自 1953 年统一、1955 年微调后,直到 1978 年,23 年未作调整;居民口粮口油销售价格,1965 年微调后,直到 1991 年,26 年未作调整,而其间收购价格已多次调整;猪肉全国平均每 500 克 0.81 元的价格,从 1965 年至 1979 年 14 年无变化;火柴 2 分钱一盒也是几十年不变,等等。这些情况数不胜数。[2]

(五)功能畸形

价格本来是最有效的调节手段,但在过度集中的计划价格体制下,只是被作为核算的工具,而且也不是真正经济核算意义上使用的核算工具。价格所固有的配置资源、平衡供求、分配利益等基本职能受到限制和破坏,这些职能往

---

[1] 成致平. 价格改革三十年(1977—2006)[M]. 北京:中国市场出版社,2006:158.
[2] 马凯. 中国价格改革 20 年的历史进程和基本经验 [J]. 价格理论与实践,1999(1):11.

往只能通过种种歪曲的、隐蔽的形式存在并常常发挥着"逆调节"的作用。

以上讲的还都是狭义价格即商品和劳务价格方面存在的问题，如果从广义价格即包括物资产品、劳务以及生产要素的所有价格的总和角度看，问题就更加突出。在生产要素领域，否定商品经济原则、排斥市场机制作用的情况更加严重，物资统一调拨，资金统一分配，土地无偿使用，劳力统一管理，利率、汇率行政制定，运行呆滞。

二、计划价格体制已经成为经济发展和体制改革的首要障碍

（一）不同行业的资金利润率高低悬殊，影响生产的发展

我国原有的价格体系很不合理，价格问题已经成为发展国民经济的绊脚石。价格不合理，就会混淆国民经济的比例关系，给国民经济计划的合理制定和调整带来不利影响。对国民经济计划执行的影响更为明显，价低利微和亏损的产品，尽管当时市场供不应求，企业也不愿意接受生产计划，执行结果往往完不成计划，价高利大的产品，尽管社会需求量已经饱和，甚至出现积压，企业往往还要突破计划的控制，盲目发展，甚至一哄而上。价格体系的不合理，最集中地表现在不同行业的资金利润率高低悬殊上面。1979年，县及县以上国营工业企业的平均资金利润率为12.3%，但各行业的资金利润率差距很大：手表51.1%，橡胶19.4%，针织品41.1%，自行车（老厂）39.8%，染料38.4%，石油37.7%，油田34.1%，缝纫机33.1%，化学药品33.1%；而煤炭2.1%，化肥1.4%，铁矿1.6%，化学矿2.0%，船舶2.8%，水泥4.4%，半机械化农具3.1%，木材采选8.0%，农机5.1%。在这种情况下，就难以用利润率及其水平来反映企业的经营管理水平，扩大企业自主权就必然带来苦乐不均，产生经济利益的矛盾。

不论是从利润率来观察，还是以价值为基础或以生产价格为基础来观察，计划价格体系都有许多不合理的地方，它妨碍经济改革，特别是阻碍企业自主权扩大的进展。按社会平均成本利润率为100%，钟表元件为1021%，比缝纫机零件高12倍，比手表还高出20%，不利于专业化协作的发展。钟表元件为烟厂的60倍；手表比缝纫机高8倍，比自行车高6倍，比轻工机械高7倍，比卷烟高46倍。电力比煤炭高14倍；有色金属中从矿石到炼铝比从矿石到炼锡高4倍。按平均工资利润率比较，有些差距缩小了，有些扩大了，如手表和自行车，按平均成本利润率算，手表比自行车高4.8倍，但按平均工资利润率算，手表只比自行车高1.1倍。各个行业资金利润率畸高畸低，使企业乃至社

会的经济核算失去了共同衡量经济活动效果的合理的尺度。这样，不同部门、行业的盈亏和利润水平的高低，往往不完全决定于经营管理的好坏，而在很大程度上决定于商品价格的高低，这会使部门、行业的利润水平产生过分悬殊的苦乐不均的现象。[①]

（二）价格过高或过低地背离价值，就会使价格不能正常执行核算的作用，不能正常评价企业经营管理水平和经济效益的大小

许多商品计划价格的不合理，长期严重的非政策性背离生产价格，会助长某些供过于求的长线产品继续超过生产计划，使得周转库存越来越多，甚至超过年产值（量）50%以上，而某些社会需要的、长期供不应求的商品，却因价低利少，产量长期上不去。这些商品的价格结构，不仅不能适应社会需要，不能按市场需要起着调整生产的作用，反而会使国民经济比例更加失调。计划价格严重背离生产价格，造成部门、行业之间利润水平的悬殊，通过价格计算的成本、产值、利润和利润率等指标失去了准确性，一些部门的经济效益被夸大，一些部门的经济效益被缩小，带来不同部门、行业之间严重的苦乐不均，从而影响某些资金利润率低的部门（如煤炭、矿山、一般工业机械、某些化肥、火柴、暖水瓶、建材）和行业的管理以及这些部门、行业中大部分企业的生产积极性，在实行利润留成的情况下，矛盾更加尖锐。

例如，同是采掘工业，1979 年的资金利润率，油田是 31.1%，煤炭是 2.1%，铁矿是 1.6%。油田的管理水平可能比煤矿、铁矿好些，但谁也不会相信油田的经营管理水平比煤矿、铁矿好一、二十倍，这个差别很大程度上是受不合理的比价的影响。又如机械作业性质的手表工业，资金利润率高达 61.15%，是冶金设备的 13 倍，农机的 12 倍，一般机械的 6.5 倍，轻工设备的近 10 倍，汽车制造的近 5 倍，铁道设备的近 8 倍，船舶制造的 22 倍，这个差别在很大程度上是因为价格不合理和长期地严重地背离生产价格所造成的。[②]

（三）农产品价格长期偏低，工农业产品价格剪刀差偏大

无论在工业或农业中，某些商品的价格偏高，生产者就会盲目扩大生产，生产计划就会受到冲击。价格偏低的商品，企业不愿生产，就常常完不成生产

---

① 张卓元. 社会主义价格理论与价格改革 [M]. 北京：中国社会科学出版社，1987：113.
② 张卓元. 社会主义价格理论与价格改革 [M]. 北京：中国社会科学出版社，1987：113.

计划，导致市场上脱销。这种情况不改变，不仅影响某些商品的供求，而且会影响整个国民经济的综合平衡。有人曾做过粗略计算，如果以一个工业劳动力创造的价值平均相当于两个农业劳动力创造的价值计算，那么，1977年，农产品价格低于价值的幅度为41.1%，高于1957年的38.8%和1952年的22.6%的水平，而工业品价格高于价值的幅度，1977年则为28.5%。据此计算，1977年农民交售农产品少得288.2亿元，购进农业生产资料多付57.4亿元，购买生活消费品多付107.8亿元，加上当年农业税29亿元，共向国家提供资金达482.4亿元，相当于当年国家财政收入的一半。另外，第三产业收费标准偏低，使得这一产业长期发展缓慢。根据1980年对33个城市的调查，职工用于房租的支出，平均占家庭收入的2.95%，低的只占1.4%，由于房租太低，国家对房租补贴越来越多，目前房租补贴每年大约60亿元，加重了财政的负担，随着职工队伍的迅速扩大，这方面的投资越来越多，已经达到难以为继、非改不可的地步。[①]

（四）价格管理体制必须改革

价格管理体制实质上指的是价格形成机制。价格扭曲有其深刻的历史原因，建国初期，我国对各种商品价格的管理比较灵活。随着生产资料社会主义改造的基本完成，经济体制的高度集权化和以行政管理为主，国家对价格的管理越来越紧、越来越死。

商品的价值由于劳动生产率的变化而发生变动了，商品的供求关系变化了，但计划价格往往不动，虽然也提出国家对价格要进行合理调整的方针，但上述管理制度根本不可能对不合理的价格进行合理调整，而顶多只能对个别或极少数产品的价格进行调整。而且调整一种产品的价格，从提出要调整，到搜集资料论证和反复研究讨论，最后拍板定案付诸实施，一般也要三至五年的时间，调整后的价格往往在出台时就已经不合理了。因为经过从调查到决策的时间，劳动生产和供求关系早又发生变化了。我国在"一五"和"二五"时期所确立的经济发展战略，与之相配套的政策措施的基本内容是"实行人为压低利率、汇率、工资、原材料价格、农产品价格，以及扭曲其他生活必需品和劳务价格的政策"。[②] 如此强制性地压低一部分要素的价格，造成了整个价格体系的扭曲，也扭曲了价格作为评价经济效果的经济职能，抑制了价格对社会生产

---

① 张卓元. 社会主义价格理论与价格改革 [M]. 北京：中国社会科学出版社，1987：119.
② 林毅夫. 发展战略与经济改革 [M]. 北京：北京大学出版社，2004：3.

和流通的调节作用，打击了生产者的积极性，降低了资源配置的效果，导致了产业结构和产品结构的失衡。①

在价格审批权限的划分中，权力过分集中在中央机关，使得定价和调价脱离客观实际。在原来产品的价格分工目录中，连南方的活鱼的价格也属中央业务部门管理的权限，可见其不合理的程度多么严重。价格自然无法发挥其按照社会需要合理调节生产和流通的功能。

价格管得过死的突出表现是不承认社会主义企业作为相对独立的商品生产者和经营者的地位，从而不让企业有定价权和调价权，使企业不能根据劳动生产率的变化和市场需要，调整自己的生产和经营。许多商品的价格，一经确定，就成为"终身价格"，直到被淘汰为止。这样就使得一些商品长期价格偏高，即使库存积压严重，也不降价、不减产；而另一些商品则价格偏低，即使脱销，也不提价，企业也无积极性增产，形成长线压不短、短线拉不长的不正常局面。价格在反映社会劳动消耗时成了"哈哈镜"，利润水平也不能反映社会的管理水平和职工对社会的贡献，也就无法找到合理的标准评价企业。

我国原来不合理的价格体系，就是在上述僵化或半僵化的价格管理体制下形成的。不改变僵化半僵化的价格管理体制，不合理的价格体系就难以根本改变。过去，不少人都认识到，我国许多产品价格存在畸高畸低的不合理现象，对生产和流通都很不利，但是，由于没有一个能使价格逐步合理化的管理体制，只好采取个别修补的办法，主要是采取一些行政措施应付临时事变，对极少数特别不合理的价格进行个别调整，而大量的不合理价格被置之脑后，致使问题久拖不决，越积越严重。价格管理体制即价格形成机制不改革，价格体系就难以做到合理化，即使某一时期用行政办法强行摆平比价和差价关系，也难以比较持久地保持下去。

可见，在我国进行价格改革，包括两方面内容：一是价格体系改革，主要是建立合理的比价和差价关系。二是价格管理体制改革，主要是建立能灵活反映劳动生产率和供求关系变化的价格形成机制。只有通过价格改革，才能校正价格扭曲状况，使价格能向企业传递投入和产出的正确信息，促进不同企业在同等的客观条件下展开竞争。

总之，原有的过度集中的计划价格体制非改革不行。不改革旧的计划价格体制，形成合理的价格形成机制，就不能从根本上解决我国价格结构扭曲的问题；不放开绝大多数价格，从而使企业成为价格决策的主体，企业就不会成为

---

① 任兴洲. 建立市场体系——30年市场化改革进程［M］. 北京：中国发展出版社，2008：18.

真正的名副其实的商品生产经营者；不实现价格由行政定价到市场定价的转变，让价格回到交换中去形成，我国的市场体系就难以发育成长；不改革僵化的计划价格管理体制，使价格能够灵活地反映和调节市场供求，就难以实现从过度集中的计划经济体制到社会主义市场经济体制的根本转变。[1]

三、价格改革是整个经济体制改革的关键环节

正是由于原有的计划价格体制存在着上述种种弊端，给国民经济发展带来了一系列严重后果，因此，改革不合理的价格体制一开始就成为整个经济体制改革的重要组成部分。党的十二届三中全会《中共中央关于经济体制改革的决定》中明确指出："价格是最有效的调节手段，合理的价格是保证国民经济活而不乱的重要条件，价格体系的改革是整个经济体制改革成败的关键。"党的十四大在确立我国经济体制改革的总目标是建立社会主义市场经济体制的同时，又一次指出："价格改革是市场发育和经济体制改革的关键。应当根据各方面的承受能力，加快改革步伐，积极理顺价格关系，建立起以市场形成价格为主的价格机制。"党的十八届三中全会通过的《中共中央关于全面深化改革若干重大问题的决定》中指出："完善主要由市场决定价格的机制。凡是能由市场形成价格的都交给市场，政府不进行不当干预。推进水、石油、天然气、电力、交通、电信等领域价格改革，放开竞争性环节价格。政府定价范围主要限定在重要公用事业、公益性服务、网络型自然垄断环节，提高透明度，接受社会监督。完善农产品价格形成机制，注重发挥市场形成价格作用。"

（一）价格改革是国民经济持续发展的引擎

"小平同志真知灼见地指出：'搞社会主义，中心任务就是发展社会生产力。要发展生产力，经济体制改革是必由之路。'而价格改革则是经济持续发展的基础。他说：'物价改革是很大的难关，但这个关非过不可，不过这个关，就得不到持续发展的基础。'并且进一步指出：'我们要按价值规律办事，按经济规律办事。搞得好，有可能为今后50年至70年的持续、稳定、协调发展打下基础。'"[2] 这里明确指出了价格改革与经济发展的关系，而且指明了价格改革和按照价值规律办事的历史作用。"价格是最有效的调节手段，理顺价格不仅有利于正确评价企业的生产效果，可以保障城乡物资的顺畅交流，可以促进

---

[1] 彭森. 中国价格改革三十年（1978—2008）[M]. 北京：中国市场出版社，2010：94.
[2] 成致平. 价格改革若干大事聚焦[M]. 北京：中国物价出版社，2002：4.

技术的迅速进步。而且最重要的是，价格可以灵敏地反映商品价值和市场供求的变动及资源稀缺的程度，向社会传递正确的资源导向信息，市场可以通过价格的升降调节实现社会资源配置的基础性作用，促使社会生产力的蓬勃发展，实现群众生活的逐步提高。"[1]

中国价格改革四十年以中国特色的社会主义理论体系为指导，坚持市场化改革取向。"要成功地进行价格改革必须有充分的理论和财物的准备，价格改革方案也必须进行充分的可行性论证。"[2] 中国价格改革四十年是在对原有体制的弊端及其产生的根源、改革旧体制的客观必要性、建立新体制的理论依据及目标模式、改革的指导原则和实施细则进行了反复的研究和论证基础上展开的，坚持市场化取向的改革，使市场价格配置资源的范围不断扩大，作用不断增强，并最终实现市场对资源配置起决定性作用。第一，价格改革的总目标是建立社会主义市场调节价格新体制；第二，价格改革目标模式的选择过程，是价格改革的市场取向不断强化的过程；第三，让价格回归市场，企业自主定价是市场价格体制的核心；第四，转换价格形成机制是市场形成价格的关键，包括价格体系的改革和价格管理体制的改革两个基本方面；第五，政府间接调控、社会全面监督是市场形成价格并合理运行的保证，价格反应灵活、价格体系合理和市场优化配置资源是市场价格体制的作用；第六，放管服相结合的价格改革方式是从我国实际情况出发，理顺价格关系的有效途径，这是中国特色的社会主义价格理论的重要内容。

（二）价格改革是发展社会主义市场经济体制的本质要求

我国的经济体制改革是市场取向的改革，社会主义市场经济体制的实质是"使市场在政府宏观调控下发挥配置资源的基础性作用"。商品生产和商品交换成为社会经济的普遍形式，部门内部和部门之间的竞争得到充分的发展，价值规律、竞争规律和供求规律等经济规律的作用也充分显示出来，市场机制在社会资源的配置中占据统治地位。只有在这种条件下，从经济运行的角度来看，这种经济体制才能叫作市场经济。即通过市场竞争机制和供求机制的作用，引起价格的升降运动，进而引起各部门、各地区和商品生产经营者的物质利益变动，并使其相应调整自己的行为，最终达到调节生产要素的流动和社会资源重新配置的目的。"社会主义市场经济具有以下的一些基本特征：第一，在所有

---

[1] 成致平. 价格改革若干大事聚焦 [M]. 北京：中国物价出版社，2002：4.
[2] 蒋和胜. 苏联东欧价格改革评介 [J]. 四川大学学报（哲学社会科学版），1989（5）：28.

制方面以公有制为主体，同时发展其他经济成分；第二，在收入分配方面以按劳分配为主体，同时存在其他多种收入分配形式；第三，在经济运行中以市场调节为主，同时国家可以有计划地进行宏观指导和调控。"[1] 在原有计划价格体制下，计划价格不是在市场竞争中通过供求的波动形成的，而是由政府通过行政程序制定的，既不反映市场供求，也不反映资源稀缺状况，计划价格往往偏离供求均衡点，且缺乏及时引导价格回到供求均衡点。从某种意义上讲，改革旧的过度集中的计划经济体制，就是理顺价格关系，从而使社会资源在市场价格信号的导向下得以有效配置。因此，我国价格改革的总任务是改革不合理计划价格体系和价格形成机制，总目标是建立社会主义市场调节价格新体制，采取市场取向与政府调控相结合的总思路，实施放管服相结合的渐进式改革总方略。价格改革是发展社会主义市场经济体制的本质要求。

发展社会主义市场经济体制就需要不断解放思想，中国价格改革四十年的基本变迁路径是在打破计划价格体制的过程中逐步建立社会主义市场价格理论。价格改革的成功是在邓小平理论指导下，经过较长时间调研、论证、探讨、实践、试错，打破了许多思想障碍和认识禁区才最终实现的。首先，突破了计划价格的认识禁区，并逐步明确价格是市场机制的核心，对资源配置起决定性作用，最终建立社会主义市场价格新模式；其次，打破了单纯依靠计划和行政办法来安排生产的框框，扫清了社会主义不需要价值规律的思想障碍，自觉遵循并运用价值规律对社会主义经济的调节作用，着重在解放生产力的基础上，取得国民经济的健康发展和收支平衡；再次，按照马克思主义的价格形成理论结合我国实际情况测算理论价格，讨论社会主义价格结构和利润率计算的依据，力图让价格回到交换中去，突破了机械地用尽量少动价格的办法来稳定物价的框框，着重进行价格的结构性调整，以理顺价格，繁荣经济，获得价格的相对稳定；[2] 最后，破除了教条主义框框，一切从实践出发，在马克思主义价格理论的指导下，合理借鉴西方经济学的科学内核。"这些重大的价格理论创新，为确立正确的价格改革方向，保障价格改革最终取得成功发挥了重要的理论支持和舆论导向作用。"[3]

（三）价格改革是全面深化改革的关键

1984年10月，党的十二届三中全会通过了《中共中央关于经济体制改革

---

[1] 周春. 周春文集 [M]. 成都：四川大学出版社，2015：65.
[2] 成致平. 价格改革若干大事聚焦 [M]. 北京：中国物价出版社，2002：6.
[3] 彭森. 中国价格改革三十年（1978—2008）[M]. 北京：中国市场出版社，2010：95.

的决定》，明确提出"我们改革经济体制，是在坚持社会主义制度的前提下，改革生产关系和上层建筑中不适应生产力发展的一系列相互联系的环节和方面"。经济体制改革的根本要求，在于创造与我国现阶段生产力发展相适应的经济结构与管理模式，促进生产力的发展。经济体制改革，不仅限于原有体制的一般改良、完善和改革，而是经济模式的变革，包括社会生产、交换、分配和消费在内的整个管理模式的变革。《决定》高度强调了价格改革的重要性，建立合理的价格体系，充分重视经济杠杆的作用，指出："各项经济体制的改革，包括计划体制和工资制度的改革，它们的成效都在很大程度上取决于价格体系的改革，价格是最有效的调节手段，合理的价格体系是保证国民经济活而不乱的重要条件，价格体系的改革是整个经济体制改革成败的关键。"全面深化改革，必须立足于我国长期处于社会主义初级阶段这个最大实际，发挥经济体制改革牵引作用，推动生产关系同生产力、上层建筑同经济基础相适应，推动经济社会持续健康发展。

经济体制改革是全面深化改革的重点，核心问题是处理好政府和市场的关系，使市场在资源配置中起决定性作用和更好发挥政府作用。市场决定资源配置是市场经济的一般规律，健全社会主义市场经济体制必须遵循这条规律，着力解决市场体系不完善、政府干预过多和监管不到位问题。党的十八届三中全会通过的《中共中央关于全面深化改革若干重大问题的决定》中指出："必须积极稳妥从广度和深度上推进市场化改革，大幅度减少政府对资源的直接配置，推动资源配置依据市场规则、市场价格、市场竞争实现效益最大化和效率最优化。"价格不改革，许多经济关系难以理顺，许多方面的改革难度会加大。积极稳妥推进市场化改革，优化资源配置，就是要将自主权交还给企业，企业才是社会主义市场经济的微观基础，让企业真正成为自主经营、自负盈亏、自我发展、自我约束的商品生产者和经营者。企业自主权的重要体现就是让企业拥有自主定价权，只有这样，企业才能真正成为市场的主体，根据市场的供求变动来进行决策，使市场发挥资源配置的作用。另外，加快完善现代市场体系，建立开放统一、竞争有序的市场体系，使市场在资源配置中起决定性作用，这是发展完善社会主义市场经济体制的根本要求，让价格反映价值和供求关系的变化，让价格在市场交换中形成，就形成了企业自主经营、公平竞争，消费者自由选择、自主消费，商品和要素自由流动、平等交换的现代市场体系，着力清除市场壁垒，提高资源配置效率和公平性的关键。

(四)价格改革需要遵循经济体制改革逻辑,正确处理改革、发展和稳定关系

正确处理改革、发展和稳定的关系,采取渐进式改革是四十年价格改革路径选择的基本依据。价格改革的步子迈多大,不由人的主观意志所决定,而取决于客观经济条件。我国的客观经济条件决定了价格改革的步幅必须坚持稳步前进的方针,实行渐进式改革。价格改革既要有利于促进生产发展,能够促进各项经济建设和文化建设的发展,有利于推进对外开放的发展,同时还要注重维护社会的稳定。价格既要改革,又要保持基本稳定,否则市场物价的不稳定会引起社会的动荡。价格改革的目标实行分阶段确定,稳步推进;价格改革的方式是调放结合,有调有放;价格改革的步骤根据整个经济体制改革的要求,不同时期步伐有大有小,速度有快有慢,改革的空间布局采取先试点后全面推开,以局部带动全国;价格改革的内容方面,先放开小商品价格后放开一般商品再放开重要商品,先放开商品价格后放开服务价格再放开要素价格,先放开轻工业品价格后放开重工业品价格,先放开竞争性行业价格再放开垄断性行业价格,先放开生产资料价格后放开消费品价格。[1] 我国的价格改革具有长期性、复杂性和艰巨性的特征,采取有计划渐进式改革措施,实现了价格形成机制转换和价格管理体制改革的平稳过渡,最终使社会主义市场价格新理论模式成功确立并逐步完善,较好地促进了社会主义经济的发展。

价格改革在整个经济体制改革中占有重要的地位,具有关键性的作用,但是这并不意味着价格改革可以单独地进行。首先,要安排好价格体系内部各项改革措施的协调配套,在改革单项比价时,要注意与综合比价的变动协调;在改革比价体系时,要注意与差价体系的变动协调;改革价格体系时,注意与价格体制的改革协调,总之,应注意价格体系内部的整体性与各种价格之间的相关性,避免价格改革先后出台的项目相互抵消而发生的比价复归。[2] 其次,价格改革要与其他方面的改革配套。国民经济是一个有机的整体,价格同各个部分都有着密切的联系,价格在一定时期可以作为改革的重点,但是价格改革不能够离开市场体制、财政和税收体制、金融体制、劳动和工资体制、外贸体制等的改革而孤立地进行。价格调整应根据供求状况、关系国计民生的程度,定

---

[1] 温桂芳. 认真总结经验,积极推进新时期的价格改革——价格改革30年回顾与展望 [J]. 价格理论与实践,2008 (11):7.

[2] 蒋和胜,蒙琳. 我国价格改革三十年的回顾与前瞻 [J]. 天府新论,2009 (5):65.

价原则应多考虑生产费用、国内外市场评价、国家政策三个因素，还应与培育市场，完善市场体系相配套。[①] 1986年9月13日，小平同志说道："不能就价格论价格，或只着眼于狭义的价格改革，而是要联系到生产、流通和消费领域，联系到生产要素价格的改革和国家的宏观调控和企业改革。只有从广义价格方面全面考虑，综合调控，从多方面采取正确的措施，才有可能建立与健全以市场形成为主的价格机制，推进整个改革开放事业的不断前进。"[②]

第二节　中国价格改革四十年的总体脉络与阶段划分

一、中国价格改革四十年的总体脉络

改革开放前三十年计划价格体制的弊端，使价格既不反映价值，也不反映市场供求关系，因此，增强价格的灵活性，实现价格的合理性，发挥价格的良性调节功能，成为价格改革的实践逻辑起点和当期目标；以突破计划经济及其与之相适应的计划价格体制神圣不能改变的理论禁区，承认市场调节的地位和市场价格的积极作用，作为中国价格改革理论逻辑起点；以深化计划与市场关系的研究，四十年渐次取得计划经济为主市场调节为辅、计划与市场相结合的有计划的商品经济、社会主义市场经济体制模式等重大理论成果，与之相适应，价格改革研究也相继取得了计划价格为主市场价格为辅、计划价格与市场价格相结合的价格体制、建立主要由市场调节价格为主的新体制等理论成果，这些成果构成了中国价格改革四十年理论逻辑的丰富内容。在价格改革创新理论支撑下，价格改革实践进程沿五个阶段顺次展开，纵深推进，最终实现传统的计划价格体制向社会主义市场价格新体制转变。价格改革走出了一条从理论到实践，从新的实践到新的理论的成功逻辑之路。

中国价格改革四十年遵循渐进式改革方略，明确了改革不合理计划价格体系和计划形成机制的价格改革总任务，确立了建立社会主义市场调节价格新体制的总目标，并沿着市场取向与政府调控相结合的价格改革思路，渐次实施了放管服相结合的渐进式价格改革总方略，走出了一条不断建立社会主义市场价格体制的有中国特色的价格改革变迁之路。

---

① 周春. 周春文集 [M]. 成都：四川大学出版社，2015：130.
② 成致平. 价格改革若干大事聚焦 [M]. 北京：中国物价出版社，2002：8.

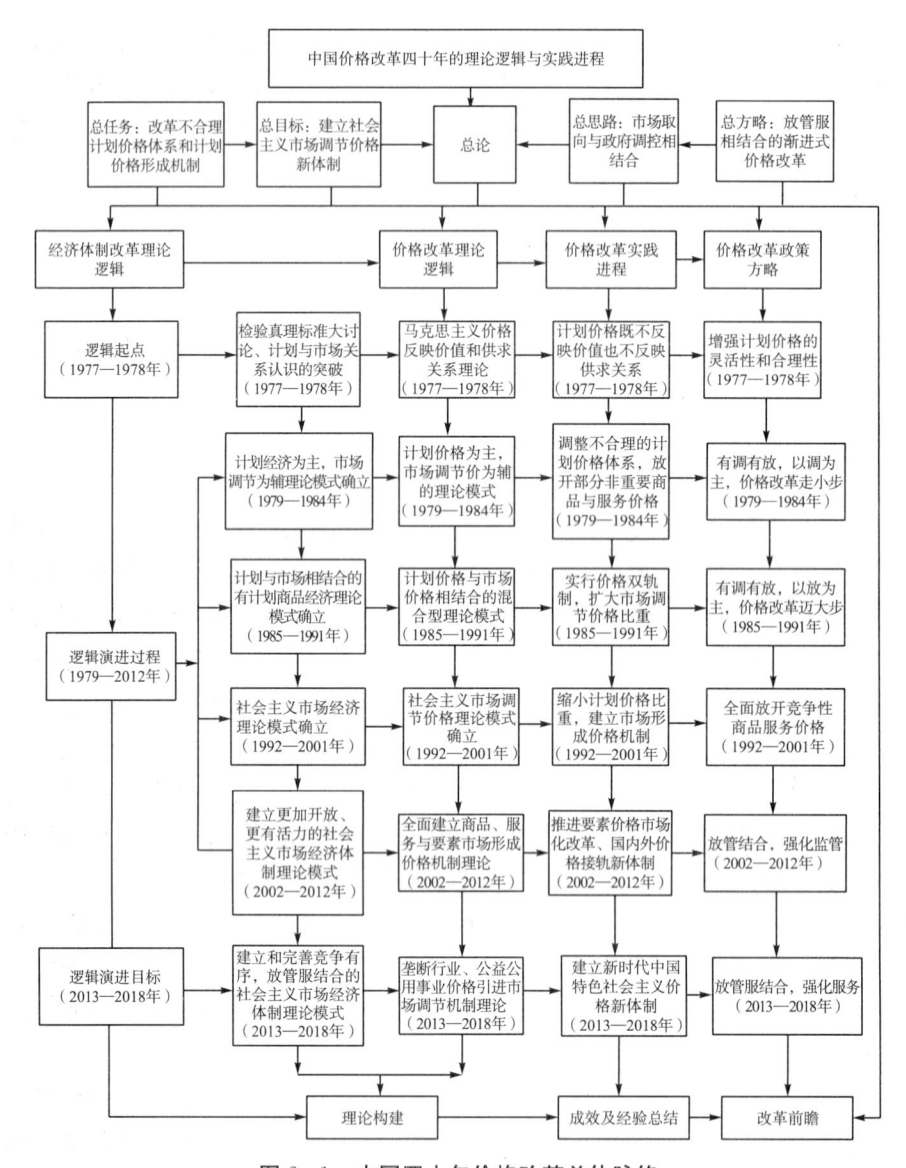

图 2-1 中国四十年价格改革总体脉络

从图 2-1 可以观察到，价格形成机制改革是渐进式的改革，并且从各届党代会关于价格形成机制改革的目标和方向上也能看出来政府对价格改革是逐步推进的，每个阶段都有各自的改革思路和特点。改革之初，价格改革的主要任务是理顺价格体系。计划经济体制下价格形成机制严重被扭曲，价格可以发挥市场供求信号指引的作用完全丧失。改革后，首要任务就是以探索的方式寻找适合我国经济体制的价格形成机制，并在此期间逐步理顺原有不合理的价格体系，使价格能够基本反映各类商品和生产要素的供求状况。理顺商品和生产要素的价格为下一步市场价格形成机制的改革奠定了基础，并避免以直接放开价格的方式而引起的物价波动。价格改革过程中，考虑到价格对社会经济生活的各方面影响较大，而且仅仅依靠调整价格体系，不从根本上改变价格形成机制可能会引起价格的剧烈波动，影响社会稳定，并且价格改革不是孤立的，要把握全局，与其他方面的改革结合起来配套进行。因此，价格改革的渐进性不仅体现为纵向的逐层深入，还体现为横向的价格改革范围的逐渐扩展。当商品价格主要由市场进行调节后，价格改革拓展至资本、劳动力和技术等生产资料领域。总之，我国价格形成机制的改革走出了一条渐进式的改革道路。

二、中国价格改革四十年的阶段划分

（一）1977—1978 年：遵循马克思主义价格理论是中国价格改革的逻辑起点

1978 年前，中国实行的是高度集中的计划价格管理体制，普遍存在着资源优化配置无效率的情况，其重要根源在于不承认价值规律在社会主义经济活动中的基础性作用，计划价格不是在市场竞争中通过供求的波动形成的，而是由政府通过行政程序制定的，许多商品的价格长期处于不合理状态，既不能反映市场供求和资源的稀缺程度，也难以随市场供求的变化而相应调整，价格体制不合理，导致市场主体的积极性无法调动，国民经济发展举步维艰。价格是市场配置资源的引擎，因此改革不合理的价格体制一开始就成为整个经济体制改革的重要组成部分。改革不合理的价格体制首先就需要承认价值规律的调节作用和利用市场机制的必要性，充分认识和发挥价格的杠杆作用，使价格充分反映价值和供求关系，让价格回归合理性。

（二）1979—1984 年：展开计划价格为主，市场调节价为辅的理论模式是价格改革的关键探索

1978 年年底，伴随着十一届三中全会的召开，我国开始了"摸着石头过河"的改革征程。[①] 经济体制改革开始后的第五年，价格形成机制的改革也徐徐拉开了帷幕，关于价格改革在 1984 年党的十二届三中全会的报告《关于经

---

① 谈俊. 从改革开放以来党的报告看我国价格改革的发展历程及展望 [J]. 中国经济史研究，2013（3）：15.

济体制改革的决定》中分别指出"价格是最有效的调节手段""合理的价格是保证国民经济活而不乱的重要条件""价格体系的改革是整个经济体制改革成败的关键"等。[1] 从此,价格形成机制改革一直走在了各项改革的前列,率先在实物产品和服务价格方面实现从政府定价到市场定价的转轨。[2] 从会议文件中可以看到"从政府定价到市场定价"的价格改革基调已经确定,但是由于缺乏理论指导,此阶段主要是以学习和探索的方式寻求适我国价格形成机制改革的道路。改革开放之初,在我国计划经济体制的大背景下,几乎所有商品的价格定价权都集中在政府手中,极度被扭曲的价格根本无法发挥其自身所带的社会属性和自然属性。所以,伴随着经济体制的改革,价格改革的目标也由完善计划价格形成机制向社会主义市场价格形成机制转变。但是由于我国价格形成机制改革并没有可借鉴的经验,只能根据我们的实际情况进行探索和尝试。[3]

要使政府合理定价,必须有正确的定价方法。为此,1981年7月,国务院成立国务院价格研究中心,负责研究、制定各种产品、服务定价的具体办法,解决政府定价需解决的理论问题,提出价格改革的总体方案。[4] 1983年3月,国务院成立了物价小组,组员由原国家计委、经委、商业部、财政部、国务院经济研究中心、国家工商总局和国家物价局的负责同志组成,全面负责领导、协调全国的价格改革工作。期间,为了掌握科学合理的政府定价方法,我国政府还尝试向国外学习。20世纪80年代初,中央政府曾专门派人向前南斯拉夫、匈牙利等国家计划部门学习政府定价的方法,匈牙利也曾派出一批人到我国介绍经验。[5]

(三) 1985—1991年:创建计划价格与市场价格相结合的混合型理论模式是价格改革的纵深演进

从1985年开始,国家探索得出要想实现价格定价市场化,就要先打造一个市场化环境,但是一蹴而就的"休克式"方法太危险,如果实施不好就可能造成整个经济的瘫痪,在此基础上,我国价格方面的专家经过反复论证,最终

---

[1] 杨圣明. 关于加快我国广义价格改革问题 [J]. 经济体制改革,2012 (7):25.
[2] 谈俊. 从改革开放以来党的报告看我国价格改革的发展历程及展望 [J]. 中国经济史研究,2013 (3):15.
[3] 马凯. 价格畸形的突破 [J]. 中国经济体制改革,1992 (6):29.
[4] 王学庆. 中国"价格改革"轨迹及其下一步 [J]. 改革,2013 (12):15.
[5] 王光利,王学庆. 价格改革思路六次大的转变和启示 [J]. 价格理论与实践,2014 (1):25.

创造出一个中国特色的价格管理方法——"价格双轨制"来进行过渡。虽然学界对"双轨制"的褒贬不一,但是从结果上来看,它对市场化改革进度的推动作用是不可否认的。

1988年年中,一系列尝试后,在改革推进速度与质量没有明显提升的前提下,中央决定价格改革"闯关",1988年5月底6月初,中共中央政治局第九次全体会议指出:"中国的改革进入了关键阶段。随着改革的深化,现在一些难度很大而又不能绕开的问题摆在我们面前。国际经验和国内实践表明,改革的难题拖得越久,解决起来难度就越大。改革会有风险,但不进则退,退是没有出路的。我们必须抓住历史给予的有利条件,迎着风浪前进,坚决而又稳妥地把改革中不可回避的问题解决好。"[①] 1988年6月3日,邓小平在会见参加"90年代的中国与世界"国际会议的中外代表时,针对价格改革问题说:"这是要冒很大风险的事情,但我们是可以完成的。这是乐观的预言,不是没有根据的。同时,我们要把工作的基点放在出现较大的风险上,也准备好对策。这样,即使出现了大的风险,天也不会塌下来。"他说:"如果现在不全面搞好物价和工资改革,不理顺关系,到本世纪末达到小康水平实现第2个目标虽然没有问题,但要实现第3个目标,也就是在下个世纪的50年内达到中等发达国家的水平就困难了。所以,我们现在要下决心冒这个风险。"[②]

但在"闯关"后不久就出现了全国范围的集中提取存款、抢购商品的风潮,导致储蓄存款减少、物价上涨加快等现象。[③] 失败的尝试不只带给我们的有教训,还有宝贵的经验。在不断探索中,我国经历了一系列的挫折和价格指数剧烈变动后,走出了一条具有中国特色的社会主义价格形成机制的道路。在此期间,不仅对计划价格形成机制中被扭曲的价格进行了调整,还逐渐恢复一定的比价、差价等关系,使价格关系基本理顺。

(四)1992—2001年:确立社会主义市场调节价格理论模式是市场配置资源基础性地位的充分实现

经过十多年改革路径的探索,在经历挫折、失败后终于探索出了一条我国改革必走不可的道路。到1992年党的十四大终于明确提出,我国经济体制改革的目标模式是建立社会主义市场经济体制。1993年党的十四届三中全会通

---

① 新华社. 坚决稳妥解决好改革中的难题 建立社会主义商品经济新秩序[N]. 人民日报,1988-06-02 (1).
② 新华社. 我们有条件冒全面改革物价工资风险[N]. 人民日报,1988-06-04 (1).
③ 刘伟. 1988年中国"物价闯关"研究[D]. 北京:中共中央党校,2011 (5):12.

过《关于建立社会主义市场经济体制的决定》，该《决定》提出了建立社会主义市场经济体制的基本框架。由此，我国建立社会主义市场经济体制的目标和路径最终确立并被作为政府此阶段最重要的工作任务。

伴随着改革目标的提出、改革框架的构建、改革步骤的确立，我国建立社会主义市场价格形成机制的步伐大大加快，在转换价格机制、调整价格结构以及健全价格调控体系等方面的改革全面开展。第一，在农产品价格形成机制方面，在原有的基础上提高了农产品价格，放开国家对农产品价格的直接干预，将权力下放给各级主管部门，各地区的农产品价格的差异开始逐渐显现；第二，在工业品价格上，逐步放开了农用生产资料、能源产品、钢铁产品和机械等一系列初级和类初级工业品的价格，为工业发展的多样性和差异性创造了基础，并由"双轨"价格向市场价格并轨；第三，在交通运输价格方面，放开了一部分交通运输价格管理方式；第四，完善政府管理的商品和服务价格形成，改革垄断行业价格形成，运用听证会、专家咨询等办法为实现政府定价的科学、合理奠定基础；第五，制定和完善了价格法律法规，为价格管理提供了法律基础；最后，建立和发展了大宗商品的期货市场，积极参与国际市场价格话语权。总之，此阶段所有的改革都是围绕着建立社会主义市场经济，而价格改革则是反映经济体制改革进度的重要指标，通过以上方面的价格改革，到了2001年，商品及服务的价格大部分由政府直接定价成功过渡到了由市场供需决定价格的局面，我国社会主义市场价格形成机制基本建立。

（五）2002—2012年：建立商品、服务与要素市场形成价格机制理论是价格改革的全面推进

在建立社会主义市场价格形成机制后，价格在市场中的作用被充分发挥，不仅高效引导了资源的配置，还调节了产业结构，特别是在配合其他方面的改革中一直处于引导地位，大大加快了经济体制的改革。但是在肯定市场价格形成机制各个方面的优势与好处时，还不能遗忘价格改革不彻底留下的负面影响，特别是金融、农产品、资源类产品、公共服务等领域的改革还需要不断深化和完善。所以，在建立了市场价格形成机制后，我国就进入了完善社会主义市场价格形成机制的阶段。

2003年党在十六届三中全会中提出了"科学发展观"的重要指导思想，对价格改革，特别是农产品、资源类产品改革提出了新的要求。在此基础之上，价格改革除了继续完善产品、劳务和生产资料价格形成机制外，还要拓展对价格功能的认识，即价格改革不仅要着眼于通过市场机制调节社会生产、优

化经济结构，而且还要促进经济增长和发展方式的转变。并且，我国在 2001 年 11 月成功加入 WTO 后，也为社会主义市场价格形成机制的完善提出了新的要求。2007 年 10 月，党的十七大报告"促进国民经济又好又快发展"部分中"完善基本经济制度，健全现代市场体系"部分，有关价格改革的表述是"加快形成统一开放、竞争有序的现代市场体系，发展各类生产要素市场，完善反映市场供求关系、资源稀缺程度、环境损害成本的生产要素和资源价格形成机制"。

（六）2013—2018 年：竞争有序、放管服结合的社会主义市场经济体制理论模式的建立和完善

2013 年 11 月，十八届三中全会通过的《中共中央关于全面深化改革若干重大问题的决定》明确指出价格是市场经济的核心，并且在文中 12 次提到"价格"问题，可见此次全面深化价格改革的决心和态度，并明确提出要全面建设以市场经济为主的价格管理体制。

2017 年 10 月，《决胜全面建成小康社会，夺取新时代中国特色社会主义伟大胜利》的报告中，进一步提出"经济体制改革必须以完善产权制度和要素市场化配置为重点，实现产权有效激励、要素自由流动、价格反应灵活、竞争公平有序、企业优胜劣汰"。

第三章

中国四十年价格改革的历程

价格可以灵敏地反映商品价值和市场供求的变动及资源稀缺的程度,向社会传递正确的资源导向信息,市场可以通过价格的升降调节实现社会资源配置的基础性作用。中国价格改革四十年遵循渐进式改革方略,明确了改革不合理计划价格体系和计划形成机制的价格改革总任务,确立了建立社会主义市场调节价格新体制的总目标,并沿着市场取向与政府调控相结合的价格改革思路,渐次实施了放管服相结合的渐进式价格改革总方略,走出了一条不断建立社会主义市场价格体制的有中国特色的价格改革变迁之路。

经济体制价格改革,就是形成新的价格体制和运行机制,理顺价格关系,从而使社会资源在市场价格波动的引导下实现有效率的配置。[1] 价格改革始终坚持以市场化为导向,形成了具有中国特色的社会主义价格改革理论逻辑。中国价格改革是经济体制改革的总体反映,是经济体制改革的核心体现,并贯穿于经济体制改革的全过程,遵循整个经济体制改革的理论逻辑,随着经济体制由计划经济体制向社会主义市场经济体制转变,价格体制也经历了由计划价格体制向市场价格体制转变的过程。

中国的价格改革是在邓小平倡导的"解放思想、实事求是"的思想路线指导下取得突破的,通过实践、认识、再实践、再认识的逻辑变迁过程,逐步探索并形成从微观层面的社会主义价格形成理论,到中观层面的社会主义价格模式转换理论,再到宏观层面的社会主义价格总水平的调控理论,展开表现为不同历史阶段价格理论模式转变、创新、发展,价格改革理论在遵循经济体制改革理论逻辑,决定并指导价格改革实践进程基础上,"逐步形成了具有中国特

---

[1] 彭森. 中国价格改革三十年(1978—2008)[M]. 北京:中国市场出版社,2010:3—37.

色的社会主义价格理论体系,成为具有中国特色社会主义理论体系的组成部分"[1],是进一步深化价格改革的重要理论依据,对当前和今后的价格工作也具有重要的指导意义。

第一节 1977—1978 年:价格改革的逻辑起点

一、计划与市场关系的认识突破是价格改革的理论逻辑起点

1978 年 5 月,《光明日报》上发表了名为《实践是检验真理的唯一标准》的文章,开始了真理标准问题的讨论,1978 年 12 月召开的中央工作会议上,邓小平做了题为《解放思想,实事求是,团结一致向前看》的讲话,成为十一届三中全会的主题报告,思想路线的端正表现在经济问题的看法上就是计划与市场关系的重新认识。要坚持实事求是,坚持群众路线,承认在社会主义制度下,存在着商品生产和商品交换,计划和市场可以结合,承认价值规律的调节作用。经济体制改革的起点是从农村改革开始的,要调整陷于失调的国民经济比例关系,实现国民经济持续、稳定、协调地发展,就需要调整农轻重工的比例关系,加快促进农业发展。在这次会议上决定 1979 年大幅度提高粮食等主要农副产品收购价格,从此开启了我国市场化改革之路,而这个具有历史意义的决定,明确地包含了价格改革的丰富内容,标志着中国价格改革的开始。

二、马克思主义价格理论是价格改革的实践遵循

1978 年前中国实行的是高度集中的计划价格管理体制,普遍存在着资源优化配置无效率的情况,其重要根源在于不承认价值规律在社会主义经济活动中的基础性作用。计划价格不是在市场竞争中通过供求的波动形成的,而是由政府通过行政程序制定的,许多商品的价格长期处于不合理状态,既不能反映市场供求和资源的稀缺程度,也难以随市场供求的变化而相应调整,价格体制不合理,导致市场主体的积极性无法调动,国民经济发展举步维艰。价格是市场配置资源的引擎,因此改革不合理的价格体制一开始就成为整个经济体制改革的重要组成部分。改革不合理的价格体制首先就需要承认价值规律的调节作用和利用市场机制的必要性,充分认识和发挥价格的杠杆作用,使价格充分反映价值和供求关系,让价格回归合理性。

---

[1] 蒋和胜,蒙琳. 我国价格改革三十年的回顾与前瞻 [J]. 天府新论,2009 (5):64.

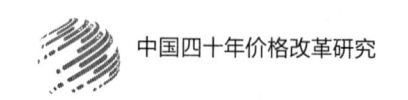

三、计划价格的严重弊端是价格改革的现实依据

在过度集中的计划经济体制下,价格方面实行的是过度集中的固定计划价格体制,存在诸多弊端。首先,价格形式是单一的计划价格;其次,决策集中,定价权主要由中央政府掌握,地方定价权很少,企业基本上没有定价权。再次,行政制定,价格不是在市场上通过竞争形成,而是通过行政办法制定的,通过行政法令颁布,借助行政手段加以实施。遵循的是"计划第一,价格第二"的原则,价值规律、供求规律、竞争规律等价格形成的一般规律,长期被排斥或被置于从属地位。过度集中的计划价格管理体制加剧了价格结构的扭曲,成为我国国民经济发展的严重障碍。

第二节 1979—1984年:价格改革的关键探索

一、提出计划经济为主、市场调节为辅的理论模式

1979年6月,五届全国人大二次会议通过的《政府工作报告》指出:"逐步建立起计划调节与市场调节相结合的体制,以计划调节为主,同时充分重视市场调节的作用。"1984年,十二届三中全会进一步明确提出:"有计划的商品经济和自觉运用价值规律,是我国经济体制改革的理论依据。"由此在全国统一了思想认识,并在《关于经济体制改革的决定》中对"计划经济为主、市场调节为辅"的原则做了详细阐述,首次出现了指导性计划的说法,肯定了市场调节作为计划调节的补充是必须和有益的,计划经济为主,市场调节为辅理论模式,是马克思主义关于社会主义经济有计划发展的基本原理同中国建设实际相结合的产物,是建立具有中国特色的社会主义经济体制的重要依据。

在此期间,展开了如何让市场调节促进计划体制的优化和发展,市场调节作为计划经济有益的补充,让计划调节更好地促进经济发展方面的有益探索,虽然主流思想仍然认为市场只是计划的有益补充,市场调节主要是对集体经济,特别是对个体经济的,而在全民所有制经济内部,价值规律不发挥作用,但计划与市场互相排斥、无法相容的传统观念从此破除,这是社会主义经济理论的一次重大突破,是对社会主义经济性质的认识逐步深化的表现,是对马克思主义政治经济学的新发展,为全面经济体制改革提供了新的理论指导,对于

以后市场取向的改革，起到了重要的促进作用。①

二、建立计划价格为主、市场调节价为辅的价格模式

改革过分集中的计划体制，中心环节是增强企业活力，需要解决两个方面的问题，一是市场有效配置资源的问题，二是处理好市场主体之间的利益关系问题，这都需要价格这个市场机制的引擎来充当排头兵，因此，建立合理的价格体系，同时改革过分集中的计划管理体制，以完善计划价格体制为核心的价格改革迅速展开。

这一阶段的价格改革是调放结合，以调为主，重点是调不合理的价格结构，② 建立市场价格形成机制的探索阶段的主导思路是以"计划经济为主，市场调节为辅"，先重点调整价格结构，对不合理的计划价格进行有升有降的调整；再"实行混合价格体制"，对价格形成机制进行转换，建立和改善价格宏观调控体系。③ 这一阶段的主要任务是对计划价格时期高度集中的定价机制和价格管理体制的改革方式进行探索和尝试。④ 改革的方式是调放结合，先调再放，⑤ 对国家原有的计划价格管理体制进行破除，对市场价格形成机制的改革进行探索。⑥ 出现了国家定价、浮动价、协议价和集市贸易价等多种定价形式，市场机制开始在部分商品价格形成中发挥作用。⑦

1977年4月，原国家计委向国务院提出建立国家物价总局，对各种产品、服务重新定价，使各种产品、服务价格水平、比价关系趋于合理的建议，从而正式启动了价格形成机制改革。1977年8月，国务院批准成立国家物价总局。1981年6月，为进一步推进改革，国务院将原国家物价总局从原国家计委中分离出来，改名为国家物价局，直属于国务院领导，负责价格改革的组织实施。⑧ 与此同时，全国县及以上各级政府建立了物价局，各种工厂、商店建立了定价机构，配备了定价人员，覆盖全国的价格管理与定价机构体系初步形

---

① 江泽民. 加快改革开放和现代化建设步伐 夺取有中国特色社会主义事业的更大胜利——在中国共产党第十四次全国代表大会上的报告 [J]. 求实，1992 (3): 12.
② 周春. 建立社会主义市场价格机制 [J]. 天府新论，1994 (9): 30.
③ 蒋和胜，蒙琳. 我国价格改革三十年的回顾与前瞻 [J]. 天府新论，2009 (3): 62.
④ 成致平. 学习《邓选》是物价人员的头等大事 [J]. 北京物价，1994 (3): 20.
⑤ 陈金凤. 论我国价格体制转变 [J]. 时代金融，2013 (3): 30.
⑥ 陶雷. 新中国价格法制度变迁讨论 [J]. 湖北经济学院学报（人文社会科学版），2015 (4): 15.
⑦ 蒋和胜，蒙琳. 我国价格改革三十年的回顾与前瞻 [J]. 天府新论，2009 (3): 62.
⑧ 刘伟. 1988年中国"物价闯关"研究 [D]. 北京：中共中央党校，2011 (5): 1.

成。[①] 1981年7月，国务院成立价格研究中心，负责解决定价理论问题，提出改革方案。[②] 1983年3月，国务院成立了物价小组全面负责领导、协调全国的价格改革工作。期间，为了掌握科学合理的政府定价方法，我国政府还尝试向国外学习。

随着整个经济体制改革的不断深入和商品经济观念的进一步强化，深化价格改革已成为社会经济发展的迫切要求。[③] 在总结前一段改革经验教训的基础上，我国政府认识到价格管理体制的改革不能只在调整比价关系、提高部分商品价格水平的浅层次上进行。只有进行价格机制的转换，才能适应经济体制改革的需要。[④] 1984年10月，党的十二届三中全会《中共中央关于经济体制改革的决定》明确指出："价格体系的不合理，同价格形成机制的不合理有密切的关系。在调整价格的同时，必须改革过分集中的价格形成机制，逐步缩小国家统一定价的范围，适当扩大有一定幅度的浮动价格和自由价格的范围，使价格能够比较灵敏地反映社会劳动生产率和市场供求关系的变化，较好地符合国民经济发展的需要。"[⑤] 此外，还特别强调："价格体系的改革是整个经济体制改革成败的关键。"[⑥] 因此，自1985年起，我国开始进行以"放开"价格为主基调的价格形成机制改革。

虽然在实践上注意利用了价值规律，发挥市场的作用，但从本质上"完善计划价格体制"的思路居主导地位。价格改革的核心问题依然围绕计划价格形成基础、价格价值核算、理论价格测算等问题展开，重点关注指令性计划、指导性计划和市场调节的特点、后果和局限性，探讨如何科学划分各自的范围，使市场调节成为计划调节的有益补充。因此，这一阶段虽然是价格改革的关键探索，在调整价格结构、缓解严重扭曲的价格矛盾上取得了重要成就，但并未完全突破计划价格体制的范围，计划价格和市场价格呈现板块式划分关系。

[①] 王广利，王学庆. 价格改革思路六次大的转变及启示 [J]. 价格理论与实践，2014 (1)：25.

[②] 王学庆. 中国"价格改革"轨迹及其下一步 [J]. 改革，2013 (12)：15.

[③] 罗世传. 20年来价格改革进程与价格总水平的运行 [J]. 财经科学，1999 (9)：28.

[④] 李林茂. 辉煌的成就，重大的突破——江西省价格改革20年纪实（续一）[J]. 价格月刊，1998 (12)：15.

[⑤] 马凯. 中国价格改革20年历史进程和基本经验 [J]. 价格理论与实践，1999 (1)：20.

[⑥] 周冰. 中国转型期经济改革理论的发展 [J]. 南开学报，2004 (3)：20.

三、调放结合、以调为主、小步走的价格改革方略

(一) 改革不合理的价格结构

一是,根据十一届三中全会关于加速发展农业的决定,较大幅度地提高了农产品收购价格。1979年,国家大幅提高农产品收购价格。提价的有18种农产品,包括粮食、油脂油料、棉花、生猪、菜牛、菜羊、鲜蛋、水产品、甜菜、甘蔗、大麻、苎麻、蓖麻油、桑蚕茧、南方木林、毛竹、黄牛皮、水牛皮,其中粮食、棉花超计划收购部分还加价50%,[①] 平均提价幅度达24.8%。提价刺激了农产品增产和农民收入增加,1979年农民由于农产品提价增加收益108亿元。[②]

例如,吉林省从1979年到1984年累计提高了177种产品价格,粮食、油料全部提了价,主要农副产品、经济作物、畜产品、土特产品以及部分药材也都提高了收购价格。1984年和1978年相比,农产品收购价格总指数全国提高了53.6%,吉林省提高了45.3%,年平均递增6.4%,调价品种之多,幅度之大,超过了中华人民共和国成立以来其他任何一个时期。工农产品价格剪刀差,1984年已经比1978年缩小了24.5%,农民用同等数量的农产品交换工业品的数量,比1978年增加了31.4%,比1950年增加了2.06倍,使历史上遗留下来的农产品价格突出偏低的问题得到很大改善。六年中,吉林省农民从提高农产品收购牌价和实行超购加价、议价中增加收入达38.66亿元,平均每个农业人口从价格中得到收益206元。提高农产品收购价格这一改革激发了广大农民的生产积极性。这几年农业生产全面好转,各种农副产品稳定增产,农村形势越来越好,这就是落实了十一届三中全会以来包括农产品价格政策在内的关于农村各项经济政策的结果。这一点,邓小平同志在《目前的形势和任务》的讲话中作了充分肯定。

二是提高8种副食品销售价格。为推动农业发展,保证农民的利益,中华人民共和国成立后逐步提高了农副产品的收购价格,但为了保证城市人民的生活水平不降低并逐步有所改善,又不能相应提高销售价格,这就形成了严重的购销价格倒挂的状况。对于猪、牛、羊、奶、蛋、禽、鱼、菜等,国家一直是高价买低价卖,做赔钱买卖。1979年,农副产品收购价格大幅度提高,销价

[①] 蔡瑞先,姜斌. 价格改革的基本经验和趋势 [J]. 发展论坛,1999 (9): 30.
[②] 马凯. 中国价格改革20年的历史进程和基本经验 [J]. 价格理论与实践,1999 (1): 20.

没有马上提高，仅吉林省商业经营 8 种副食品亏损就达 5076 万元。这种谁多卖就多赔的状况，违背经济规律的客观要求，不利于调动经营部门的经营积极性，不利于增加收购，不利于丰富市场供应，归根到底不利于城乡人民生活的改善。中共中央、国务院于 1979 年 9 月 24 日批转了《全国物价工资会议纪要》，并发了通知，在通知中着重指出："提高主要副食品销售价格给职工补贴，同时适当调整工资，涉及国家、集体、个人各个方面的利益，关系到安定团结的大局，关系到国民经济的调整、改革、稳定、提高，关系到四个现代化建设，影响深远，意义重大，各级党和政府必须把它作为一件大事来抓。"[1]党和国家为了解决这个问题，从 1979 年 11 月 1 日起，采取了提高 8 种副食品销价，同时给每个职工每月补贴五元钱的措施，既调动了经营部门的积极性，又保证了大多数群众不致因 8 种副食品提价而增加生活负担。据吉林省当时测算，每个职工平均赡养人口为 2.31 人（包括职工本人），每月增加支出四元五角五分，补贴五元，对绝大多数职工生活是没有影响的。全省 8 种副食品及相关品种年提价总额 1 亿元，而给职工全年补贴金额却达到 1.4 亿多元，国家多支出约 4 千万元。当然，解决倒挂问题涉及面比较广，受国家财力的制约，不可能一下子都解决，粮、油、棉、猪、菜等的经营，国家仍给予大量的补贴。

为了促进农业发展，提高农民生产积极性，逐步提高农产品收购价格，不提销价，导致物价长期倒挂，财政补贴负担重，那么如果提高销价，就需要补贴工资，使人民的实际收入不减少。为了科学地实施副食品价格提价政策，决策补贴的统一标准以及研究对财政支出的影响，国家物价总局组织全国的物价部门进行了两方面的调查。"国家计划提高副食品销价的幅度是全国猪肉平均提高 33%，鲜蛋提高 32%，主要水产品提高 33%，牛、羊肉提价幅度高于猪肉提价幅度，家禽、牛奶的销价由地方根据当地情况适当调整。这些销价提高对农民的影响不大，因为大多数农民消费的副食品是自给的，何况他们还从提高农产品收购价格中增加了收入。但对职工和城镇居民的生活影响就比较大。遵照李先念同志一再指示的'你们提任何方案，都不要影响职工生活'，必须给全国的干部、职工以相应的补贴。"[2] 通过调查最后决定采取按统一标准给每个职工相同补贴的办法。补贴的标准根据各地提价幅度的大小、副食品供应数量的多少以及职工负担的赡养人口多少来决定，调查发现提高副食品销价给职工补贴，并不是对双肩挑的职工不利，也主要不是对人口多、收入少的困难

---

[1] 成致平. 价格改革若干大事聚焦 [M]. 北京：中国物价出版社，2002：26.
[2] 成致平. 价格改革若干大事聚焦 [M]. 北京：中国物价出版社，2002：22.

户不利，指出补贴不够的主要是收入多、吃肉少的人。最后确定，"争取提高副食品价格给每个职工每月补贴 5 元之后，职工不减少收入的面可以达到 80%。""提高副食品销价给职工补贴还解决了县和县以下单位家属在农村的干部职工由于农村粮食、食油、棉花等分配价格提高而增加的负担。"[1] 对财政收支的影响方面，"总起来看，全年 8 种副食品提价总额 58 亿元，补贴总额 66 亿元，补贴比提价多 8 亿元。单从国家算账的情况看，提价总额 58 亿元当中，国家可回笼 4 亿元；补贴总额 66 亿元当中，国家需支出 54 亿元。回笼与补贴相抵，国家需净增加开支 7 亿元。由于生产是增长的，供应量是增加的，从长远看，这样把对企业的暗补改为对职工的明补，可以收到控制补贴的效果，不多增国家的财政负担。""副食品收购价格提高之后，是销价不提，对经营部门补贴，即暗补，还是把销价也提到合理水平，对职工发补贴，即明补，绝不仅仅是个补贴方法问题，而是对我国的价格问题，是坚持走老路，计划取向，'率由旧章'，还是坚持走新路，市场取向，锐意改革；是用计划收购、计划供应来调节生产和消费，还是按价值规律来调节生产和消费的重大原则问题。""用这些代价换来理顺副食品购销的价格关系，调动了农业生产和商业经营的积极性，有利于繁荣市场，改善人民生活，是十分值得的。"[2]

三是陆续提高了一部分原材料和采掘工业品的价格。这些生产资料价格长期偏低，生产企业无利甚至亏损，不利于基础工业的发展。为解决这个问题，1979 年提高了煤炭的出厂价格，1980 年至 1981 年陆续提高了生铁、焦炭、水泥、平板玻璃、部分钢材、部分矿石和木材等 29 种产品的出厂价格。吉林省提价金额达 1.2 亿多元，平均提高幅度为 19.4%。在一定程度上改善了采掘工业品、原材料工业品同加工工业品的比价关系，促进了短线产品的发展，对重工业内部结构的调整起了一定的促进作用。与此同时，还降低了部分机械、电子产品的出厂价格，适应农村联产承包责任制的发展要求，较大幅度地提高了中小农具的价格。1983 年又提高了纯碱、磷肥、复合肥和钙肥的价格，初步解决了农业生产资料生产和经营上的矛盾。

四是 1981 年年末的烟酒调价。烟酒是高税利产品，在国家财政收入中占有一定比重。农产品收购价格提高以后，烟酒的原材料价格就高了，成本上升，使许多烟厂、酒厂的利润大大降低，甚至出现亏损，这对国家的财政收入十分不利。同时，由于高档烟酒和低档烟酒的比价不合理，使高档烟酒供不应

---

[1] 成致平. 价格改革若干大事聚焦 [M]. 北京：中国物价出版社，2002：23.
[2] 成致平. 价格改革若干大事聚焦 [M]. 北京：中国物价出版社，2002：27.

求，走后门之风盛行，群众很有意见。为保证财政收入调节供求关系，国家采取了提高烟酒价格的措施。甲级烟平均每盒提价二角七分，乙级烟每盒提价八分，丙级烟每盒提价二分，丁、戊级烟价格没动。此次调价是由国家确定标准品价格，各省比照标准品来安排其他非标准品的价格。

五是1983年1月的纺织品调价。这次调价品种之多，范围之广，超过了历史上任何一次，具体品种约3万多个，金额占市场商品零售总额四分之一左右。棉布平均每尺提价一角，提高19%；化纤布平均每尺降价四角，平均降价31%。这不仅解决了棉布与化纤布的不合理比价问题，而且降价品种是使用价值高，为群众所喜爱的。调价后，纺织行业的价格系列初步得到理顺，促进了纺织产品结构的调整，为改善人民衣着结构创造了条件。

六是1983年年底提高铁路货物运价和水运客货价。全国铁路货运价格，平均每吨公里由144分提高为175分，提价幅度为21.58%，水运客货运价也做了必要的调整。初步缓解了铁路运价偏低和运价结构不合理的矛盾，促进了铁路运输生产，同时扩大了水路、公路为铁路运输分流的作用，有利于加速发展交通运输事业和合理运用现有运输工具。

（二）价格管理体制改革

一是适应多种经济形式、多种经营方式、多条流通渠道的要求，改革了过去单一的计划价格形式。除国家指令性计划的商品及收费执行国家规定价格以外，对属于国家指导性计划生产、交换的商品，特别是消费者选择性强、花色品种繁多的商品，有计划地实行了浮动价格，由企业在国家规定的幅度内浮动；对国家不作计划的小商品，实行了工商企业协商定价或企业自行定价，根据市场供求变化自行涨落；对三类农副产品和完成国家统购派购任务后允许上市的一、二类农副产品，实行了议购议销价格，由购销双方按照政策自行议定；对允许上市的农副土特产品，实行了集市贸易价格，除个别涉及人民生活较大的品种规定限价以外，完全由买卖双方灵活面议，属于自由价格。

党的十一届三中全会以来，我国工农业生产发展十分迅速，许多商品由卖方市场转向买方市场，流通对生产的作用日益突出，要求现在的流通体制必须适应新的形势的需要。流通领域的问题，有很多是价格问题，在当时价格不宜大动的情况下，实行了以下一些措施：一是扭转小商品价格"放而不开"的状况，凡是小商品，一律实行工商企业协商定价。部分省份明确提出，凡国家和省规定品种范围的小商品，物价部门不再定价，主管部门也不要再定价，完全由购销双方协商议定，不受现行的工业利润率、进销差率、批零差率、地区差价、商业内部调拨价等限制，真正由购销双方充分协商确定。二是搞活鲜活商品价格。凡规定执行牌价的鲜活商品，商店、门市部都可以根据质量变化，制定早晚不同市价。有些品种如鲜蛋等可以实行淡旺季节差价。大城市及主要工矿区的蔬菜，贯彻大管小活的方针，即大宗蔬菜实行计划价格，小的品种、温室品种等全部实行市场调节，中等城市的地产菜分品种按季节实行部分的计划管理，小城市及县城的蔬菜放开。猪肉可以分部位出卖，肥瘦不同，应有不同差价；牛羊肉除保证回民按牌价供应外，其他实行市场调节价格。三是饮食、服务。食品业采用议价的原材料制作的熟食、糕点或小食品、副食品等，企业可按有关定价原则合理定价，灵活掌握；可以逐步推行不收粮票，适当提高售价；在保证早点、普通饭店的主食、低档糕点、儿童饼干等大众化品种的供应和价格稳定的前提下，企业可以生产一些高档和传统风味品种；新开发的食品，实行按质论价，优质优价。宾馆、招待所、旅店业可将现行收费标准作为最高限价，灵活向下浮动，以鼓励竞争；浴池、理发业，在保证普通浴池和理发正常营业的条件下，另外开设高级浴池、高级理发，增设新的服务项目，提供高级服务，价格由企业自行制定；集体或个体经营的一些细小零星、经营分散、流动性大和技术要求特殊的小修理、小服务项目，其收费一律由供需双方自由议定。四是对于残损废次商品，企业有权处理，允许商店、门市部自行降价或削价出售。部分工业品和副食品市场价格允许下浮，除全国明文规定实行统一价格的商品和实行专卖、财政补贴原材料差价的商品不予下浮以外，其余商品（包括酒类）价格均可下浮，下浮幅度不限，以鼓励竞争。五是配合农村流通体制的改革，对农村供销社的价格管理办法适当放宽，给农村基层供销社相应的调定价格的权限，在价格管理上可以比城市商业的价格管理更活一些。六是对正常销售和需要扩大推销的商品，购买者如成批购买，可给予批量差价，在保证国家税收和企业正常经营的前提下，可按零售价适当折扣，或实行其他优惠办法。以上这些价格改革措施，在一定程度上改善了工农业产品的比价关系，原材料工业和加工工业的比价关系，以及日用的消费品之间的比价关系，使价格结构向着合理的方向大大迈进了一大步。

二是改革了过去企业无权定价的管理制度，在一定范围内，给了企业一些定价权。如在规定品种、幅度内的价格浮动权、在规定范围内的议价权、小商品的定价权，以及制定企业内部协作价格、制定国家不定价商品价格和工艺协作收费、制定某些残损废次商品的处理价格、根据规定的饮食业毛利率制定没有统一定价的主副食品价格等价格权限。

1984年，国务院在扩大企业自主权"十条"中又规定：国营企业生产的工业生产资料，属于国家计划分配的继续执行国家牌价，以保证计划内的生产顺利进行。但属于企业自销的和完成计划后的超产部分，在不高于或低于牌价20%幅度内，企业有权自定价格或供需双方协商定价。属于生活资料和农业生产资料，要执行国家规定价格，但企业可用计划外自销产品与外单位进行协作。地方小型企业生产的小硫酸、小纯碱，可制定地方价格，以促进地方性基础原材料工业的发展。为加速地方炭的生产，有的地方将国营和集体的小煤矿生产的煤炭和小水泥厂生产的水泥，定价权由省下放到县，以便依据实际情况及时调整。允许工业生产资料也实行计划的和市场调节的两种价格形式，是对过去三十多年实行的管理原则的一个突破。它对计划分配体制和物资经管都提出了新的课题，要求相应划出不同的范围和界限对加工工业品价格试行"级解"措施的重点，是贯彻按质论价的原则，适当扩大质量差价，鼓励企业生产优质产品，提高社会经济效益。对获得国家金质奖、银质奖和部或省优质奖的产品，可在现行牌价的基础上，按照国家、省政府以及有关部门的具体规定，适当向上浮动。例如，国家规定对获得国家金质奖、银质奖和地方评为优质产品的纺织品，实行优质优价，加价幅度分别为15%、10%、5%；新花色、新式样的产品在畅销期间，价格可以向上浮动10%；随着花色式样逐渐老化，及时降价，向下浮动10%；劣质产品实行低价，对粗制滥造的产品要实行惩罚价格，把出厂价降到工厂无利以至亏损的水平。对甜菜、羊毛等农产品也积极开展按质论价的试点，对流通领域的价格也进行了一些改革。

三是适应加强经济管理的必要行政干预，制定了一系列价格管理的规定和办法，使价格管理向法制管理迈出了一步。如国务院发布了《物价管理暂行条例》，一些地方政府也制定和公布了相应的规定，有的还建立了物价监督站和群众义务物价检查组织等。

总之，十一届三中全会以来实行的这些价格改革措施，基本上适应了整个国民经济调整改革的需要，促进了国民经济的健康发展，并且积累了经验，展示了价格改革的光明前景，为进一步全面改革，创造了必要的条件。

此阶段经历的价格体系的调整方式大致如表3-1所示：

表3-1 价格改革的关键探索时期价格体系的调整

调整方式	一	二	三	四	五	六
	提高农产品收购价格	提高8类副食品零售价格	提高煤矿产、焦炭、钢材等原材料和农业生产资料价格	提高烟酒价格	调整纺织品价格，降低部分轻工业品价格	提高铁路货物运价和水运客货价格

此阶段价格体制改革的探索方式如表 3-2 所示：

表 3-2　价格改革的关键探索阶段改革的事项

事项 \ 序号	1	2	3
提高价格浮动的幅度	对生产资料类电子产品浮动定价	蜂蜜价格浮动定价	自销型工业生产资料浮动定价
部分产品按地区临时定价	按省市对钢铁差异定价	按省市对煤炭差异定价	
部分产品价格自由	计划价格指导下议购议销定价	计划价格指导工商企业协商定价	计划价格指导下集市贸易定价

此阶段有关价格管理体制改革的相关政策以规定如表 3-3 所示：

表 3-3　价格改革关键探索阶段的相关政策

时间	1979年7月	1980年4月	1980年12月	1982年7月	1983年5月	1984年5月	1985年3月
政策文件	《关于电子产品试行幅度价的通知》	《关于加强物价管理，坚决制止乱涨价的通知》	《关于严格控制物价、调整议价的通知》	《物价管理暂行条例》	《关于加强市场和物价管理的通知》	《关于进一步扩大国营企业自主权的暂行规定》	《关于加强物价管理和监督检查的通知》

（三）这一阶段价格改革对市场物价和人民生活的影响

这一阶段六次大的价格调整和价格管理办法的某些改革，涉及面是很宽的，连锁反应也大。党和国家虽然采取了很多措施控制这些连锁反应，但归根到底，最后仍要直接或间接地反映到市场物价上来，影响市场物价一定程度的上涨，因而对群众生活也会产生一些影响。市场零售价格是广大消费者最关心的价格。从 1979 至 1984 年的六年间，根据国家的安排，各有关部门有计划地对市场商品零售价格做了有升有降的调整，升降相抵后，市场物价的总水平是上升的。据统计，全国零售物价指数，1979 年上升 1.9%，1980 年上升 6.2%，1981 年上升 2.4%，1982 年上升 1.9%，1983 年上升 1.5%，1984 年上升 2.8%，以 1984 年和 1978 年比较，全国零售物价指数六年来共上升 17.7%，平均每年上升 2.75%。

经过近 5 年的价格形成机制改革，我国在此阶段的居民消费价格指数（CPI）和生产价格指数（PPI）指数运行如图 3-1 所示：

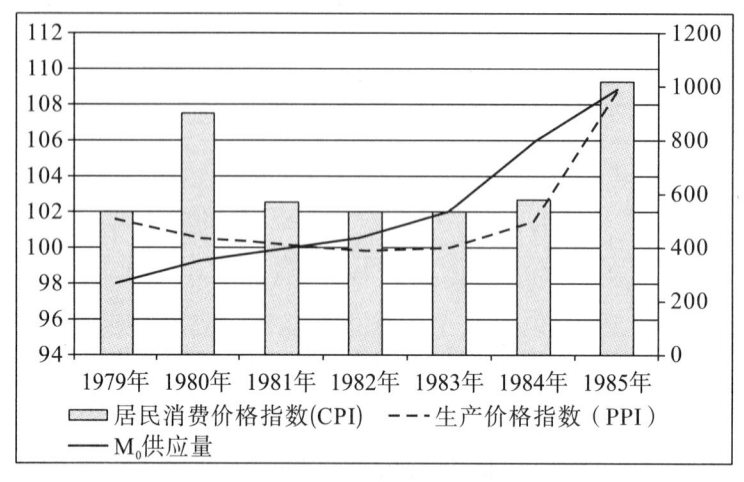

图 3-1 居民消费价格指数（基期为 100）[①]

如图 3-1 所示，在改革第一年，也就是 1979—1980 年期间 CPI 指数有小幅上扬，此年的波动幅度达到 5.9 个百分点，这也是 1979 年 7 月开始提高部分工农产品价格自由浮动的幅度直接造成的，由于计划经济时期残留下来的商品匮乏的现象还很明显。所以放开计划性生产电子产品价格管制是造成此波 CPI 上扬的主要诱因，虽然 1979 年 11 月中央出台规定，新增了提高价格自由浮动的幅度为 20%，但是当时在社会上还是出现了乱涨价的现象。直到 1980 年 4 月和 12 月中央分别出台了《关于加强物价管理，坚决制止乱涨价的通知》和《关于严格控制物价、调整议价的通知》及时遏制住了乱涨价的现象，故 CPI 的走势又出现了回落。[②]

1982 年 7 月 7 日，国务院批准《物价管理暂行条例》（简称《条例》），规定企业具有定价权，并将它作为总则的一项重要原则。此外，《条例》还提出能够发挥市场调节作用的浮动价格、议定价格、协商定价的价格形式。《条例》中的这些新规定，反映了我国的价格管理模式已开始有新的突破。但是，《条例》指导思想仍然坚持计划经济为主、市场调节为辅，在定价权和价格决策权上明确规定"国家定价是主要形式"，企业定价只是发挥市场调节作用的辅助形式。这就决定了浮动价格、议定价格、协商定价等市场调节价格不能成为主要的价格形式。[③] 1982 年 9 月，国务院批准放开 160 种小商品价格，1983 年 9

[①] 数据来自国家统计年鉴（2015）.
[②] 蔡瑞先，姜斌. 价格改革的基本经验和发展趋势 [J]. 发展论坛，1999（9）：30.
[③] 马凯. 价格畸形的突破 [J]. 中国经济体制改革，1992（6）：29.

月又批准放开350种小商品价格。1983年12月，原国家物价局和原机械工业部联合决定：凡是经有关部门鉴定为新产品的，其试销价格定价权由中央下放到地方，或直接下放给企业。明确的指导思想和相匹配的过渡式价格管理方式保证了此后两年价格改革在稳定推进的同时，商品价格没有出现剧烈波动的现象。

第三节 1985—1991年：价格改革向纵深演进

一、提出有计划的商品经济理论模式

首先，对社会化大生产的认识逐步全面，以公有制为基础的社会主义经济，它不是自发的，能够有计划地进行，1987年9月召开党的十三大进一步提出经济体制改革的目标模式是"社会主义有计划的商品经济体制应该是计划与市场内在统一的体制"，"必须以公有制为主体，大力发展有计划的商品经济，继续发展多种所有制经济"。[①]

其次，对计划经济与市场调节相结合的认识发生了质的变化，提出计划经济可以从总体上保持国民经济按比例发展和资源合理配置，市场调节可以发挥优胜劣汰的作用和增强经济发展的活力，只有将两者相结合，充分发挥两者的优点和长处，才能促进国民经济的持续、稳定、协调发展。

再次，对计划经济手段的认识，强调指令性计划和指导性计划都是实行计划经济的具体形式，随着经济结构的完善和市场不断发育，适当扩大指导性计划的范围，更多地发挥市场机制等作用。这一阶段把国家对国民经济进行计划管理的形式，分为三类：第一种是把计划用指令的形式传达给企业执行，即指令性计划；第二种是自觉运用价格、税收、信贷等经济调节手段，引导企业主动地实现国家计划，即指导性计划；第三种是在国家规定的政策、法令范围内，通过市场自发调节，使企业的生产符合整个经济发展的总趋势，补充国家计划的不足，即市场调节。

第四，坚持计划调节与市场调节相结合原则的含义是：计划与市场的关系不是板块式的结合，而是有机地相互结合，计划管理中要自觉地利用价值规律，考虑市场中的利益关系，同时市场运行也要受到计划的指导和控制。

最后，对计划机制和市场机制共同基础的认识，国家定价和市场调节价，

[①] 中共中央文献研究室. 十三大以来重要文献选编（上）[M]. 北京：人民出版社，1991：26—27.

有共同的基础就是价值，计划管理也必须自觉遵循经济按比例发展规律和价值规律，考虑市场供求关系，市场调节也要有计划地引导，加强宏观调控，属于总量控制、经济结构和经济布局的调整，主要发挥计划的作用，企业日常的生产经营、一般性技术改造等经济活动，由市场调节。这段时间的争论还比较多地集中在市场跟社会制度联系上，集中在指令性计划、指导性计划和市场调节之间的界限划分，出现了"板块说""渗透说""多层次的渗透结合"等说法，忽略计划与市场本身的资源配置作用。

二、确立混合型价格管理模式

本阶段价格形成机制改革的特点是，在形式上打破了完全由国家主导的计划价格形成机制。通过先把扭曲的价格进行调节，理顺了大部分商品和服务的价格后，开始逐步放开价格浮动的幅度和商品定价的范围，也就是先调整，再放开，渐进地改变了单一由国家定价的形式。[①]

经过此阶段对价格形成机制改革路径的探索，运用行政法规直接干预的手段将高度集中的定价权力逐步下放给各权力部门和市场，给商品市场增加了活力。市场上出现了国家定价、浮动价、协议价和集市贸易价等多种价格形式，给市场经济价格功能的实现提供了空间。并在此基础上又形成了政府定价、政府指导价、市场调节价三种价格形成机制，运用三种机制的特点逐步将集权式的政府定价经过政府指导价过渡到市场调节价形成机制中，虽然运用了饱受争议的"双轨制"这一中国特色的价格管理手段，但是从结果上来看，这种方式是适合当时国情的，采用这种方式没有给改革造成"休克式"的经济倒退或停顿等问题。

然而这次价格形成机制改革由于缺乏与改革同步的配套措施，并且是在毫无经验借鉴的基础上进行的探索式改革，所以从局部的角度来看，价格形成机制虽然有形式的改变，但是距离建立起完全发挥市场机制和价格功能的机制还有很长的路要走。在经历了一系列的"阵痛"和挫折之后，我们获取了宝贵的经验，也探索出了一条引领经济体制改革的社会主义市场价格形成机制改革的道路。

1984年10月，党的十二届三中全会通过的《中共中央关于经济体制改革的决定》中提出了"价格体系的改革是整个经济体制改革成败的关键"。因此，价格改革的目标任务从调整价格结构转变为改革不合理的价格体系，改革过分

---

① 蒋和胜，蒙琳. 我国价格改革三十年的回顾与前瞻 [J]. 天府新论，2009 (5)：62.

集中的价格管理体制。对应国家对国民经济进行计划管理的三类形式,"在价格上宜于采用多种价格的混合价格制度:一种是国家规定的价格;一种是浮动价格,由国家根据不同情况分别规定价格的上限、下限或中间标准,具体价格可按这些标准的范围浮动;还有一种是自由价格"。①

由于固定价格的种种弊端,和自由价格区域性、时差性、短期性、剧烈波动性的特点②,"无论是从理论上,还是实践上,无论是从近期来看,还是从长远来看,单一的浮动价格的比重都不可能超过其他两种价格的总和而占据绝对优势,进而上升为主要的价格形式,成为我国价格模式的主体"。③ 1985年9月,党的十二次代表大会上通过的《中共中央关于制定国民经济和社会发展第七个五年计划的建议》中进一步提出"逐步形成少数商品和劳务实行计划价格、多数实行浮动价格和自由价格的统一性与灵活性相结合的价格体系"。1987年10月,党的十三大提出建立社会主义市场体系,积极并稳步推进价格改革,理顺商品价格和各种生产要素价格,建立和健全合理的价格形成机制和价格管理体制,要逐步做到关系国计民生的少数重要商品和劳务价格由国家管理,其他一般商品和劳务价格由市场调节的混合价格制度。

1987年9月11日,国务院发布了《中华人民共和国价格管理条例》,弥补了以前价格管理形式缺少的法律手段,将国家定价、国家指导价和市场调节价三种管理价格的形式以立法的形式确定下来,逐步转变国家统一管理价格以及转变仅仅靠政策处理相应的价格问题。④ 在《中华人民共和国价格管理条例》颁布后,各地方为了具体执行价格管理条例出台了结合地方情况的价格管理的法规,为1988年价格改革"闯关"奠定了法律基础。⑤

1988年年中,中央决定价格改革"闯关",但在"闯关"后不久就出现了全国范围的挤提存款、抢购商品的风潮,导致储蓄存款减少、物价上涨加快。鉴于此,中央出台了旨在稳定经济和市场的"治理经济环境、整顿经济秩序、全面深化改革"的方针、政策、措施。价格"闯关"失败的一个重要原因是在存在通货膨胀的情况下强行推进价格改革。这次价格"闯关"失败说明价格改

---

① 桂世镛. 论调整改革与效益 [M]. 北京:中国财政经济出版社,1985:230.
② 蒋和胜. 供求机制不能完全调节价格 [J]. 经济理论与经济管理,1990 (5):40.
③ 蒋和胜. 我国最佳的价格模式应是混合价格模式 [J]. 价格月刊,1986 (3):2.
④ 陶雷. 新中国价格法制度变迁论述 [J]. 湖北经济学院学报(人文社会科学版),2015 (4):15.
⑤ 国家发改委价格司. 为经济又好又快发展创造有利的价格环境 [N]. 中国经济导报,2009-02.

革顺利进行需要一个相对宽松、稳定的宏观经济环境。同时，这次价格"闯关"过程中出现的一些新情况、新问题丰富了我们对价格改革规律的认识，为以后更好地推进价格改革提供了经验。①

三、实行价格"双轨制"渐进式改革方略

在"有计划的商品经济"的思想指导下，这一阶段的改革取向是"少数计划价格，多数市场价格"，改革方式是"放调结合，以放为主"，改革重点是转换价格形成机制，改变过度集中的计划定价权限。价格改革取得突破性进展，从规模上量力而行，从品种上注意掌握，对于供求平衡的产品全部放开，以利于开展竞争，对于供求基本平衡、短期内有可能增产的产品，采取放调结合，以放为主，对于供不应求的商品，采取调放结合，以调为主，对国计民生关系重大的少数生产资料和生活资料，则全部实行国家定价，"陆续放开了大多数工业消费品价格和大部分计划外生产资料的价格，形成了生产资料价格的'双轨制'"。②

价格杠杆的作用显著，促进社会生产力的蓬勃发展在市场经济体制下，价格具有极为重要的地位和作用，价格灵敏反映商品价值和供求关系，市场通过价格的升降调节实现社会资源配置的决定性作用，促进社会生产力的蓬勃发展。随着农村经济体制改革和农产品收购价格的提高，极大地激发了农民的积极性，农产品生产有较快的增长，工业生产资料价格改革带来能源、原材料产业价格的大幅提高，工业品产量逐步提高，国家价格补贴的财政负担也有所减轻；企业定价权不断扩大，市场竞争逐步形成，价格杠杆作用显著，价格功能充分发挥，科学评价企业的生产效果，灵活调节要素配置和流动，促进技术的迅速进步，生产和消费结构不断优化。

1984年5月10日，国务院《关于进一步扩大国营企业自主权的暂行规定》中规定："工业生产资料属于自销的和完成国家计划后的超产部分，一般在不高于或低于国家定价的20%的幅度内，企业有权自定价格，或由供需双方在规定幅度内协商定价。"同年10月，国家物价局发出通知："除了各级政府必要管理的小商品外，其余全部放开。"这部分小商品价格放开后，实行工商企业协商定价。此外，对于所有的一二三类农副产品均逐渐实行议购议销，而对于那些生产者与消费者直接见面交易的集市贸易价格则允许买卖自主协

---

① 刘伟. 1988年中国"物价闯关"研究[D]. 北京：中共中央党校，2011.
② 周春. 建立社会主义市场价格机制[J]. 天府新论，1994（9）：30.

商、自由议定。① 大规模、快速地放开价格的管制，导致在某些市场的某些商品的带领下，整个市场价格指数快速飙升。

1985年，按照党的十二届三中全会通过的《中共中央关于经济体制改革的决定》的精神，在进一步深入农村改革的同时，城市经济体制改革全面展开，价格改革具体包括以下内容：

（1）从1985年开始，放开了除国家定购的粮食、棉花油料、糖料等少数品种以外的绝大多数农产品的购销价格。② 1985年1月1日，中共中央一号文件规定：从当年起，除个别品种外，国家不再向农民下达农产品收购派购任务，按照不同情况，分别实行合同定购和市场收购。③ 粮食、棉花取消统购，改为合同定购；除此以外，生猪、水产品和大中城市、工矿区的蔬菜，也要逐步取消派购。④ 这样，就把多年对粮油实行的统购价和超购加价这两种国家定价模式，改为国家定价和市场价并存。⑤

（2）从1985年开始，放开了计划外生产资料价格，实行生产资料价格"双轨制"。我国的价格"双轨制"首先是从石油价格开始的。1983年，国家允许石油产品计划外部分，按国际市场价格在国内销售。⑥ 1984年，国家为了扶持产品价格长期低于价值的煤炭生产企业，对37个统配矿煤炭实行超产加价，幅度为计划价格基础上加价25%~50%。⑦ 1984年5月20日，国务院颁布了《关于进一步扩大国营工业企业自主权的暂行规定》，即"十条规定"：工业生产资料属于企业自销的（2%）和完成国家计划后的超产部分，一般在不高于或低于国家定价20%的幅度内，企业有权自定价格，或由供需双方在规定的幅度内协商定价。这样实行"双轨制"价格的范围就进一步扩展到工业生产资料。⑧ 1985年1月24日，国家物价局和国家物资局联合颁发了《关于放开生产资料超产自销产品价格的通知》，对于工业生产资料属于企业自销和完成国家计划的超产部分的出厂价格，取消原定不高于国家定价20%的规定的

---

① 马凯. 中国价格改革20年的历史进程和基本经验 [J]. 价格理论与实践，1999（1）：20.
② 刘旭明. 价格形成理论的发展趋势 [J]. 经济研究参考，1992（2）：29.
③ 杨韵新. 中国经济转轨中的就业与失业状况 [D]. 北京：清华大学，2002.
④ 张卓元. 中国价格改革三十年：成效、历程与展望 [J]. 红旗文稿，2008（12）：10.
⑤ 马凯. 中国价格20年的历史进程和基本经验 [J]. 价格理论与实践，1999（1）：20.
⑥ 周冰. 中国转型期经济改革理论的发展 [J]. 南开学报，2004（3）：20.
⑦ 中国价格协会课题组. 价格改革：三十年跨越三大步 [N]. 中国经济导报，2008-7-9.
⑧ 中国价格协会课题组. 价格改革：三十年跨越三大步 [N]. 中国经济导报，2008-7-9.

限制,[①] 从而把市场定价推到了完全市场调节。[②] 至此,正式形成了生产资料价格"双轨制"。继工业生产资料价格"双轨制"正式提出和确认之后,1985年,国家正式提出取消农产品统购、派购制度,并对大多数农产品放开价格,实行市场调节价。具体做法是:在收购体制上,把粮食等主要农产品由原来的统购、派购改为合同定购和议价收购,在价格上也改原来的国家计划价为合同定购内的"倒三七"比例价和合同定购以外的市场调节价。虽然后来在粮食市场上发生了一系列的变化,但以粮食为主的农产品价格"双轨制"一直保留下来。

(3) 以1986年放开电冰箱、洗衣机等7种耐用消费品价格为标志,进一步放开了消费品价格。工业品方面,从1982年起,陆续放开了小商品价格,第一批为6类160种,第二批为8类350种。[③] 1984年10月进一步规定:除各级政府必须管理的少数品种外,放开小商品价格。1986年,全部放开了小商品价格,并放开了自行车、收录机、电冰箱、洗衣机、黑白电视机、中长纤维布和80支以上棉纱制品的价格,扩大了消费品市场调节价范围。[④] 工业生产资料中央定价的,出厂价由51类1083种减少到48类745种,销售价由22种减少到13种,工业消费品中央定价的由8类95种减少到60种。[⑤]

(4) 1986年8月,"第七个五年计划"指出:经过改革逐步建立起对极少数重要商品和劳务由国家定价,其他大量商品和劳务分别实行国家指导价和市场调节价的制度,这时实行国家定价和国家指导价的商品约占商品零售总额的66%,实行市场调节价的商品约占商品零售总额的34%。[⑥] 1987年9月,国务院颁布了《中华人民共和国价格管理条例》(共七章,三十九条),初步形成了国家定价、国家指导价和市场调节价三种价格形式并存的价格形成机制和价格管理体制的新格局,规定了制定调整实行国家定价和国家指导价的商品价格,应当接近商品价值,反映供求状况,符合国家政策要求。[⑦]

---

① 李林茂. 辉煌的成就 重大的突破——江西省价格改革20年纪实(续一)[J]. 价格月刊,1998(12):15.
② 许光建. 价格改革的基本经验与今后的方向[N]. 中国信息报,2008-8-29.
③ 张卓元. 中国价格改革三十年:成效、历程与展望[J]. 红旗文稿,2008(12):10.
④ 杨韵新. 中国经济转轨中的就业与失业状况[D]. 北京:清华大学,2002.
⑤ 中国价格协会课题组. 敢于变革 敢于创新 推进价格改革深化——价格改革30年的回顾[J]. 经济研究参考,2008(9):6.
⑥ 中国价格协会课题组. 敢于变革 敢于创新 推进价格改革深化——价格改革30年的回顾[J]. 经济研究参考,2008(9):6.
⑦ 李颖. 中国物价波动的特征和影响因素研究[D]. 大连:东北财经大学,2011.

进入 1988 年后,主持中共中央工作的领导人认为,1987 年的经济形势相当好,全面好,不应把经济形势看得过于严峻。1988 年 2 月 6 日召开的中共中央政治局第 4 次全体会议也认为,1987 年全国的生产、建设、流通和外贸的情况都比预料好,经济体制改革有较大的进展。会议强调,1987 年经济生活中存在的突出问题是物价上涨幅度过大。物价问题的焦点是食品涨价。要根据中共十三大确定的加快和深化改革的要求,不失时机,积极进取,认真解决前进中的矛盾和问题,使整个国民经济继续稳定协调的发展。中共中央领导人认为,根据改革发展的需要,考虑到经过 1986、1987 年两年"软着陆"后的经济形势,1988 年在物价改革上迈出更大的步子,不仅是必要的,也是有条件的。

与此同时,《人民日报》社论指出,"长期存在的以原材料价格和农副产品价格偏低为特征的不合理价格体系,在过去十年的改革中虽然有了一些改进,但远没有得到根本性的改变,价格形成的新机制尚未建立,在某些方面甚至出现新的价格扭曲,这已成为深化改革和发展经济的严重障碍。"报道和评论比较完整地阐述了物价"闯关"的必要性和紧迫性。

1988 年 8 月 19 日,《人民日报》发表了中共中央政治局会议的公报,报道了价格改革方案的基本内容,强调了尽管放开物价风险很大,但也要勇敢"闯关"。价格的突然放开,造成了物价的全面上涨,通货膨胀严重的局面再次出现。在 1988 年 8 月 17 日,中共中央政治局会议讨论并原则通过《关于价格工资改革初步方案》,社会各界误以为物价将全面放开,通货膨胀预期已经形成,更大规模的抢购和挤兑狂潮又起。

鉴于抢购和挤兑狂潮对社会安定造成的严重威胁,8 月 30 日,国务院召开第 20 次常务会议,通过了《关于做好当前物价工作和稳定市场的紧急通知》。通知强调:一是要采取有力措施确保 1989 年社会商品零售价格上涨幅度明显低于 1988 年。二是要继续贯彻执行国务院关于 1988 年下半年不出台新的调价措施的决定。三是要责成中国人民银行开办保值储蓄,使 3 年以上的存款利息不低于甚至略高于物价上涨幅度。四是要采取有力措施,坚决压缩固定资产投资规模,停建缓建一批楼堂馆所,控制社会集团购买力,抓紧清理整顿公司,清理整顿非银行的金融机构,要把 1988 年的信贷和货币发行控制在国家要求的数额之内。五是要切实做好粮、棉、油的收购工作,确保合同订购任务的完成。六是各级政府要认真组织好市场供应,严格市场管理,要认真整顿市场秩序,坚决取缔和打击哄抬物价、囤积居奇、投机倒把、中间盘剥等行为。《通知》指出,"少数重要商品和劳务价格由国家管理,绝大多数商品价格放开,由市场调节",这是经过 5 年或更长一点时间的努力才能达到的长远目标。至此,中共中央关于"治理整顿,深化改革"的思路正式取代了"物价闯关"的改革决策。

总之,1988 年中央曾一度下决心扩大 10 年价格改革的成果,用 5 年左右的实践闯过价格改革的难关。然而,社会供求总量失衡加剧,出现了明显的通货膨胀,全国零售价格总指数居高不下,社会秩序混乱,消费心理趋紧,成为价格改革乃至整个经济改革和经济发展的严重障碍。党的十三届三中全会决定,集中力量用三年或者更多一些时间治理经济环境、整顿经济秩序、抑制通货膨胀,为国民经济的健康发展和价格改革及整个经济改革的顺利推进创造良好的条件,这一阶段的价格改革以建立、完善价格调控体系为重点,"初步建立和健全了价格总水平的监测和调控体系,以及某些重要商品的储备制度、价格调节基金制度"[①];通货膨胀受到明显抑制、市场趋于平稳的情况下,"从1989 年 9 月开始,有计划分步骤地调整了 5 大类 20 多个系列的产品价格,其中包括适当提高国家定价偏低的粮、棉、糖料收购价格,两次提高统购煤价格,三次提高原油价格,两次提高交通运输价格"[②],全面提高主要原材料的计划价格,"特别是提高了 25 年未作调整的粮油统销价格,价格结构性调整的项目之多、范围之广、幅度之大,创改革之首"。[③]

这种调整主要包括:1989 年夏起,提高粮、棉、油的收购价格,其中粮食定购价格提高 18%,棉花提价 34%,为 1979 年以来提价的最高幅度;1989 年 9 月大幅度提高了铁路、水路和航空客运票价,提价幅度 1 倍左右,分别为 120%、70%、80%;1989 年 11 月提高了食盐及盐制品销售价格;1989 年底调整了人民币的汇率,使人民币贬值 21%;1990 年 3 月提高了铁路和水运货物运价(每吨公里提价 0.05 元)。短短几个月时间内,连续采取了 3 项大幅度调价的措施,是极为少见的,但并未引起社会震荡。[④] 相反,物价上涨过快的势头逐步得到抑制,价格改革继续深化。此外,还初步建立和健全了价格总水平的监测和调控体系,以及某些重要商品的储备制度、价格调节基金制度。[⑤]

如图 3-2 所示,1988 年由于国家投入货币数量突然爆发式增大,市场上流通的货币量有了大幅提高,再加之逐渐放开的商品价格,市场上出现了严重

[①] 马凯. 价格畸形的突破 [J]. 中国经济体制改革,1992(6):32.
[②] 蒋和胜,蒙琳. 我国价格改革三十年的回顾与前瞻 [J]. 天府新论,2009(5):65.
[③] 马凯. 中国价格改革 20 年的历史进程和基本经验 [J]. 价格理论与实践,1999(1):14.
[④] 沈立人. 中国经济·重大决策始末 [M]. 南京:江苏人民出版社,1999:452-453.
[⑤] 王家兴. 逐步解决生产资料价格"双轨制"问题的设想 [J]. 中国物价,1990(7):30.

的通货膨胀现象。

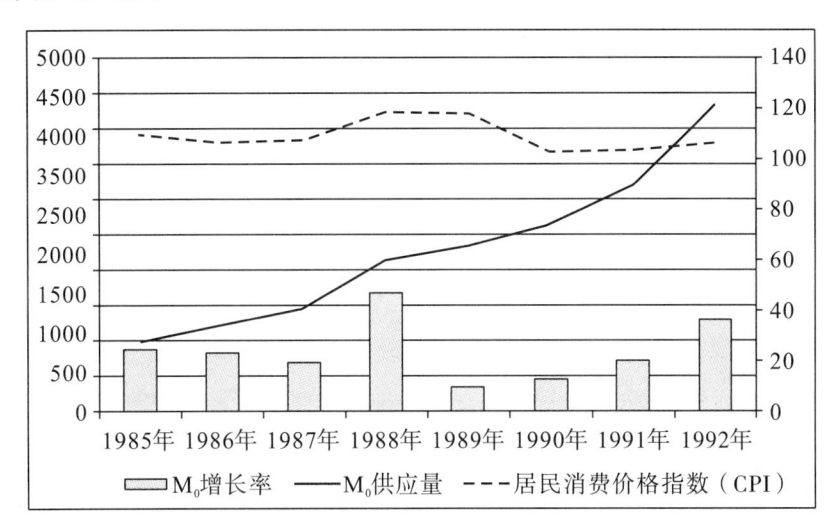

图 3-2 流通中 M₀ 供应量同比增长率

注：数据来源于国家统计局（2015）。

此阶段经历的价格体系的调整措施如表 3-4 所示：

表 3-4 价格改革纵深演进阶段的调整方式

	1985 年	1985 年	1986 年
调整方式	放开除少数国家定购的商品外的所有商品	实行生产资料价格"双轨制"	放开耐用消费品价格为标志，进一步放开了消费品价格

此阶段价格改革的主要事项如表 3-5 所示：

表 3-5 价格改革纵深演进阶段改革的主要事项

双轨制	"价格双轨制"是指商品价格运行机制同时存在于两条轨道，即国家定价运行轨道和市场调节价运行轨道。具体来说，双轨制价格通常是指同一商品在同一时间同一市场同时存在着两种不同的价格，即国家对同一产品的计划内部分实行国家定价，对计划外部分实行市场调节价，或者是按照国家规定实行最高限价的市场调节价。如：石油、煤炭、农产品等
价格调节基金	针对副食品价格管理运用调节基金增加或者减少供给水平，改善供求结构，以改善社会供求平衡
重要商品储备制	针对粮食、植物油、原油等战略性物资建立调节性库存储备制度增加或者减少供给水平，改善供求结构

此阶段有关价格改革的相关政策规定如表 3-6 所示：

表 3-6　价格形改革纵深演进阶段实施的相关政策

时间	1987 年 9 月 11 日	1988 年 4 月 5 日	1988 年 8 月 17 日
政策文件	《中华人民共和国价格管理条例》；各地方为了具体执行价格管理条例出台了与地方情况价格管理的法规	关于试行主要副食品零售价格变动给职工适当补贴的通知	讨论并原则通过《关于价格工资改革初步方案》

七年的过渡时期 CPI 与 M_0 发行量变动情况如图 3-3 所示：

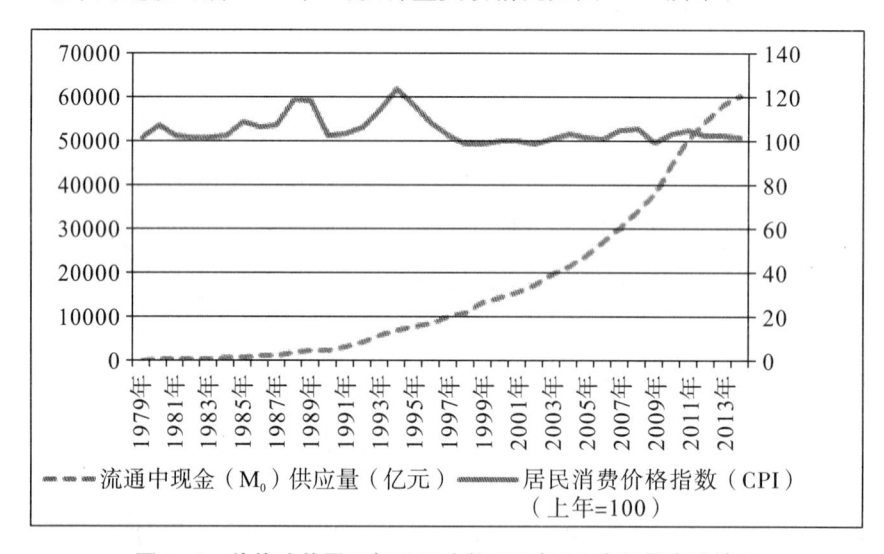

图 3-3　价格改革展开与巩固阶段 CPI 与 M_0 发行量变动情况

注：数据来源于国家统计局（2015）。

如图 3-3 所示，伴随着 1984—1985 年商品大量的放权，将商品的定价交给市场，初期是由于物品匮乏引起抢购现象，由于价格机制的作用反映出市场上资源的分配状况，再加之国家建立了调节价格运行的方式，如：调节基金，商品储备，价格双轨制等。到了 1989 年就逐步缓解了通货膨胀的压力，价格运行趋于平稳。

双轨制价格是指同一种生产资料以国家计划为界限，同时存在两种不同性质的价格形式，其计划部分执行国家定价，超计划部分和允许自销部分由企业定价、或实行加价和议价。例如，同一个钢铁厂生产的同种钢铁，计划内产品按国家统一定价出售，计划外产品则按市场价格出售，这两种价格是根据不同的价格形成机制形成的，在某种程度上，反映着价格管理体制改革过程中两种体制并存的局面。① 首先,价格双轨制实施后,我国长期沿用的单一的国家定价形式得到初步的改变,形成了国家定价、国家指导价和市场调节价并存的、比较灵活的价格管理形式。② 其次,价格双轨制使长期扭曲的工业品价格体系得到初步改善,双轨制虽然没有完全发挥价格的功能来实现资源配置,但至少能反映出一部分市场的信息。③ 再次,价格双轨制增强了企业经济的活力,由于定价权的下放,企业可以根据市场的需求来生产商品,可以实现企业盈利,故双轨制也激励了企业大力生产。最后,价格双轨制促进了乡镇企业和其他多种经济成分的迅速发展。价格双轨制的实行扩大了乡镇企业的市场生存和发展空间,使长期以来被排除在计划分配渠道以外的乡镇企业获得了合法的原材料供应来源,促进了乡镇企业的迅速发展。④

1978 年、1991 年三种基本价格形式在各类商品中的比重如表 3-7 所示:

表 3-7 1978 年、1991 年三种价格基本形式在各类商品中的比重

品名	价格形式	1978 年	1991 年
社会商品零售总额	政府定价	97.00%	20.90%
	政府指导价	0.00%	10.30%
	市场调节价	3.00%	68.80%
农产品收购总额	政府定价	92.20%	22.20%
	政府指导价	2.20%	20.20%
	市场调节价	5.60%	57.80%
生产资料销售总额	政府定价	100.00%	36.00%
	政府指导价	0.00%	18.30%
	市场调节价	0.00%	45.70%

注:数据来源于:成致平,价格改革三十年(1977—2006) [M]. 中国市场出版社,2006 年第 161 页。

任何事物都存在两面性,双轨制在取得一系列成功的同时,也有一定的弊端。例如,双轨制本质上是不符合经济规律的一种方式,双轨制的存在违背了商品和货币的等量交换的原则,致使市场出现极端现象;双轨制还导致企业经

---

① 张卓元. 社会主义价格理论与价格改革 [M]. 北京:中国社会科学出版社,1987:170.
② 中国价格协会课题组. 敢于变革 敢于创新 推进价格改革深化——价格改革 30 年的回顾 [J]. 经济研究参考,2008 (9):37.
③ 王家. 20 世纪 80 年代我国通货膨胀问题新论 [D]. 上海:复旦大学,2008.
④ 王家兴. 逐步解决生产资料价格"双轨制"问题的设想 [J]. 中国物价,1990 (7):30.

济效益失真，导致了短缺商品的囤积倾向，由于国家计划价格的定价偏低，企业力求尽可能地囤积重要的、难于取代或供求无保证的平价物资，甚至生产上不需要的物资也大量囤积，这种囤积反过来又扩大了物资短缺，严重干扰了国民经济的正常运行；价格双轨制推动产品成本的上升，导致了通货膨胀；[①] 价格双轨制形成的巨额差价是滋生腐败的温床，导致我国经济生活中出现过多销售中间环节，这不仅增加了流通费用、抬高物价、滋生倒手牟利的不正之风，而且使大量的商品长期滞留在流通领域，积压了大量资金，人为地造成通货膨胀。

第四节　1992—2001年：价格改革的重点突破

一、确立社会主义市场经济理论模式

这一阶段明确了所要建立的是社会主义市场经济，不是资本主义的市场经济，也不是一般的市场经济，而是社会主义的市场经济。1991年，七届人大四次会议进一步提出要缩小指令性计划、扩大指导性计划的范围，更多地发挥市场机制的作用。[②] 1992年，邓小平南方谈话，清楚地指出"计划和市场都是经济手段，计划多一点还是市场多一点，不是社会主义和资本主义的本质区别"。[③] 争论的关注点逐步倾向于将计划与市场看作资源配置的不同方式，而不是社会制度性质的划分方式。[④]

1992年10月，中共十四大确立社会主义市场经济体制的改革目标，这是我国计划与市场关系演变过程中的一个里程碑，中国经济体制改革进入一个新的阶段。"它不是要改变我们社会主义制度的性质，而是社会主义制度的自我完善和发展。它也不是原有经济体制的细枝末节的修补，而是经济体制的根本性变革。"[⑤] 社会主义市场经济体制的实质包括两个层次的含义：一是社会主

[①] 全国生产资料成本价格研究会第一届理事会. 为生产资料价格并轨献计献策 [J]. 价格理论与实践，1990（9）：20.

[②] 中国经济年鉴编辑委员会. 中国经济年鉴1991年 [M]. 北京：经济管理出版社，1991：6—29.

[③] 江泽民. 加快改革开放和现代化建设步伐 夺取有中国特色社会主义事业的更大胜利——在中国共产党第十四次全国代表大会上的报告 [J]. 求实，1992（3）：12.

[④] 冷溶，汪作玲. 邓小平年谱（1975—1997）（下）[M]. 北京：中央文献出版社，2004：1343.

[⑤] 江泽民. 加快改革开放和现代化建设步伐 夺取有中国特色社会主义事业的更大胜利——在中国共产党第十四次全国代表大会上的报告 [J]. 求实，1992（3）：12.

义市场经济建设过程中,并不是完全取消"有计划",而是社会主义就包括"有计划",这也是中国特色社会主义理论的有益探索和重要成果;二是建立社会主义市场经济体制,是在国家宏观调控下,让市场在资源配置中起基础性的调节作用,宏观调控本身也包含国家计划调控的涵义。1993 年,党的十四届三中全会通过《关于建立社会主义市场经济体制的决定》,该《决定》提出了建立社会主义市场经济体制的基本框架和构建出了各个领域改革的目标。①

二、提出社会主义市场调节价格模式

经过价格"闯关",总结价格改革的经验,更加深刻地认识到价格改革需要根据国家的经济实力采取渐进式策略,进而提出了价格改革的目标模式,即"建立社会主义市场价格体制",中国进入较全面的价格改革阶段。党的十四大报告中对社会主义市场价格体制做出了明确的定义,即"建立起市场形成价格为主的价格机制",这一目标模式明确地概括了价格新体制的本质、基础、内在规定发生了质的变化,对价格形成基础,价格改革的基本思路、基本途径和目标模式有了更科学、更清晰的认识。价格改革的市场取向进一步明确。"改革的新的价格管理体制,既不是单纯的计划价格体制,也不是单纯的市场价格体制,而是计划与市场有机结合的价格管理体制,其中市场起着主要的基础性的作用。"② 这个时期价格形成机制改革的目标是"建立起主要由市场形成价格的机制"。③ 价格改革的任务是"在保持价格总水平相对稳定的前提下,放开竞争性商品和服务的价格,调顺少数由政府定价的商品和服务的价格;尽快取消生产资料价格双轨制;加速生产要素价格市场化进程;建立和完善少数关系国计民生的重要商品的储备制度,平抑市场价格"。④

质的变化表现在:首先,实现价值规律的要求。通过价格改革,让价值成为价格形成的基础,逐步发挥市场机制的作用,引导供求关系发生变化,价格围绕价值上下波动,改变价格长期不反映价值,甚至长期严重背离价值的状况,让价格能真实反映价值并随供求关系而波动,价格体系逐步科学、合理,从实质上改变价格体系的性质和结构。其次,改革价格的形成机制和调控机

---

① 马凯. 中国价格改革 20 年的历史进程和基本经验 [J]. 价格理论与实践,1999 (1):12.
② 周春. 周春文集 [M]. 成都:四川大学出版社,2015:232.
③ 中共中央文献研究室. 中共十三届四中全会以来历次全国代表大会中央全会重要文献选编 [M]. 北京:中央文献出版社,2002:287.
④ 中共中央文献研究室. 中共十三届四中全会以来历次全国代表大会中央全会重要文献选编 [M]. 北京:中央文献出版社,2002:288.

制。形成合理的价格体系要求改革价格管理体制，让企业逐步拥有定价权和调价权，让价格围绕价值上下波动，并及时反映市场上的供求关系，同时，个别商品价格的调整或物价总水平的控制，也要从国家采用行政手段进行转变为运用经济手段进行，商品价格的形成由行政机制转变为市场机制，调控机制由直接调控转变为间接调控。最后，转变价格的职能。核算功能是价格要从实质上反映社会必要劳动的耗费及其成果，充分发挥核算与调节的功能。

在经济方面，经过改革开放的刺激，国民生产总值从1992年开始进入快速增长阶段，从1992年的21940.2亿元到2001年已经达到108383.4亿元，工业、农业和服务业均实现了大规模的增长，人民生活得到了本质的提高。特别在工业方面，由于前一阶段在牺牲农业发展的基础上重点支持工业的发展，所以工业化水平得到了大幅的提高，生产力的提升丰富了商品的数量、提升了商品的质量，城镇居民的收入也从1992年的人均2026.6元增加到2002年的7702.8元。

在价格形成机制改革方面，价格改革仍然是个大难题。正如房维中在1989年10月31日的中共中央工作会议华北小组会上所言："要治理通货膨胀应当较多地降低物价上涨幅度，而要保持基础产业的稳定发展，又需要对某些产品价格进行调整。这就需要在降低物价上涨幅度与调整某些产品价格之间，寻找一个适当的结合点。"[1] 1991年前四个月物价实际运行情况比较平稳，4月份粮食统销价格改革方案出台后，价格指数陡然上升，各级政府与物价部门采取措施使以后几个月的物价水平基本稳定下来。次年，政府又提高了粮油统销价格，面粉、大米、玉米平均每市斤提价0.1元；花生油、大槽芝麻油、豆腐等每市斤提价1.35元，基本上实现了购销同价。与此同时，大面积提高了原油及成品油的价格；原油每吨平均提价34元，成品油价格相应提高，每吨在18~100元。整顿并调整了钢铁系列产品的价格。[2]

这一阶段价格改革过程中，既对可能导致物价上涨的各种因素高度警惕，同时注重在比较宽松的宏观环境下，加快推进价格形成机制的市场化进程。1990年9月，薛暮桥在给中共中央政治局常委的信中写道："过去不敢大胆调、放价格，主要顾虑在总需求膨胀的条件下，放开价格会引发严重的物价上涨。目前，这方面的条件有很大改变，市场疲软为理顺价格铺平了道路。因此，我建议抓住这个有利时机，价格政策从管制转向调整，短线产品适当提

---

[1] 房维中. 房维中文集 [M]. 北京：中国计划出版社，2009：198.
[2] 沈立人. 中国经济·重大决策始末 [M]. 南京：江苏人民出版社，1999：454-455.

价，疲软产品考虑降价推销。此后再进一步转向让绝大部分商品的价格全面放开。"

1991年，除了对生活用品和各种消费品的价格进行调整之外，国家还对钢铁等主要生产资料的价格进行了整顿。从这年2月起，国家取消各种钢材的临时价格，同时将钢材全国统一出厂价改为Ⅰ、Ⅱ两类价，大型钢铁联合企业执行Ⅰ类价格，其他企业执行Ⅱ类价格；调低计划外钢铁产品最高限价，使计划内外差价每吨平均缩小200元，差率缩小50%；适当提高计划内产品价格。

邓小平南方谈话后，物价部门也有计划地加快了价格形成机制市场化的步伐，从1992年起，国家对价格管理机构进行了改革，明确了管理部门、管理领域和管理权限。改革后，价格由国务院价格主管部门、地方价格主管部门与国务院行业主管部门、地方行业主管部门共同管制，形成了在国务院统一领导下，由价格主管部门与行业主管部门共同负责的价格管制体系，市场价格秩序和价格总水平调控由国务院价格主管部门负责。价格管理机构的改革也为后期价格法的出台做好了铺垫。在探索阶段，放开价格微观管制之后，政府在价格管理上也出现了宏观价格管理滞后的现象，市场也出现了价格混乱、价格总水平不断上涨等现象。

自1992年开始，我国政府开始加强对价格的宏观调控，其主要目标是维持价格总水平的基本稳定。在1997年以前市场出现价格混乱，政府管理部门出现管理失误等问题时，直接采用行政法规来约束上述行为和现象，并没有一个权威性的法律文件来对价格管理的相关事宜进行约束。1997年，我国出台了《价格法》，这是我国出台的第一部与价格相关的正式法律，随后以《价格法》为核心，以其他法规条文为辅助构建起了价格的法律体系，也开启了我国价格管理法制化建设的征程。截止到1999年底，基本建立起了对价格总水平调控，对具体行业、产品价格进行调控，对垄断性行业、公用事业价格水平进行管制，对整个市场价格秩序进行有效管理的价格形成机制框架。[①] 虽然在加入WTO后，某些领域的标准需要修改，但是从整体上看社会主义市场价格形成机制已经基本建立。

充分兼顾各方面利益，妥善处理和解决改革中的相关利益关系和矛盾是价格改革四十年的根本前提。价格的调节功能是价格的基本职能之一。价格改革促进经济发展是为了实现人民群众的长远利益和根本利益，应该在取得大多数群众的赞同和拥护前提下开展，小平同志说："理顺价格涉及地区之间、行业

[①] 许光建.价格改革的基本经验与今后的方向[N].中国信息报，2008-8-29.

之间、品种之间、工农之间和国家、企业、个人之间等方方面面的利益调整，涉及价格管理体制和价格形成机制的转换。"[1] 必须正确处理好人民群众中各个阶层、各个地区的眼前利益和长远利益。首先，价格措施的实施经过了深入的调研，广泛的听证和大量的宣传；其次，价格改革充分考虑各阶层的承受能力，或给予适当补偿，或采取分期分步骤完成；其三，价格改革尽量减轻影响的程度，缩小影响的范围；其四，加强价格监测，在价格发生较大幅度波动时，实行必需品限价政策，优先保障生活需要；最后，价格举措应推行社会全面监督，取得人民群众的广泛支持，保障改革顺利进行。

三、创建市场形成价格机制改革攻坚战

这一阶段价格改革的步伐明显加快，转换价格形成机制、调整价格结构、价格法制建设、健全价格调控体系等诸方面的改革全面深化，从商品和劳务价格改革到生产要素价格的改革逐步扩展，改革的广度和深度都超过以往。将现存的国家定价和国家指导价定价机制过渡到以市场调节价为主的定价机制上，用市场机制来发挥价格功能，并引领经济体制改革。此阶段的重点任务是建立社会主义市场价格形成机制，调整价格结构以及健全价格调控体系。主要内容包括：加快转换价格形成机制，加强价格法制建设，1987 年 9 月，国家发布《价格管理条例》，1998 年，颁布《价格法》以及配套的一批法规、规章；加快构建价格调控体系，各种价格调控手段逐步健全。具体措施包括如下内容：[2]

（1）重新修订和颁布了中央管理价格的分类目录，从中央到地方都大面积地放开了一批商品和劳务的价格；1992 年 8 月，国家物价局颁布了新的价格管理目录，放开了绝大多数商品的价格。[3] 与 1986 年颁布的原价格分工管理目录比较，在重工产品价格方面，国家管理的价格由 737 种缩减为 89 种，其中，政府定价 33 种，政府指导价 56 种，下放地方管理 22 种，其余 600 多种均放开由企业自主定价；在农产品价格方面，政府管理的价格，由原目录的 40 种减少为 10 种；在轻工商品和轻工原材料价格方面，修订后的目录分别减少到 9 种和 3 种；在进出口商品的价格方面，除粮食、化肥等 5 种商品外，[4] 都实行了代理作价。通过一年来大面积放开价格，到 1992 年底，各类商品价

---

[1] 转引自成致平. 价格改革若干大事聚焦 [M]. 北京：中国物价出版社，2002：8.
[2] 蒋和胜，蒙琳. 我国价格改革三十年的回顾与前瞻 [J]. 天府新论，2009 (5)：63.
[3] 马凯. 中国价格改革 20 年的历史进程和基本经验 [J]. 价格理论与实践，1999 (1)：12.
[4] 吴晓旸. WTO 后过渡期结束后价格行政监管的研究 [D]. 镇江：江苏大学，2006.

格中，国家定价的比重已不足 20.0%。其中，社会商品零售额中，国家定价的比重由 1991 年的 20.9% 降到 10.0%，市场调节价的比重上升到 90.0%，[1]这样就基本上确立了市场机制在价格形成中的主导地位。

表 3-8　1991、1992、1998、2000 年三种价格基本形式在各类商品中的比重

品名	价格形势	1991 年	1992 年	1998 年	2000 年
社会商品零售总额	政府定价	20.90%	5.90%	4.10%	3.20%
	政府指导价	10.30%	1.10%	1.20%	1.00%
	市场调节价	68.80%	93.00%	94.70%	95.80%
农产品收购总额	政府定价	22.20%	12.50%	9.10%	4.70%
	政府指导价	20.20%	5.70%	7.10%	2.80%
	市场调节价	57.80%	81.80%	83.80%	92.50%
生产资料销售总额	政府定价	36.00%	18.70%	9.60%	8.40%
	政府指导价	18.30%	7.50%	4.40%	4.20%
	市场调节价	45.70%	73.5%	86.00%	87.40%

（2）大力推进"双轨制"的并轨，绝大部分双轨价格在价格放开的基础上主要由市场调节。1990 年以后，计划外高价逐步稳定下降，与计划内产品的政府定价相接近。1992 年开始，不同产品分别采取不同形式，实行了工业品生产资料价格的并轨。如表 3-8 所示，1991 年，生产资料政府定价比例为 36.0%，政府指导价为 18.3%，经过建立社会主义市场经济体制阶段的改革，2000 年政府定价降到了 8.4%，而政府指导价则降到了 4.2%，政府指导价这一形式已经基本被合并，价格管理制度成功地实现了过渡。[2] 1991 年，农产品政府定价的比重为 22.2%，政府指导价的比重为 20.2%，市场调节价的比重为 57.8%；在社会商品零售价中，三者的比重分别为 20.9%、10.3% 和 68.8%。至此，中国已经初步改变了高度集中的价格管理体制，形成了国家定价、国家指导价和市场调节价等多种价格形式并存的格局。

---

[1] 姜榕兴. 市场经济条件下中国价格管理研究 [D]. 福州：福建师范大学，2004.
[2] 蒋和胜，蒙琳. 我国价格改革三十年的回顾与前瞻 [J]. 天府新论，2009（5）：63.

表 3-9 产品市场价格"双轨制"并轨过程：1978—1995 年

年份		1978	1985	1990	1995
农产品	计划价格	94.4	37.0	24.0	17.0
	市场价格*	5.6	63.0	76.0	83.0
工业产品	计划价格	100.0	64.0	44.6	15.6
	市场价格	0.0	36.0	55.4	84.4
零售业	计划价格	97.0	47.0	30.0	8.8
	市场价格	3.0	53.0	70.0	91.2

资料来源：世界银行（2005），Table2.1。转引自：刘伟. 1988 年中国"物价闯关"研究 [D]. 北京：中共中央党校，2011.

* 市场价格中包含政府指导价格。

（3）从 1992 年开始，对粮食订购价格和收购价格，铁路运输及公共服务事业价格，能源、资源产品出厂价格和部分电子产品价格进行大幅度的提高。1994 年调整了陆上原油价格，放开了煤炭价格，这两类产品也实现了价格并轨。除个别商品（如电力）外，其余重工业品价格也先后放开形成市场调节价，或规定了统一的国家指导价，工业品生产资料以市场供求为主形成价格的机制就基本上形成。至此，"工业品生产资料的价格双轨制也就画上了句号"。[1] 在计划价格时期，国家为了支持工业的发展，对资源能源类产品定价被压低，导致资源浪费现象严重，经过市场价格形成机制的改革，虽然在能源和公共品上的改革还不够彻底，它们的定价权还由国家掌握，但是国家意识到"剪刀差"的作用带给经济发展的不均衡的后果，故在此期间对以上产品进行了频繁提价。

（4）建立系统的价格调控和管理制度。在市场化进程最快的阶段，政府不仅采取了多样化的过渡模式，将定价机制逐步变迁至由市场定价，为了稳定市场价格，促进价格管理体制改革，还针对不同性质的商品采取了不同的调节方式（如表 3-10 所示）。

---

[1] 成致平. 价格改革若干大事聚焦 [M]. 北京：中国物价出版社，2002：161-162.

表 3—10　建立社会主义市场价格机制阶段采取的主要调节方式

调节方式	内容与效果
建立重要商品储备制度	粮食、棉、植物油和糖等主要农副产品以及原油、重要稀有金属等战略物资均已建立商品储备制度，有效地防止了市场价格非正常的大幅度波动
建立价格监测制度	每月定期监测国内外重要商品价格和国内重要服务收费标准，对工业品、农业品、建筑产品成本进行定期调查，并将这些监测和调查结果及时写成分析报告
建立重要农产品的价格保护制度	对于粮食、棉花等农产品价格，建立起最低价格保护制度，保证农民在市场价格过低时可以以保护价出售给国家，稳定了农民的收入和农产品价格的波动，避免了因农产品价格所引发的通货膨胀或通货紧缩
实行价格总水平调控目标责任制	将价格总水平的基本稳定作为宏观调控的重要目标之一，在通货膨胀时期，这一制度落实的好坏曾经作为考核各级领导政绩的主要标准之一
实行紧急干预价格措施	当价格总水平出现剧烈波动等异常情况时，国务院和省、自治区、直辖市人民政府可以对部分价格采取限定差价率或者利润率，规定限价，实行提价申报制度和调价备案制度等临时干预措施，国务院甚至可以在全国范围内或者部分地区采取临时集中定价权限、部分或者全面冻结价格

只有价格的过渡政策和调节政策是不够的，还要有相配套的法律、法规文件来约束整个改革，价格管理法制化就是要求价格管理部门在执行价格行为或制定价格政策时，必须在法律的规范之下，依法行政，不得以权代法来调控价格。[1] 1992 年以来，在推进价格形成市场化的同时，价格管理的法制化也越来越受到重视，价格管理的法律框架体系逐渐形成。在此期间，我国提出了建立价格法律体系目标，即建立和完善以《价格法》为核心，其他地方法规、规章为内容的价格法律体系。1997 年颁布的《价格法》和 1998 年颁布的《中华人民共和国价格管理条例》开启了依法管理价格的新时代。[2] 随着一系列行政法规、规章、条例的颁布，逐步建立起以《价格法》为核心，其他法律法规相配套的价格法律体系。

此阶段国家及地区颁布的相关法律法规文件如表 3—11 所示：

---

[1] 吴晓旸. WTO 后过渡期结束后价格行政监管的研究 [D]. 镇江：江苏大学，2006.
[2] 陶雷. 新中国价格法制度变迁论述 [J]. 湖北经济学院学报（人文社会科学版），2015（4）：4.

表 3-11　建立社会主义市场价格机制阶段实施的法律法规

时间	1993 年	1996 年	1997 年	1998 年
政策文件	《关于积极稳妥地推进价格改革抑制物价总水平过快上涨的通知》，提出12条措施，要求把物价上涨幅度控制在国家、企业和个人可以承受的范围之内	《药品价格管理暂行办法》《汽车客运站收费规则》《城市住宅小区物业管理服务收费暂行办法》《价格评估管理办法》《价格评估机构管理办法》《价格事务所工作管理暂行办法》《义务教育学校收费管理暂行办法》《普通高级中学收费管理暂行办法》《中等职业学校收费管理暂行办法》《高等学校收费管理暂行办法》	《价格法》	《中华人民共和国价格管理条例》

建立社会主义市场价格形成机制阶段不仅完成了由计划价格管理体制向市场价格管理体制过渡，还建立了以《价格法》为核心的法律体系，成功地运用多种宏观调控手段来引导价格，逐步由中央集权定价的方式过渡到市场定价，充分发挥出价格的作用，完成了高效的资源配置，还改革了中央管理价格管理行政部门，并且将权责划分明晰，以有效地管理市场上的不法行为。

在上述思路的引导下，国家在价格方面进行了以"下放"为主的价格形成机制改革。从工业品、农产品开始，将定价权大量下放，并大力推进"双轨制"并轨，将运行在政府定价和政府指导价的商品数量快速削减下来。尽管在放权初期也采取了建立重要农产品的价格保护制度、建立价格监测制度、建立重要商品储备制度、实行价格总水平调控目标责任制、实行紧急干预价格等措施，[1] 在 1992 年下半年放开农产品价格管理初期，放松了农产品价格管理，加上放开的步子既大又快，放开的步骤和措施不够完善，粮、油等主要农产品零售价格如脱缰野马，迅即狂奔，国家不得不紧急实施行政、经济调控措施，其结果虽使价格上涨趋缓，但并未从根本上遏制住农产品价格上涨势头，1994年下半年许多城市被迫重新对城镇居民实施凭票定量供应平价粮油，可见，价格改革尤其是农产品价格改革仍未走出"一管就死，一死就放，一放就乱，一乱就收"的循环误区。[2] 总结"七五"期间价格改革的经验教训，十三届七中全会通过的《中共中央关于制定国民经济和社会发展十年规划和"八五"计划的建议》中也明确指出："积极稳妥地推进价格改革，目标是建立和健全合理

---

[1] 吴晓旸. WTO后过渡期结束后价格行政监管的研究 [D]. 镇江：江苏大学，2006.
[2] 蒋和胜. 总结经验教训，完善宏观调控——对农产品价格调控的几点看法 [J]. 价格理论与实践，1995 (3)：23.

的价格形成机制和价格管理体制,逐步做到关系国计民生的少数重要商品和劳务价格由国家管理,其他一般商品和劳务价格由市场调节的价格管理制度。"① "价格改革的策略和重点是以基础产品的价格作为改革的重点,以点带面,以重点带动一般,统筹兼顾,妥善安排。"② 到2001年,转换价格形成机制的目标基本完成,除了部分由国家垄断的能源、资源、公共服务以外,大部分商品及服务的定价权基本都成功过渡到了市场中,价格的功能在相对自由的市场中被充分发挥,资源配置效率也远远高于市场价格形成机制建立之前。

这个时期也是邓小平南方谈话时期,1992年初,小平同志在武昌、深圳、珠海、上海等地的重要谈话,对建设有中国特色的社会主义理论作了非常精辟、深刻、系统的阐述,把这一理论推进到一个新的高度。强调"价格改革是市场发育和经济体制改革的关键",起了至关重要的作用,也为进一步进行价格改革,提出了要求,指明了方向。③ 到了1996年,价格由于宏观调控的原因逐步回到了正常波动区域内,价格的作用又重新发挥出来,市场又恢复了正常运行。但是1997年出现了严重的亚洲金融危机,使全球经济趋紧,我国坚持人民币汇率不贬值的政策给我国出口带来了一些消极影响,加上出现生产能力过剩的情况,许多产品供过于求,价格水平出现一定程度的下降。国家也在1996到1999年间除了运用宏观调控外又相继出台了各种法律法规,用法律手段了保障价格改革,但是由于出台的相关法规较多,一下子使高涨的市场冷却下来,从1996到1999年间价格指数出现了明显下滑。这个现象说明了价格改革不仅需要经济高速增长,商品供应充足的前提,更应该遵循循序渐进的原则,忽快忽慢的改革会导致价格的运行脱离正常的轨道。

表3—12　1986—2001年全国零售价格上升幅度

（与上年同期相比）　　　　　　　　单位:%

年份	1月	2月	3月	4月	5月	6月	7月	8月	9月	10月	11月	12月	全年
1986	8.5	7.5	6.4	4.4	3.3	2.8	3.2	3.7	4.1	3.7	5.8	6.2	6.0
1987	5.0	5.1	5.5	6.5	7.6	7.2	8.0	8.4	7.9	7.6	8.5	9.1	7.3
1988	9.5	11.2	11.6	12.6	14.7	16.5	19.3	23.2	25.4	26.1	26.0	26.7	18.5

---

① 《中共中央关于制定国民经济和社会发展十年规划和"八五"计划的建议》. http://www.people.com.cn/GB/shizheng/252/4465/4466/20010228/405430.html.
② 周春. 周春文集[M]. 成都: 四川大学出版社, 2015: 230.
③ 成致平. 学习《邓选》加快建立新的价格机制[J]. 价格理论与实践, 1994 (1): 20.

续表 3—12

年份	1月	2月	3月	4月	5月	6月	7月	8月	9月	10月	11月	12月	全年
1989	27.0	27.9	26.3	25.8	24.3	21.5	19.0	15.2	11.4	8.7	7.1	6.4	17.8
1990	4.1	4.1	3.3	3.1	2.6	0.8	0.7	0.4	0.8	1.1	1.6	2.2	2.1
1991	1.4	1.0	0.9	0.6	3.1	3.8	4.2	4.4	4.0	4.3	4.0	4.0	2.9
1992	5.1	4.9	5.0	6.2	4.1	4.2	4.3	4.8	5.7	6.4	6.6	6.8	5.4
1993	8.4	8.7	10.2	10.9	12.5	13.9	14.9	15.1	14.5	14.6	15.1	17.6	13.2
1994	19.0	20.9	20.2	19.5	18.9	20.0	21.4	23.5	24.6	25.2	25.0	23.2	21.7
1995	21.2	19.7	18.7	18.0	17.6	16.0	14.3	12.3	11.4	10.3	9.2	8.3	14.8
1996	7.6	7.7	7.7	7.4	6.5	5.9	5.8	5.8	5.0	4.7	4.6	4.4	6.1
1997	3.3	2.9	1.6	1.1	0.8	0.8	0.6	0.1	0.0	−0.4	−0.8	−1.2	0.8
1998	−1.5	−1.9	−1.2	−2.1	−1.7	−3.0	−3.2	−3.3	−3.3	−2.9	−2.8	−2.7	−2.6
1999	−2.8	−2.8	−3.2	−3.5	−3.5	−3.4	−2.6	−2.6	−2.8	−2.6	−2.8	−3.0	−3.0
2000	−2.1	−1.4	−2.1	−2.4	−1.9	−1.4	−1.2	−1.3	−1.5	−1.7	−0.6	−0.4	−1.5
2001	−0.5	−1.7	−0.0	0.1	0.1	−0.1	−0.2	−1.2	−1.3	−0.8	0.8	−1.2	−0.8

资料来源：成致平. 中国价格改革三十年［M］. 北京：中国市场出版社，2002：142。

四、建立市场形成价格机制阶段的特点

1992年以来我国价格改革主要有以下几方面的特点：

（一）价格形成市场化

1992年，在邓小平南方谈话的鼓励下，价格形成机制的转换如洪流般势不可挡，同年8月国家物价局就颁布了新的价格管理目录，此目录与1986年目录相比，在重工业价格、农业价格等方面政府的定价范围缩小了90%以上，除了一些特殊的产品需要经过政府指导价过渡外，绝大部分由企业自己掌握。

（二）价格调控宏观化

针对价格"双轨制"时期市场价格混乱，价格总水平不断上升的局面，自1992年起，我国运用了建立重要商品储备制度、建立价格监测制度、建立重要农产品价格保护制度、实行价格总水平调控目标责任制、实行价格听证制度、实行紧急干预价格措施等宏观调控手段。针对不同行业出现的不同问题对

症下药，市场价格混乱的局面迅速得到了控制。①

（三）价格管理法制化

在十二届三中全会后，推进市场化价格形成机制改革的同时，价格法制化的建设也不止一次被提到过。直到 1997 年《价格法》的颁布，才标志着我国价格形成机制改革进入法制化进程，并规避了政府以权代法或私自以"红头"文件的形式来调节价格的不规范行为。

（四）价格体系逐步理顺，价格关系趋于合理

在基本实现了价格形成机制转换后，与改革开放之前我国严重扭曲的价格结构相比，除了垄断领域和公共领域少数商品价格还未理顺外，绝大多数商品在市场机制作用下比价关系趋于合理。1981—1994 年，我国全部独立核算工业产品价格总水平上涨了 104.3%，农副产品收购价格总水平上涨了 36.8%，工业产品价格的上涨幅度比农副产品收购价格总指数少 133 个百分点，工业产品价格水平的上涨幅度相对农业而言小得多，说明我国在 1980 年以前长期存在的工业与其他产业之间产品比价偏高，特别是工农业产品价格剪刀差较大和"工大于商"的不合理现象，有很大程度的改善。② 从工业品内部看，1997 年与 1978 年比，采掘工业产品价格累计上升了 712%，原材料工业产品价格累计上升了 411%，加工工业产品价格累计上升了 201%，③ 工业品内部比价关系得到一定程度的调整，使能源、原材料与加工产品之间不合理的比价得到一定程度的缓解，我国工业产品比价关系已经逐步趋于合理。随着农产品价格、基础工业品价格、铁路运价和第三产业价格长期偏低状况的改善，严重不合理的比、差价关系得到缓解，纺织品内部比价和运输内部比价也都进行了调整。此外，还调整了差价体系，恢复或扩大了部分商品的质量差价、地区差价、季节差价、批零差价，逐步理顺了农产品购销价格体系。④

本阶段改革通过不断下放定价权，实现了除极少数商品价格由政府决定外，绝大多数商品及服务的价格都由市场供求决定，初步建立了社会主义市场价格形成机制。本阶段从创设价格管理部门、明晰管理权责，到建立商品储备制度、价格监测制度、重要农产品保护制度，再到价格法制化建设都是为全面

---

① 姜榕兴. 市场经济条件下中国价格管理研究 [D]. 福州：福建师范大学，2004.
② 宋跃征. 我国工业产品价格水平和比价关系 [J]. 统计研究，1992 (12)：24.
③ 马凯. 中国价格改革 20 年的历史进程和基本经验 [J]. 价格理论与实践，1999 (1)：12.
④ 蒋和胜，蒙琳. 我国价格改革三十年的回顾与前瞻. [J]. 天府新论，2009 (5)：63.

建设社会主义市场价格形成机制而努力。最终，在经过近十年的努力后，中央通过以上步骤的实施将手中的定价权顺利下放至地方政府或相关价格管理部门，并将"价格双轨制"逐渐合并。由此，价格本身具备的引导资源配置，传递交易信息等功能在市场上重新发挥作用，经济运转的效率较上一阶段大大提高。虽然商品定价基本由市场决定，但是刚刚建立起来的价格管理体制还比较脆弱，面对错综复杂的经济变化还不具备及时应对的能力，并且改革不够彻底，还留下了一些后遗症。

第五节 2002—2012年：价格改革的全面推进

一、更加开放、更有活力的社会主义市场经济体制理论模式的建立

2001年11月11日，我国正式加入WTO，标志着我国对外开放进入了一个新的阶段，价格体制与机制逐步与国际接轨，对外贸易的放开，促使我国经济始终保持着高速增长的态势，特别是2003—2007年，GDP增长速度持续保持两位数，分别是10.6%、10.4%、10.7%、13.3%、14.6%。此阶段国家利用手中的权力制造"剪刀差"压低资源类产品价格，为粗放式的经济发展方式提供廉价的能源支持。在此背景下，能源价格的功能又被扭曲，致使市场上无法估算能源的储存量，导致大量浪费和环境污染。粗放式的发展方式难以扭转，一个重要的原因是各类资源能源的价格普遍偏低，特别是土地、水、煤、电、油、气的价格较低。2003年10月，中共十六届三中全会提出了科学发展观的重要指导思想，并对价格改革，特别是对农产品、资源类产品、公共服务类产品价格形成机制改革提出了新的要求。[1]

另外，针对粗放型经济发展方式带来的种种不足，2007年10月，在党的十七大报告也明确提出要"完善反映市场供求关系、资源稀缺程度、环境损害成本的生产要素和资源价格形成机制"，[2] 为完善社会主义市场经济建设提供了指导意见。2008年爆发了世界金融危机，我国经济在此次危机中受影响较大，对外贸易受到重创，国内出现了不同程度的失业和工厂倒闭现象。经历了

---

[1] 国家发展改革委价格司. 中国价格改革三十年 [N]. 经济日报, 2009-02-05.
[2] 谈俊. 自改革开放以来党的报告看我国价格规格的发展历程及展望 [J]. 中国经济史研究, 2013 (1): 15.

2008年的金融危机，我国认真总结了快速发展的经验和不足，不仅认识到我国在国际化价格制度的建设上还是一片盲区，还修正了价格改革过程中出现的公共产品改革不足，能源改革不足，差价体制不健全，要素改革滞后等问题。

这一阶段继续解放思想，始终坚持在实践基础上的理论创新，在理论上不断扩展新视野，力图从根本上解决深层体制问题。党的十六大报告提出"一切妨碍发展的思想观念都要坚决破除，一切影响发展的体制弊端都要坚决革除"，这是经济体制改革的转折点和新起点。围绕"建立完善的社会主义市场经济体制和更具活力、更加开放的经济体系"的经济体制改革目标，提出了：第一，使市场在国家宏观调控下对资源配置起基础性作用，健全统一、开放、竞争、有序的现代市场体系；第二，创造各类市场主体平等使用生产要素的环境，促进商品和生产要素在全国市场自由流动；第三，加快推进国有企业改革，国有经济结构调整，在市场中公平竞争、优胜劣汰；第四，股份制是公有制的主要实现形式，建立健全现代产权制度，在经济体制的认识上又实现了一次重大突破。[①] 从党的十六大到十八大，改革取向突出表现在不断增强市场作用，这些重要论断为"使市场在资源配置中起决定性作用"的提出在思想和理论上做了准备。[②]

二、建立商品、服务与要素市场形成价格机制理论推动价格改革深化

十六届三中全会提出，经济体制改革的目标是坚持公有制经济主体，大力发展和引导非公有制经济，建立现代市场体系，推进市场对内对外开放，在价格改革方面应加快要素价格市场化，让商品和要素能够在全部市场上自由流通和充分竞争。建立反映市场供求状况和资源稀缺程度的价格形成机制，更大程度地发挥市场在资源配置中的基础性作用。实行有利于资源节约的价格政策。十七大进一步提出，完善基本经济制度，加快形成统一开放、竞争有序的现代市场体系，就需要完善反映市场供求关系、资源稀缺程度、环境损害成本的生产要素和资源价格形成机制。[③] 同时，更加注重对市场调节价的宏观调控不是凭主观意志，而是根据国家在一定时期内所掌握和能够支配的物力和财力进

---

① 江泽民在中国共产党第十六次全国代表大会上的报告. http://cpc.people.com.cn/GB/64162/64168/64569/65444/4429125.html，中国共产党历次全国代表大会数据库.
② 林兆木. 使市场在资源配置中起决定性作用[N]. 光明日报，2013-11-29.
③ 胡锦涛在中国共产党第十七次全国代表大会上的报告. http://cpc.people.com.cn/GB/64093/67507/6429847.html，中国共产党历次全国代表大会数据库.

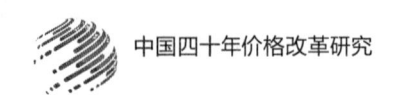

行的。

经过社会主义市场价格形成机制建立阶段的改革，大部分商品和服务的价格基本由市场供求决定，但是还有部分能源与公共产品的价格依然由政府直接制定。2013年11月，十八届三中全会中通过的《中共中央关于全面深化改革若干重大问题的决定》明确指出，价格是市场经济的核心，并且在文中12次提到"价格"问题，可见此次全面深化价格改革的决心和态度，并明确提出要全面建设社会主义市场价格形成机制。此阶段改革的重点是按照科学发展观的要求和参与全球化的需要，进一步完善市场价格形成机制和政府对价格的管理调控体系，同时继续对极少数重要商品和服务价格进行调整，并采用"调、放结合"的方式，先理顺被扭曲的价格，再继续放开被管制的价格，有升有降地调整政府管制商品和政务价格的数量和范围。本阶段改革的思路是完善市场价格形成机制，对改革遗留下的"硬骨头"进行全面消除，打破垄断，引入竞争，科学管理公共产品价格，继续价格法制化建设，[①] 继续调整更科学的价格管理机构和划分清晰的价格管理权限，全面深化社会主义市场价格形成机制建设。

这一阶段价格改革总思路是市场取向与政府调控相结合，价格调控体系在性质、手段和内容等方面发生了根本性改变，价格调控手段从过去的主要依靠行政手段直接控制价格的传统办法转变为以经济手段为主综合运用经济、法律、行政手段[②]。价格调控的性质从单一的直接调控转变为以间接调控为主，直接调控与间接调控相结合。价格调控的内容从单一的价格管理转变为涵盖面宽、内容广泛且相互联系的有机调控体系，具体包括：修改完善价格等法律法规，实现依法抬价、依法调价；建立少数重要商品储备制度和价格调节基金制度，建立价格监测信息网络，逐步完善价格预测预警系统和临时价格干预措施和紧急措施等[③]；逐步完善有中国特色的价格监管服务体系，加强新闻宣传和舆论引导，规范政府定价规则和定价程序，建立了定价目录清单制度，公开价格听证，完善价格评审，价格调控、监管逐步实现规范化、法制化、民主化。

[①] 许光建. 价格改革的基本经验与今后的方向 [N]. 中国信息导报，2008-08-29.
[②] 马凯. 中国价格改革20年的历史进程和基本经验 [J]. 价格理论与实践，1999（1）：12.
[③] 敢于变革敢于创新推进价格改革深化——价格改革30年的回顾与展望 [J]. 经济研究参考，2008（50）：40.

三、推进要素价格市场化改革，建立国内外价格接轨新体制：价格改革再攻坚

这一阶段价格改革的重点首先是按照科学发展观的要求和参与全球化的需要，进一步完善市场形成价格的机制和政府对价格的管理调控体系；其次，继续对极少数重要商品和服务价格进行调整[①]；再次，加快推进要素价格市场化改革。价格改革的方式是放管结合、强化监管、有升有降地调整政府管制的商品和政务价格，继续理顺价格体系。

本阶段价格改革的具体内容包括以下几个方面。

（一）全面放开粮食收购市场，转换粮食价格形成机制

价格改革四十年历程中，粮食流通体制改革和粮食价格改革始终是一条重要的主线。这一阶段在粮食生产成本不断提高，国际粮价持续下跌，粮食种植结构不合理的情况下，国家决定全面放开粮食收购和销售市场，实行购销多渠道经营。2004年，为切实保护种粮农民利益，促进粮食生产，国家进一步放开粮食生产，由取得经营资格的企业随行就市收购，进一步转换粮食价格形成机制。一般情况下粮食收购价格由市场供求形成，对重点粮食品种实行最低收购价政策，[②] 在重点粮食品种市场价格低于收购价格时，指定部分粮食经营企业按照最低收购价格敞开收购。[③] 各年度的粮食价格政策见表3-13所示。

表3-13 中央一号文件中关于粮食最低收购价政策和临时收购政策的内容

年份	最低收购价政策	临时收储政策
2004	为保护种粮农民利益，要建立对农民的直接补贴制度。2004年，国家从粮食风险基金中拿出部分资金，用于主产区种粮农民的直接补贴	
2005	继续对短缺的重点粮食品种在主产区实行最低收购价政策，逐步建立和完善稳定粮食市场价格，保护种粮农民利益的制度和机制	

---

① 蒋和胜，蒙琳. 我国价格改革三十年的回顾与前瞻 [J]. 天府新论，2009 (5)：63.
② 国家发展改革委价格司. 为经济又好又快发展创造有利的价格环境 [N]. 中国经济导报，2009-02-28.
③ 孔祥智. 新一轮粮食价格改革：背景与方向 [J]. 价格理论与实践，2017 (1)：16.

续表3-13

年份	最低收购价政策	临时收储政策
2006	坚持和完善重点粮食品种最低收购价或政策，保持合理的粮价水平，保护种粮农民利益	
2007	继续对重点地区，重点粮食品种实行最低收购价政策，并逐步完善办法，健全制度	
2008	继续对重点地区，重点粮食品种实行最低收购价政策	
2009	继续提高粮食最低收购价	适时启动主要农产品临时收储，鼓励企业增加商业收储
2010	落实小麦最低收购价政策，继续提高稻谷最低收购价	适时采取玉米、大豆、油菜籽、棉花、食糖等农产品临时收储，健全国家收储农产品的拍卖机制，做好棉花、食糖、猪肉调控预案，保持农产品市场稳定和价格合理水平
2012	稳步提高小麦、稻谷最低收购价	适时启动玉米、大豆、油菜籽、棉花、食糖等临时收储，健全粮棉油糖等农产品储备制度
2013	充分发挥价格对农业生产和农民增收的激励作用，按照生产成本加合理利润的原则继续提高小麦、稻谷最低收购价	适时启动玉米、大豆、油菜籽、棉花、食糖等临时收储
2014	继续执行稻谷、小麦最低收购价政策	继续执行玉米、油菜籽、食堂临时收储政策
2015	继续执行稻谷、小麦最低收购价政策	完善重要农产品临时收储制度
2016	继续执行并完善稻谷、小麦最低收购价政策	按照市场定价、价补分离的原则，积极稳妥推进玉米收储制度改革，在使玉米价格反映市场供求关系的同时，综合考虑农民合理收益，财政承受能力、产业链协调发展等因素，建立玉米生产者补贴制度
2017	坚持并完善稻谷、小麦最低收购价政策，合理调整最低收购价水平，形成合理比价	坚定推进玉米市场定价、价补分离改革，健全生产者补贴制度，鼓励多元

资料来源：根据历年中央一号文件整理。转引自：孔祥智，新一轮粮食价格改革：背景与方向［J］，价格理论与实践，2017年1月。

"2004年中籼稻最低收购价格为每50公斤72元，粳稻最低收购价格为每50公斤75元。2005—2006年一号文件继续执行稻谷最低收购价。在稻谷价格相对偏低的 2004—2006 年，国家依据稻谷各品种最低收购价，相继在主产省启动了托市收购执行预案，带动了稻谷价格回升至最低收购价水平，有效地保护了农民利益，稳定了市场价格。2006 年，小麦也被纳入最低收购价范围。2008 年，国家为保证农民收入，对玉米实行了临时收储政策。2008 年以后，国家收购小麦、稻谷、玉米的最低（临储）价格呈逐年上升趋势，直到 2015 年。"[1] 各年度的国家收购价格见表 3—14 所示。

表 3—14　2004 年以来小麦和稻谷的最低收购价格、玉米临储价格

单位：元/50 千克

年份	早籼稻	中籼稻	晚籼稻	粳稻	白小麦	红小麦	混合麦	玉米
2004	70	72	—	75	—	—	—	—
2005	70	72	72	75	—	—	—	—
2006	70	72	72	75	72	69	69	—
2007	70	72	72	75	72	69	69	—
2008	77	79	79	82	77	72	72	75
2009	90	92	92	95	87	83	83	75
2010	93	97	97	105	90	86	85	88
2011	102	107	107	128	95	93	93	99
2012	120	125	125	140	102	102	102	106
2013	132	135	135	150	112	112	112	112
2014	135	138	138	155	118	118	118	112
2015	135	138	138	155	118	118	118	100
2016	133	138	138	155	118	118	118	无
2017	130	136	136	150	118	118	118	无

资料来源：国家发展和改革委员会网站。转引自：孔祥智，新一轮粮食价格改革：背景与方向 [J]，价格理论与实践，2017 年 1 月。

（二）完善资源价格形成机制，促进资源节约和环境保护

坚持市场化、产业化改革方向，建立起促进水资源可持续利用为核心的水价机制，使水价能够反映水资源的稀缺程度和供应成本。适当提高了水资源费

---

[1] 孔祥智. 新一轮粮食价格改革：背景与方向 [J]. 价格理论与实践，2017 (1)：17.

征收的标准，积极推进农业用水计量收费，推行面向农民的终端水价制度，逐步提高农业用水价格，合理调整城市供水价格，加大污水处理费征收管理力度，保证污水处理设施正常运行。建立了石油价格市场形成机制。在石油市场竞争尚不充分的情况下，重点是改进国内成品油定价办法和调控方式，使其更加灵敏地反映国内国际市场供求情况。与此同时，配合石油战略储备制度的建立和完善，改进石油资源税费制度，使石油产品价税比重趋于合理。进一步规范天然气价格管理，对计划内外天然气价格实行并轨；逐步提高天然气出厂价格，建立天然气价格与可替代能源商品价格挂钩和动态调整的机制；改革天然气价格管理形式，将天然气出厂价由实行政府定价改为政府指导价。[①]

（三）深化垄断行业价格改革

对具有自然垄断特性的输配电、路网、管网、水网、输配气等环节，实行严格的价格监管制度。以成本监审为抓手，建立健全垄断行业成本约束机制，使政府定价建立在科学合理的基础之上，防止垄断企业凭借优势地位牟取暴利。电力价格改革按照《电价改革方案》的总体要求，分步推进。一是逐步由市场竞争形成上网电价，建立竞争性的电力市场，对上网电价实行两步制电价；二是建立规范的输配电价形成机制；三是建立有利于公平负担的销售电价定价机制；四是实现煤电价格联动，及时疏导煤电矛盾。将铁路统一运价中的铁路建设基金和运营价格合并，理顺价格体系、简化运价结构、提高铁路运输价格透明度，吸引国内外资金以直接投资方式进入铁路建设。调整铁路运输价格水平，逐步建立各种运输方式合理比价关系，促进各种运输方式合理分工和竞争。民航价格改革方面，完善航空公司多级舱位票价体系，国内航空运输价格逐步建立政府有效监管下的上限管制、下浮不限的管理方式。完善公共事业价格形成机制，规范成本构成，严格履行价格听证、专家论证、集体审议程序，提高政府制定公用事业价格的科学性、合理性和透明度，促进公用事业健康发展。建立起与社会主义市场经济发展要求相适应的医药价格管理体制和价格形成机制。在发挥市场机制作用的基础上，完善政府调控医药市场价格的手段和办法，通过科学核定药品和医疗服务成本，健全药品专家评审制度，发挥医疗保险费用制约机制的作用。合理调整医疗服务价格，理顺医疗服务比价体系。

---

① 国家发展改革委价格司课题组．"十一五"价格总水平调控目标及相关政策措施研究［J］．中国物价，2006（5）：9.

（四）价格成本监审、价格认证、价格评审、价格研究等价格服务体系不断建立完善

确立了放开价格的监管模式，包括政府规范引导、协会协调服务、经营者诚信守法、社会共同监督，充分运用法律手段、经济手段、行政手段、社会舆论手段以及为经营者提供服务等方式，对放开的价格实施区别对待，分类监管。

对一般放开商品价格和服务价格应主要以引导规范的方式进行监管。具体方法有：（1）加强诚信建设，引导经营者提高价格信用度。加强对放开价格监管的核心内容，就是通过推进经营者价格诚信建设工作，引导经营者树立公平、合法和诚实守信的价格理念，要求经营者切实履行《价格法》等法律、法规规定的义务，大力开展各种形式的价格诚信活动，完善和倡导明码实价，营造"守信光荣，失信可耻"的社会氛围。（2）加强对市场的监管。政府价格主管部门及相关部门履行政府监管市场的职能，强化对市场环境的综合治理，维护经营者的合法权益，严厉查处假冒伪劣等不法行为，为经营者自主定价、自主经营创造好的市场环境。（3）提高对不正当价格行为的界定能力和查处力度。政府价格主管部门依法严肃查处违法、违规价格行为，鉴别各种利用法律漏洞、钻法律空子的价格失信行为，运用提醒、告诫、警示、曝光等办法进行规范，总结推广太原市对市场上出现的"全市最价""全省最低价"等欺骗性标价进行界定查处的做法和经验，用于指导实践，规范市场。（4）发挥协会对放开价格监管的协调自律功能。价格协会和行业协会熟悉市场、价格的全面情况，掌握行业现状、发展前景等相关信息，在放开价格的监管工作中，充分发挥协会的资源优势，弥补政府的信息之不足。协会还可以协调行业之间、企业之间的价格矛盾和价格纠纷。（5）调动和发挥社会监督的作用。社会监督主要包括三个方面：一是民间组织的监督。充分重视、引导并支持职工价格监督站、社区和农村价格监督组织以及消费者协会监督市场价格的作用。二是群众的监督举报。疏通群众价格投诉渠道，及时妥善处理群众的投诉，巩固和扩大"12358"投诉电话的作用和影响。三是各种媒体的监督。对违规、违法事件的处理中，加强与新闻媒体的沟通合作，以召开新闻发布会、对典型案件曝光等方式实施有效监督。

对极少数重要的放开的商品价格的监管方式。《价格法》规定政府应管理与国民经济发展和人民生活关系重大的极少数商品价格。因此，对于国家基本上放开或部分放开的极少数重要商品，如粮食、棉花、煤炭、化肥、液化石油

气、城市的房地产、蔬菜等的价格，除了按照上述对一般放开价格的商品的监管方法之外，政府还要对这些商品的供求进行调控，力求在供求基本平衡的基础上，使价格保持合理稳定，主要措施包括以下几点：（1）政府价格主管部门针对市场供求发生不平衡的情况，对这些极少数重要商品的生产、收购、销售、储备、吞吐、进出口数量、财税、信贷等方面提出调节供求、抑制价格暴涨暴落的意见，供政府和有关部门研究采纳。（2）运用财政补贴资金和价格调节基金，促进生产，疏畅流通或者给予必要的价格补贴，政府价格主管部门还会同业务主管部门和行业协会协商提出并公布特定时间内极少数重要商品的参考价格水平，对经营者进行指导。同时会同有关部门在充分考虑国民经济发展和经营者、消费者合法权益的基础上，必要时制定符合行业特点和重要商品特点的定价原则以及利润控制率、批零差价率和作价办法，间接地影响并调控价格水平。（3）为了防范大宗进口商品国际市场价格波动和应对遭遇台风、地震等重大自然灾害引发的重要商品的价格异动，政府还建立了价格异常波动的预警机制和非常时期重要商品应急处理机制。

我国在完善社会主义市场价格体制阶段的努力卓有成效，不仅成功加入WTO组织，建立了以《价格法》为母法的价格法律体系，还在全国价格学专家的努力下建立社会主义价格学理论体系。此阶段，在完善了价格改革制度的同时，还在金融危机时刻灵活的运用各种金融工具、财政政策以及货币政策来抵抗金融危机。但是，在取得各方面的成果的同时，也暴露出不少在改革时没有协调好的矛盾。首先，在医疗、电力、教育等公共品价格的管理上，比如对煤炭、石油、铁矿石等能源价格管理上，还存在一定的问题，这些问题的存在严重影响着价格管理体制的建设，也是引发经济下滑的隐患。其次，规范企业竞争行为，加强市场监管方面，成致平关于如何完善价格形成机制，规范企业竞争行为面临的新问题时谈道："比如，随着市场的不断放活，各种价格竞争形势、价格手段充斥着日常的经济生活，如何应对近年来一些商场或生产厂家愈演愈烈的价格竞争，有一些行业中存在联合定价、互相串通操纵市场价格，或者散布涨价信息、哄抬价格等损害国家利益、诱骗消费者或者损害其他经营者合法权益等不正当的商业行为，这都是国家法律所不允许的，必须依法处理。随着市场经济体制改革的不断深入，我们如何合理管制基础设施行业、市政公用事业等行业的产品或服务价格，以防止垄断价格产生和社会分配效率扭曲，如何清理整顿乱收费、乱集资和乱摊派等行为来切实减轻企业和农民的负担、净化市场环境和促进经济的增长。随着经济运行形势和外部环境的不断变化，如何发挥价格杠杆在调节市场总供求和社会利益再分配方面的作用，如何按照市场经济和世贸组织规则的要求来加快价格立法的步伐、界定政府价格管理的权限和行政行为的边界等，都是必须运用新思路、新机制、新办法逐步地妥善地予以解决。"[①] 再次，放开价格以后，国家调控市场价格的手段不够健全，特别是对放开后的价格缺乏有效的监管，对于新出现的市场行为缺乏及时的反应和处理能力，价格的监管工作也需要与时俱进，监管水平也有待提高。

这一阶段价格改革的具体措施如表 3-15 所示：

表 3-15　加入 WTO 以来我国在改革方面采取的措施

价格改革方式	改革内容
建立价格决策听证会制度	政府价格主管部门可以在制定或调整价格之前，组织社会有关方面对制定价格的必要性和可行性进行论证，使得关系群众切身利益的公用事业价格、公益性服务价格和自然垄断经营的商品价格水平保持在合理的范围以内
建立价格监测制度	通过价格监测制度可以对重要商品和服务的价格，以及相关成本与市场供求的变动情况进行调查和分析，并实施价格预测、预警和提出政策建议
制定成本监审制度	为了避免某行业暴利行业，故制定《政府制定价格成本监审办法》，凡事列入此目录的商品或服务以及人民群众普遍关注的定价项目，在制定或调整价格前，必须由成本调查者进行监审
资格认证制度	价格主管部门建立了价格评估机构资质认定和价格评估人员执业资格认定管理制度以及价格鉴证师注册管理制度。这些资格认定制度将有助于加强对价格评估机构和人员执业的监督检查，及时纠正违法违规行为，保障和监督其依法执业

除了运用行政手段调节价格外，还运用了大量的法律手段来为价格的改革保驾护航，表 3-16 是加入 WTO 以来政府为价格改革制定的一系列法律法规。

表 3-16　加入 WTO 以来政府为价格改革制定的一系列法律法规

时间	2001—2004 年	2006 年	2008 年
政策文件	《中华人民共和国反倾销条例》《价格行政处罚程序规定》《禁止价格欺诈行为的规定》《责令价格违法经营者停业整顿的规定》《价格主管部门公告价格违法行为的规定》《价格违法行为举报规定》《中华人民共和国反补贴条例》	《政府制定价格行为规则》	《中华人民共和国反垄断法》

[①] 成致平. 价格改革若干大事聚焦 [M]. 北京：中国物价出版社，2002：574.

价格改革全面推进阶段，居民消费指数具体运行情况如图3-4所示：

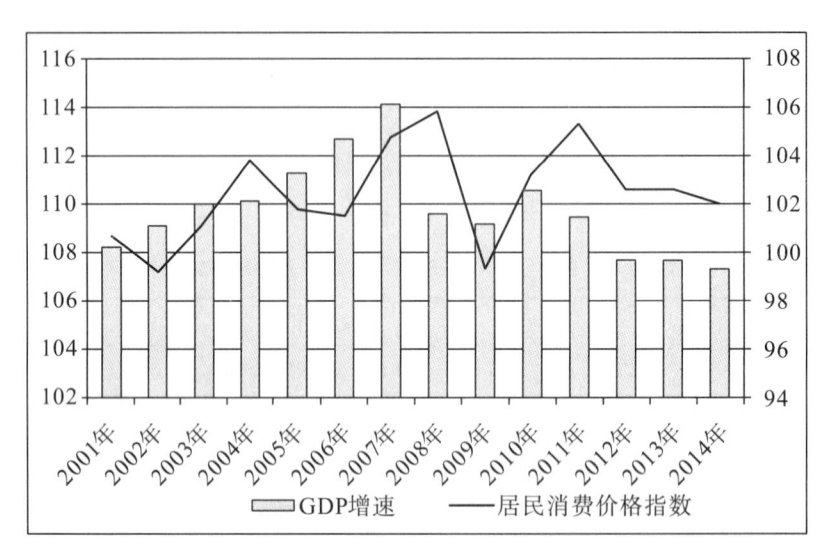

图3-4 完善社会主义市场价格体制阶段居民消费指数

注：数据来源于国家统计局（2015年）。

从图中可以看到，除了2006—2008年之间价格波动巨大外，此阶段价格的走势波幅不大。政府在此阶段基本上完成了计划经济向市场经济的转变，价格改革上除了少数影响国计民生的商品由政府管控外，其他的都由市场决定，正是在这样的基础之上，居民消费指数受到市场整体波动影响非常大。而由于加入WTO的原因，我国商品市场不仅收到国内供需的影响还受到国际商品价格的影响，一系列原因相加导致了此阶段价格的波动。

2002—2007年间，居民消费价格指数由2002年的98.5到2007年最高106，波幅7.5，这个阶段除了继续完善产品、劳务和生产资料价格形成机制，另一个重要方面是拓展了对价格功能的认识，即价格改革不仅要着眼于通过市场机制调节社会生产、优化经济结构，而且还要促进经济增长和发展方式的转变。[1] 在此认识下，再加之我国生产资源丰富，经济增速迅速爆发，粗放式的发展方式导致国家管控的各类资源能源的价格普遍偏低，特别是土地、水、煤、电、油、气的价格较低，所以导致在经济高速发展的同时没有使价格同步快速增长，如图3-4所示2003—2007年间GDP增速平均在两位数以上。

---

[1] 谈俊. 自改革开放以来党的报告看我国价格规格的发展历程及展望 [J]. 中国经济史研究，2013（1）：15.

2008年世界爆发金融危机，我国也在世界贸易的传导机制下受到严重影响，为了对抗金融危机，刺激经济增长，政府采取了宽松的货币政策，向市场增加四万亿元的投资，一时间加剧了通货膨胀。但是，截至2009年，全社会固定资产投资224598.8亿元，较2008年增长了30%（未扣除价格波动因素），M_2的供应量为606225.5亿元，较上年增加了27.7%，金融机构人民币各项贷款为399685亿元，较上年增长31.7%，[①] 不少高耗能项目重新上马，各类资源短缺加剧，再加上我国是石油、铁矿石等工业原材料的进口大国，国际市场能源价格又在这个时候持续走高，大大提高了国内市场商品的生产成本，对我国价格改革提出了新的挑战。[②] 综合以上因素，自2008年到2011年，国内居民消费指数又开始新一轮的快速上涨。

第六节 2013—2018年：价格改革的逻辑演进目标

一、竞争有序、放管服结合的社会主义市场经济体制理论模式的建立和完善

为了进一步深化市场改革，正确处理政府与市场的关系，中共十八届三中全会在总结改革开放35年的实践经验和历史教训基础上，通过了《中共中央关于全面深化改革若干重大问题的决定》，该《决定》提出："紧紧围绕使市场在资源配置中起决定性作用，深化经济体制改革，坚持和完善基本经济制度，加快完善现代市场体系、宏观调控体系、开放型经济体系。"经济体制改革的核心"是处理好政府和市场的关系，使市场在资源配置中起决定性作用和更好发挥政府作用"，"必须积极稳妥从广度和深度上推进市场化改革……推动资源配置依据市场规则、市场价格、市场竞争实现效益最大化和效率最优化"。

2017年10月，《决胜全面建成小康社会 夺取新时代中国特色社会主义伟大胜利》的报告中，进一步提出"经济体制改革必须以完善产权制度和要素市场化配置为重点，实现产权有效激励、要素自由流动、价格反应灵活、竞争公平有序、企业优胜劣汰。"

---

① 谈俊. 自改革开放以来党的报告看我国价格规格的发展历程及展望[J]. 中国经济史研究, 2013（1）：15.

② 王振霞. 改革开放以来我国价格改革的回顾与展望[J]. 经济纵横, 2008（4）：25.

二、不断完善垄断行业、公益公用事业价格引进市场调节机制理论是价格改革的逻辑演进目标

这一阶段价格改革推到深水区，着力完善主要由市场决定价格的机制，即由竞争性领域推到自然及行政垄断领域，由一般商品服务扩大到关乎国计民生的重要产品服务领域，这标志着主要由市场形成价格的机制进一步建立与完善。改革的核心是构建更加规范、透明、灵活的政府定价制度和价格监管体系，较大幅度地缩小了政府定价范围，从而推动政府简政放权，转变职能，带动了中国经济体制改革的整体推进，推动经济高质量发展，特别是带动医疗保险制度、财税制度、商事制度、农产品收储制度、混合所有制的改革深化，经济活动的市场化程度进一步加深，释放了市场活力，一定程度激发了市场主体的自主性和创造性，进一步优化了资源配置。2017年《国家发展改革委关于全面深化价格机制改革的意见》中提出："进一步价格改革的目标是到2020年，市场决定价格机制基本完善，以'准许成本＋合理收益'为核心的政府定价制度基本建立，促进绿色发展的价格政策体系基本确立，低收入群体价格保障机制更加健全，市场价格监管和反垄断执法体系更加完善，要素自由流动、价格反应灵活、竞争公平有序、企业优胜劣汰的市场价格环境基本形成。"

三、建立新时代中国特色社会主义价格新体制：价格改革的全面深化

市场决定价格机制基本建立，价格改革不断纵深推进，重点领域价格改革取得了突破性进展，完善关键环节价格形成机制，坚持放开竞争性领域和环节价格。本阶段价格改革的重要内容包括以下几个方面。

（一）全面深化价格改革，市场决定价格机制基本建立

中国价格改革四十年，始终坚持积极开放、有序放开价格的市场化方向，价格形成机制从计划价格体制向市场价格体制过渡，由政府为主形成价格的机制逐步向政府宏观调控下以市场为主形成价格的机制转换，最终建立并完善主要由市场决定价格的机制，充分发挥市场在资源配置中的决定性作用。大幅缩减政府定价范围，截至2016年，我国价格市场化程度超过97％。从影响看，2016年政府管理价格的比重为2.99％，其中中央政府管理价格的比重为1.45％，比2012年下降1.91％，对全国价格市场化程度提高的贡献达到71.30％；从产业看，我国农产品价格已全部由市场形成，2016年第一产业的

价格市场化程度达到100%；第二产业的市场化程度为97.37%；第三产业的市场化程度达到了95.90%。[①] 反映灵活的市场机制在市场价格的形成中起决定性作用，我国价格市场化改革步伐明显加快，市场价格形成机制的不断完善。抓住有利时机，啃了不少价格改革的"硬骨头"，电力、成品油、天然气、药品、医疗服务、铁路客运等各重点领域价格改革取得了突破性进展，市场化程度大幅提高。政府定价范围已主要限定在重要公用事业、公益性服务、网络型自然垄断环节。对保留的政府定价项目，已全面建立目录清单制度，逐步建立起科学、规范、透明的政府定价机制。降低企业用能成本和收费负担，建立了淘汰落后产能的价格倒逼机制，建立了促进资源节约、节能减排的环保收费政策。[②]

表3-17 改革开放以来我国各类商品政府定价和市场定价变化情况

品名	价格形势	1978	1991	1992	1998	2000	2006	2013	2016
社会商品零售总额	政府定价	97.00	20.90	5.90	4.10	3.20	2.80	1.10	0.99
	政府指导价	0.00	10.30	1.10	1.20	1.00	1.90	1.00	3.11
	市场调节价	3.00	68.80	93.00	94.70	95.80	96.3	97.90	95.9
农产品收购总额	政府定价	92.20	22.20	12.50	9.10	4.70	1.20	0.90	0.00
	政府指导价	2.20	20.00	5.70	7.10	2.80	1.70	1.20	0.00
	市场调节价	5.60	57.80	81.80	83.80	92.50	97.1	98.90	100.00
生产资料销售总额	政府定价	100.00	36.00	18.70	9.60	8.40	5.6	3.70	2.00
	政府指导价	0.00	18.30	7.50	4.40	4.20	2.3	1.80	0.63
	市场调节价	0.00	45.70	73.5	86.00	87.40	92.1	94.50	97.37

注：数据来源国家统计局（2016），国家发改委价格司。[③]

---

① 郭锦辉. 我国价格市场化程度超过97%［N］. 中国经济时报，2017-07-28.
② 胡祖才. 纵深推进价格改革，提升监管水平，以优异的价格工作实绩迎接党的十九大胜利召开［J］. 价格理论与实践，2017（1）：7.
③ 2008年之前，我国实行的方法是三种价格形式比重测算。指的是对农产品收购、消费品零售和生产资料出厂这三个环节，分别测算政府定价、政府指导价和市场调节价比重。总的思路是分别以三个环节的商品生产的总额为分母，以实行政府定价、政府指导商品的生产总额为分子，测算得出各个环节的政府定价、政府指导价的比重，进而得到各个环节市场调节价的比重。2008年以后采用的新方法是以产出值为主要指标，以国民经济所有行业的总产出做分母，以各行业政府管理价格的全部商品和服务的产出值做分子，测算得出政府管理价格的比重，进而求得价格市场化程度。因此，2013年和2016年的数据是按照新的计算方法计算出的价格市场化程度。

(二) 完善农产品价格形成机制

2016年,全面放开种子、桑蚕茧、食盐、烟叶等价格,农产品价格全部由市场形成。自2017年1月1日起,放开食盐出厂、批发和零售价格,由企业根据生产经营成本、食盐品质、市场供求状况等因素自主确定。加强价格监测,注重研判预警,当食盐市场出现异常波动时,要及时采取投放储备等有效措施,保持食盐价格稳定。2014年起,在新疆和东北、开展棉花目标价格改革试点,在内蒙古开展大豆目标价格改革试点。棉花目标价格改革成效超过预期,探索出一条农产品价格主要由市场供求形成、价格与政府补贴脱钩的新路子,激发了生产、加工、流通、纺织全产业链活力,为农业供给侧结构性改革提供了实践经验。顺应国内外农产品市场形势变化,针对国内稻谷、小麦库存持续增长、国内外价格倒挂、市场活力减弱的情况,稻谷、小麦最低收购价在连续7年提高之后,2015年首次保持稳定,2016年早籼稻最低收购价首次下调,2017年稻谷最低收购价全面小幅下调,向社会释放了明确的改革信号,引导种植结构调整,又稳定了粮食生产,有效保护了种粮农民利益。[①]

(三) 加快推进电力价格改革,健全成品油价格市场化调整机制

2016年,进一步扩大输配电价改革试点范围,将北京、天津、冀南、冀北、山西、陕西、江西、湖南、四川、重庆、广东、广西等12个省级电网和经国家发改委、国家能源局审核批复的电力体制改革综合试点省份的电网,以及华北区域电网纳入输配电价改革试点范围。完成了省级电网输配电价改革,初步建立"准许成本+合理收益"的电网输配电价监管框架,提高了电力价格监管水平,累计降低电网企业准许收入480亿元,推进电力市场化交易,全部用于降低工商业电价。进一步加强对电网成本监管,探索激励与约束相结合的方式方法,引导合理有效投资,促进企业节约成本、提高效率;探索建立对电网企业投资后评估制度,对企业不合理、无效的投资和成本,不予纳入输配电价。结合输配电价改革及各地电力市场建设和电力市场化交易的进展,健全和规范市场交易规则,稳步推进上网电价与销售电价市场化,建立电力市场价格监测预警制度,鼓励和支持地方探索完善电价市场化条件下的监管方式。[②]

[①] 国家发展和改革委员会价格司. 简政放权 创新机制 党的十八大以来价格改革取得新突破[J]. 价格理论与实践, 2017 (10): 5.

[②] 国家发展和改革委员会价格司. 简政放权 创新机制 党的十八大以来价格改革取得新突破[J]. 价格理论与实践, 2017 (10): 6.

自 2013 年成品油价格机制修改完善以来，国内成品油价格运行总体平稳，更加灵敏反映国际市场油价变化，保证了成品油正常供应，促进了市场有序竞争，价格调整透明度增强，市场化程度进一步提高。2013 年，取消成品油调价幅度限制，将调价周期缩短至 10 个工作日，进一步完善成品油价格机制，并进一步推进价格市场化。国内成品油价格"小步快走"，能够更加灵敏地反映国际市场油价及国内市场供求变化。设定成品油价格调控下限，下限水平定为每桶 40 美元，即当国内成品油价格挂靠的国际市场原油价格低于每桶 40 美元时，国内成品油价格不再下调。建立油价调控风险准备金，当国际市场原油价格低于 40 美元调控下限时，成品油价格未调金额全部纳入风险准备金，设立专项账户存储，与国际市场接轨的成品油价格机制化调整已成为常态，该降则降，该涨则涨，得到了社会各界的广泛认可。放开液化石油气出厂价格，液化石油气出厂价格由供需双方协商确定。简化成品油调价操作方式，发展改革委不再印发成品油价格调整文件，改为以信息稿形式发布调价信息。各级价格主管部门加强价格监督检查，严厉打击各种价格违法行为，维护成品油市场稳定。加强成品油市场动态和价格监测，密切跟踪新机制运行情况。[①]

（四）全面推进天然气、水资源价格改革

2013—2015 年，区分存量和增量，分三步实现非居民存量气与增量气价格并轨，建立了与可替代能源价格挂钩的动态调整机制。先后放开页岩气、煤层气、煤制气、液化气（LNG）、直供用户用气，以及进入交易市场公开交易的天然气价格，明确储气设施相关价格由市场确定，占消费总量 80% 以上的非居民用气价格主要由市场主导形成。2016 年，出台天然气管输价格管理办法和成本监审办法，改革管道运输价格机制。2017 年，完成首次天然气跨省管道定价成本监审和价格核定工作，核减成本比例为 16%，并出台意见指导各地加强城镇燃气配送环节价格监管。

推进农业水价综合改革，2014 年，在全国 27 个省 80 个县 200 万亩农田开展试点，进一步扩大试点县的实施范围。2016 年，出台推进农业水价综合改革意见，明确用 10 年左右时间，建立健全农业水价形成机制，建立精准补贴和节水奖励机制，促进农业用水方式向集约化转变。2017 年中央 1 号文件明确指出，全面推进农业水价综合改革，加快建立合理水价形成机制和节水激

[①] 国家发展和改革委员会价格司. 简政放权 创新机制 党的十八大以来价格改革取得新突破[J]. 价格理论与实践，2017（10）：6.

励机制。建立健全农业水价形成机制，同步建立精准补贴和节水奖励机制，总体上不增加农民负担，调动各方推进改革的积极性。建立健全水价形成机制。要按照有关规定，结合本省实际，明确农业水价成本核定、价格制定原则和方法。改革地区要加强成本监审，及时核定骨干工程、末级渠系水价，不具备成本监审条件的可暂以项目投资概算或可研报告为基础核定。建立精准补贴和节水奖励机制。按照总体上不增加农民负担的原则，切实保护农民合理用水权益，改革地区要同步建立精准补贴和节水奖励机制，对定额内用水的提价部分由财政给予补贴，节约部分适当奖励；超定额用水不再予以补贴，并逐步实行累进加价制度。[①]

（五）推进医药价格、交通运输价格改革，缩减行政事业性、经营服务性收费项目

2014 年，放开了 500 多种低价药品价格，在此基础上，2015 年又一举放开了除麻醉药品和第一类精神药品外的 2000 多种药品价格。全面放开非公立医疗机构医疗服务价格，29 个省份放开公立医疗机构特需医疗服务和个性化需求较强、市场竞争较充分的部分医疗服务价格。改革医疗服务价格项目管理，逐步理顺医疗服务比价关系，动态调整医疗服务价格，对医疗服务制定不同价格，拉开价格差。推进医疗服务价格分类管理，推进医疗服务定价方式改革，扩大按病种、按服务单元收费范围，逐步减少按项目收费的数量。公立医疗机构提供的基本医疗服务实行政府指导价，公立医院综合改革试点地区探索由政府主导、利益相关方谈判形成价格的机制。加强医疗服务成本监审和价格监测，完善定价过程中公众参与、专家论证制度，主动接受社会监督。全面推开公立医院医疗服务价格改革，全部取消公立医院药品加成，对由此减少的医院合理收入，通过调整医疗服务价格补偿 80%－90%。公立医疗机构提供的特需医疗服务及其他市场竞争比较充分、个性化需求比较强的医疗服务，实行市场调节价。严格控制特需医疗服务规模，提供特需医疗服务的比例不超过全部医疗服务的 10%。非公立医疗机构提供的医疗服务，落实市场调节价政策。逐步缩小政府定价范围，改革医疗服务项目管理，改进价格管理方式，结合公立医院综合改革同步调整医疗服务价格。[②]

---

① 国家发展和改革委员会价格司. 简政放权 创新机制 党的十八大以来价格改革取得新突破[J]. 价格理论与实践，2017（10）：6.

② 国家发展和改革委员会价格司. 简政放权 创新机制 党的十八大以来价格改革取得新突破[J]. 价格理论与实践，2017（10）：6.

放开散货快运、社会资本投资控股新建铁路货物运输等竞争性领域货运价格，放开满足旅客较高品质出行需求、与其他运输方式形成竞争的高铁动车组等旅客票价，由运输企业依法自主制定。开创性地建立了按照与公路货运替代运输方式保持比价关系原则制定铁路货运价格的机制。2013—2015年分三步理顺了国铁货运价格，并由政府定价改为政府指导价，允许铁路运输企业适当上浮、下浮不限。放开民航国内航线货物运输价格，放开相邻省份之间800公里以下、800公里以上与高铁动车组列车平行等竞争性航线旅客票价。优化民航票价政府指导价管理方式，由政府直接核定改为政府制定定价规则和公式，航空公司依规自行测算确定基准票价。放开港口劳务性作业和船舶供应服务、国内客运和旅游船舶港口作业费。规范铁路运输企业收费，加强对铁路运输企业收费行为监管，督促落实明码标价制度。清理地方政府附加收费。规范、降低专用线产权或经营单位收费。[①]

大力推进收费管理市场化改革，积极清理规范涉企收费，取消不合理收费项目，降低偏高收费标准，减轻企业负担政策效应正在逐步显现。清理规范行政事业性收费，取消或停征了100多项收费，对小微企业（含个体工商户）免征42项收费，降低40多项收费标准。放开房地产咨询、专利代理、建设项目等30多项服务收费，指导地方放开民办教育、会计、税务等10多项服务收费。在中央层面，行政审批前置服务收费已无政府定价项目，涉企、涉进出口环节经营性服务收费中实行政府定价的分别仅为6项、3项；在地方层面，各省也取消、降低了一批行政事业性、经营服务性收费，涉企经营服务、进出口环节、行政审批前置服务收费"三项目录清单"全面建立。[②]

（六）规范政府定价行为，加强舆论宣传

一是规范政府定价规则，严格实施重大价格决策和案件审理集体审议制度，完善价格行政权力清单制度，政府要依法调、定价格，依法治价，为此，需要及时修改完善价格等法律法规，实现价格法治科学化。二是规范政府定价程序，重要商品服务价格的制定与调整，必须深入调研，充分论证，实施成效与风险评估，重要民生价格调整方案，要经过行业专家咨询、严格的成本监审、公开的价格听证、预先的市场模拟后，审慎出台，防止政府官员"拍脑

[①] 国家发展和改革委员会价格司. 简政放权 创新机制 党的十八大以来价格改革取得新突破[J]. 价格理论与实践，2017（10）：7.

[②] 国家发展和改革委员会价格司. 简政放权 创新机制 党的十八大以来价格改革取得新突破[J]. 价格理论与实践，2017（10）：7.

袋"定价。三是明确成本监审项目，实行清单管理，通过发布目录明确成本监审项目内容和具体形式，列入目录的商品和服务，未经成本监审，不得制定或调整价格。建立成本监审目录动态调整机制，政府定价目录修订后应及时调整成本监审目录。按照深化价格机制改革要求，重点推进能源、环境、交通运输、医疗服务等网络型自然垄断环节、重要公用事业和公益性服务等领域的成本监审工作。四是组织开展或委托第三方对政府重大价格政策实施情况、效果及问题的调查和评估，大力推进价格政务公开，主动接受社会监督，对于定价决策失职失误造成严重后果的，实施终身责任追究制度，防止"拍屁股走人"、不承担责任的现象发生。五是加快修订成本监审办法，健全成本监审通用指标和审核标准体系。对于行业特点明显的重要商品和服务，按照成本监审权限尽快制定行业成本监审办法。按照成本监审要求，严格履行发送成本监审通知、资料初审、实地审核、书面告知经营者、出具成本监审报告等程序。

表 3-18 竞争有序、放管服结合的社会主义市场经济体制阶段的价格改革重要政策法规

时间	2013—2016 年	2017 年	2018 年
政策文件	《关于印发推进医疗服务价格改革意见的通知》《关于推进价格机制改革的若干意见》《价格认定规定》《输配电定价成本监审办法》《商业银行服务价格管理办法》	《政府定价的经营服务性费用目录清单 2017 年第 24 号公告》《关于全面深化价格机制改革的意见》《政府制定价格成本监审办法》《政府制定价格行为规则》	《关于加大力度推进农业水价综合改革工作的通知》《关于创新和完善促进绿色发展价格机制的意见》《关于取消国家储备糖和储备肉交易服务价格政府定价有关事项的通知》

从我国 1978—2016 年的价格指数和 GDP 增长率来看，二者基本上保持了相同的变动趋势。所不同的是，价格波动比 GDP 波动更为剧烈。产生这种现象的原因是，随着我国主要由市场形成价格的机制的基本建立和不断完善，物价水平基本上受供求机制的作用而涨落，与 GDP 波动之间的相关性也随之明显增加。伴随我国市场化进程的进一步深入，GDP 波动对物价水平的波动将产生更大的影响。

表 3-19　1978—2017 年 GDP 增长率和价格上涨率

年份	1978	1979	1980	1981	1982	1983	1984	1985	1986	1987	1988	1989	1990
GDP 增长率（%）	13.0	11.4	9.8	5.2	9.1	10.9	15.2	13.5	8.8	11.6	11.3	4.1	3.8
价格增长率（%）	/	/	/	2.4	1.9	1.5	2.8	9.3	6.5	7.3	18.8	18.0	3.1
年份	1991	1992	1993	1994	1995	1996	1997	1998	1999	2000	2001	2002	2003
GDP 增长率（%）	9.2	14.2	13.5	12.6	10.5	9.6	8.8	7.8	7.1	8.0	7.5	8.0	9.5
价格增长率（%）	3.4	6.4	14.7	24.1	17.1	8.3	2.8	−0.8	−1.4	0.4	0.7	−0.8	1.2
年份	2004	2005	2006	2007	2008	2009	2010	2011	2012	2013	2014	2015	2016
GDP 增长率（%）	9.5	15.3	15.8	17.9	9.7	9.4	10.6	9.5	7.9	7.8	7.3	6.9	6.7
价格增长率（%）	3.9	−2.0	−0.3	3.3	/	−6.2	4.0	2.0	−2.6	0.0	−0.6	−0.6	0.6

注：数据来源于《中国统计年鉴（2017）》。

货币供应量变动对价格总水平的影响。根据 1986—2016 年我国不同口径货币供应量增长速度和价格变动率（见表 3-20 所示）进行分析，可以发现，M_2 的增长率与价格指数在波动趋势上具有较强的一致性。广义货币供给 M_2 的变动将影响到物价水平的变化。

表 3-20　1986 年以来我国不同口径货币供应量增长率与价格上涨率

年份	M_0 增长率（%）	M_1 增长率（%）	M_2 增长率（%）	价格上涨率（%）
1986	23.3	26.7	29.3	6.5
1987	19.4	16.9	23.95	7.3
1988	46.7	20.96	21.23	18.8
1989	9.8	6.6	18.3	18.0
1990	12.8	19.2	27.98	3.1
1991	20.2	24.2	26.5	3.4

续表3-20

年份	M_0增长率（%）	M_1增长率（%）	M_2增长率（%）	价格上涨率（%）
1992	36.4	35.9	31.3	6.4
1993	35.3	38.8	37.3	14.7
1994	24.3	26.2	34.5	24.1
1995	8.2	16.8	29.5	17.1
1996	11.6	18.9	25.3	8.3
1997	15.6	22.1	23.6	2.8
1998	10.1	11.9	14.8	−0.8
1999	20.1	17.7	14.7	−1.4
2000	8.9	15.9	12.3	0.4
2001	7.1	12.7	17.6	0.7
2002	10.1	18.4	16.9	−0.8
2003	14.3	18.7	19.6	1.2
2004	8.7	13.6	14.6	3.9
2005	11.9	11.8	17.6	−2.1
2006	12.7	17.5	16.9	−0.3
2007	12.2	21.1	16.7	3.3
2008	12.7	9.1	17.8	1.0
2009	11.8	21.2	19.7	−6.2
2010	16.7	21.2	19.7	4.0
2011	13.8	7.9	13.6	2.0
2012	7.7	6.5	13.8	−2.7
2013	7.2	9.3	13.6	0.0

续表3—20

年份	M_0增长率（%）	M_1增长率（%）	M_2增长率（%）	价格上涨率（%）
2014	2.9	3.2	12.2	−0.6
2015	4.9	15.2	13.3	−0.6
2016	8.1	21.4	11.3	0.6

数据来源：根据《中国统计年鉴（2017）》和《中国金融年鉴（2017）》整理而成。

第四章

中国价格改革四十年的成功经验

从十一届三中全会拉开我国经济体制改革的序幕以来，我国价格改革已经历经四十年，成功实现了由传统高度集中的计划形成价格机制向市场决定价格机制的转身变型。近年来政府十分重视并且多次强调要全面深化价格机制改革。2017年，国家发展改革委颁布的《国家发展改革委关于全面深化价格机制改革的意见》中指出："中国特色社会主义进入新时代，新时代对价格机制改革提出了新要求，我们必须牢牢抓住价格这一市场经济条件下资源配置效率的'牛鼻子'，加快价格市场化改革，健全价格监管体系。"在改革开放四十年即将来临之际，价格改革作为其重要组成部分，分析和总结价格改革四十年的重大经验、伟大成就便具有了更加重要的理论价值和实践意义。

第一节 坚定市场化价格改革方向，稳步推进价格改革

价格改革在推动我国社会主义市场经济体制建设中发挥了巨大的作用。价格改革不仅改变了我国资源配置方式，改变了政府对价格的管理模式，也改变市场主体在价格形成中的不同作用。价格改革四十年，我国一直坚持向市场化方向进行价格改革，改革对象是传统的计划价格体制，改革过程是改变价格形成机制，改革最终目的是建立市场决定价格机制。

一、价格改革目标模式始终和整个经济体制改革的目标模式相一致

任何一种经济体制内部的决策、信息和动力结构是相互协调配合的，规定了经济关系中各种经济主体的责、权、利的基本格局，规定了经济活动过程的

权限划分、组织形式、机构设置和运行方式等整个格局。① 我国经济体制改革把建立社会主义市场经济体制作为最终的改革目标模式，是与我国市场的发育程度和中国特色社会主义市场经济理论逐渐成熟相适应的。作为整个经济体制改革总系统中举足轻重的子系统，我国四十年价格改革目标模式始终和整个经济体制改革的目标模式相一致。

明确价格改革的目标对于稳步推行价格改革具有至关重要的作用。从我国价格改革四十年的经验来看，随着渐进式的经济体制改革的不断探索和推进，以及中国特色社会主义市场经济理论的不断创新和发展，我国价格改革的思想、原则、目标模式经历了一个不断蜕变、逐渐成熟的过程。② 如表 4—1 所示，这个过程经历了 5 个阶段。

表 4—1　我国经济体制改革和价格改革目标模式对比表

时间	经济体制改革目标模式	价格改革目标模式
1979—1984 年	建立计划经济为主，市场调节为辅的经济模式	建立计划价格为主，自由价格为辅，重点在于完善计划价格体制的目标模式
1985—1991 年	建立计划经济与市场调节相结合，社会主义有计划的商品经济体制模式	实行价格"双轨制"，扩大市场调节价比重
1992—2001 年	建立社会主义市场经济体制模式	建立社会主义市场价格体制
2002—2012 年	建立更加开放、更有活力的社会主义市场经济体制模式	全面建立商品、服务、要素市场形成价格机制理论
2013—2018 年	建立和完善竞争有序，放管服结合的社会主义市场经济体制	垄断事业、公益和公益事业领域引入市场调节机制模式

第一个阶段（1979—1984 年），这一阶段我国经济体制改革目标模式为建立计划经济为主，市场调节为辅的经济模式。1978 年，是我国经济体制改革的开端之年，也是解放思想的开端之年。这一阶段的价格改革思路主要是调整不合理的价格和差、比价关系，重点在于探索计划价格体制的完善之路。依照这样的改革思路，我国价格改革目标模式是建立计划价格为主，自由价格为辅，重点在于完善计划价格体制的目标模式。

第二个阶段（1985—1991 年），这一阶段我国经济体制改革目标模式是建

---

① 李慧中. 中国价格改革的逻辑［M］. 太原：山西经济出版社，1998：172.
② 汪洋. 价格改革二十年回顾与前瞻［M］. 北京：中国计划出版社，2002：112.

立计划经济与市场调节相结合，社会主义有计划的商品经济体制模式。价格改革主要是改变过去价格管理体制过分集中的思想，因此这一阶段我国价格改革目标模式是实行价格"双轨制"，扩大市场调节价比重。

第三阶段（1992—2001年），这一阶段确立建立社会主义市场经济体制模式为我国经济体制改革的目标。相对应的，我国价格改革目标模式调整为建立社会主义市场价格体制。这次改革确定了我国价格改革的市场化方向，确立让绝大多数商品和服务的价格在市场竞争中形成的原则。

第四个阶段（2002—2012年），这一阶段建立更加开放、更有活力的社会主义市场经济体制模式成为新的目标。这个阶段我国已经加入WTO，与世界各国的贸易往来也更加频繁密切。我国商品特别是大宗商品价格，还受到国际市场价格的影响。因此这一阶段我国价格改革目标模式是全面建立商品、服务、要素市场形成价格机制理论。

第五阶段（2013—2018年），这一阶段我国经济体制改革目标模式是建立和完善竞争有序、放管服结合的社会主义市场经济体制。2013年发布的《关于全面深化改革若干重大问题的决定》中指出："完善主要由市场决定价格的机制。凡是能由市场形成价格的都交给市场，政府不进行不当干预。"因此这一阶段我国价格改革目标模式是垄断事业、公益和公益事业部分领域和环节引入市场调节机制模式。

价格改革四十年以来，价格改革目标模式一直坚持和整个经济体制改革目标保持统一节奏、同一方向。经济体制改革最终确立了社会主义市场经济体制，而价格改革也通过坚持市场化的价格改革方向，最终实现了市场决定价格机制。

二、价格形成机制从计划形成价格机制转变为市场决定价格机制

自1978年开始，我国价格改革经历了四十年的历程，已成功实现了由传统高度集中的计划形成价格机制向市场决定价格机制的转变。价格形成机制的转变主要体现在以下四个方面。

（一）价格形成主体的变化

1978年以前，我国实行计划经济，在价格管理体制上也采用高度集中、分级管理的价格管理模式。在这种模式下，绝大多数产品和服务由政府定价。政府特别是中央政府是价格形成的主体，企业、个人等经营者作为经济主体基

本无定价权。经过四十年的价格改革，随着市场化方向的价格改革，企业和个人等经营者拥有了自主定价权。价格改革四十年以来，不断地让大多数的商品和服务参与市场竞争，在竞争中形成商品的价格。让商品的价格既真正的反映其价值又真实地反映市场的供求。即使仍有少量商品需要接受政府定价和政府指导价，政府在制定相应商品的价格的同时仍然要考虑市场的供求，发挥价值规律的调节作用。

（二）价格形成依据的变化

在计划经济时期，政府奉行的是"计划第一，价格第二"的指导原则来制定价格。价格形成的一般规律（价值规律、供求规律等）被忽略，政府制定商品的价格主要是服务于整个国家的经济规划。[①] 价格改革就是为了让大多数商品和服务的价格既反映价值，又反映供求规律。也就是说，让商品的价格在市场竞争中通过供求关系来决定，发挥价值规律对资源的合理配置作用。

（三）价格形式的变化

在计划经济时期，价格的形式较为单一，只有计划价格。随着价格改革的推进，我国价格形式开始丰富起来，在1982年颁布的《物价管理暂行条例》中，规定价格形式有国家定价、国家规定范围内的企业定价和集市贸易价三种定价。1987年颁布的《中华人民共和国价格管理条例》规定我国价格形式为国家定价、国家指导价和市场调节价三种形式。随着市场决定价格机制的确立，目前我国仍然采用的价格形式主要是政府定价、政府指导价和市场调节价三种。

三、价格管理体制从直接管理转变为间接调控

从价格调控体系来看，政府从直接管理为主转变为间接调控为主。在计划经济时期，往往采用以行政命令手段为代表的直接管理方式。随着价格改革的进行，政府对价格的调控从调控微观转变为关注宏观，即从政府直接定价转变为调控价格总水平，调控手段从以行政手段为主，转变为主要依靠经济手段和法律手段来开展间接调控。具体来看：

[①] 李慧中. 中国价格改革的逻辑 [M]. 太原：山西经济出版社，1998：184－185.

（一）确立了以经济手段为主的间接调控的价格宏观调控体系

价格改革不能一直依靠物价部门用行政手段来解决问题，而是依靠各个方面的配合才能起到调节经济的作用。社会主义市场经济体制下，价格水平的变动除了受到市场供求影响外，还受到货币供给量变化的影响。因此我国建立了中国人民银行为主管单位，通过改变整个社会货币总供给量来调整价格总水平的一套完整的货币政策体系。国家宏观调控把保持价格水平的稳定作为重要目标之一，主要是通过货币政策来调节社会的货币供应量。

（二）建立一套完善的法律手段来规范价格

法律手段是指通过国家制定相关的价格法律、法规等来对价格进行管理，包括价格法律、法规、条例、决定、规定以及管理方法等法规形式，用来调整价格中的经济关系。其目的是确定价格管理的原则和价格执行的程序，确定每个环节都有法可依，避免价格管理操作中的各种纠纷。

（三）制定完备的行政手段来加强对价格的管理和指导

行政手段指国家依靠行政组织、运用行政命令、下达指令性的措施和实行监管等方法来管理价格。确保各层级行政机关能够保持执行程序的规范性。

党的十八大以后，我国经济体制改革一个重要的方向就是"放管服"相结合，构建服务型政府。政府一方面加快行政审批制度改革，减少甚至取消部分行政审批，最大限度地给予企业自主权，另一方面加强对企业的监督和管理，特别是事中、事后的监管，保护合法竞争，反对垄断和不正当竞争，取缔非法竞争，维护社会市场的良好秩序。

第二节 始终坚持渐进式价格改革方略

我国进行价格改革，是采取循序渐进的渐进式改革，还是一步到位的激进式改革，曾引起国内的较大分歧。国内诸多学者认为中国价格改革宜采取渐进式改革策略，认为其可以避免过大的社会动荡，遇到突发情况可以适时调整，人民更易接受等。坚持激进式改革的学者认为，渐进式改革耗用时间长，收效慢，既然价格改革目标模式已经确定，那么"长痛不如短痛"通过激进式改革一步到位。

我国最终选择推行渐进式改革，是由我国当时特殊的国情决定的。中华人民共和国成立以来,我国长期实行计划经济体制,经济基础薄弱,经济体制陈旧,经济承受能力差,在这样的社会环境下要实行大规模的价格改革,既无先进的理论指导,也缺乏可供借鉴的国际先例,因此只能"摸着石头过河",采取渐进式价格改革。相反,如果采用激进式改革,因为短缺经济的存在,贸然放开价格管理,很大程度会引发国内市场的抢购潮,诱发通货膨胀,最终造成社会的不稳定和经济秩序的紊乱。

一、改革项目先易后难,六先六后

价格改革的项目不是同时全面推进的,而是先易后难,六先六后[1]。

(1) 先放开小商品、农贸商品的价格,然后放开耐用消费品、生产资料的价格,最后放开劳务、公共交通、教育、医疗等公共商品的价格。1985年,《中共中央关于制定国民经济和社会发展第七个五年计划的建议》中指出:"逐步形成少数商品和服务实行计划价格,多数实行浮动价格和自由价格的统一性和灵活性相结合的价格体系。"1985年,开始放开猪肉、蛋类、禽类、水产品和蔬菜等鲜活商品的价格;允许企业计划外生产资料价格由市场供需方法自行商定。2003年以来,多次对天然气、成品油等价格进行调整,同时大幅度降低公益性服务收费标准。2013年,十八届三中全会提出,要"推进水、石油、天然气、电力、交通、电信等领域价格改革,放开竞争性环节价格"。2015年,国务院发布的《推进价格机制改革的若干意见》中指出:"价格改革持续推进、不断深化,放开了绝大多数竞争性商品价格,进一步提出了要深化重点领域价格改革,充分发挥市场决定价格作用。"

(2) 先放开计划外部分再放开计划内部分的"双轨制"办法。[2] 针对企业超产部分及计划外的工业生产资料价格,政府不再加以干预,其销售价格转交供求双方自行商议决定。比如煤炭、石油、钢铁等部分重要生产资料,出现了"计划内"和"计划外"两种定价方式,出现了价格"双轨制"。

(3) 先改革商品价格后改革服务价格再改革要素价格。1979年,开始提高猪肉、牛肉、羊肉、家禽、鲜蛋、蔬菜、牛奶、水产品等八类副食品价格。1981年,提高烟酒价格。1978年到1992年,确定社会主义市场经济体制以前,价格改革主要是改革商品价格。一直到我国开始大力建设服务业,第三产

---

[1] 温桂芳. 认真总结经验 积极推进新时期的价格改革——价格改革30年回顾与展望[J]. 价格理论与实践,2008 (11):7-8.

[2] 温桂芳. 认真总结经验 积极推进新时期的价格改革——价格改革30年回顾与展望[J]. 价格理论与实践,2008 (11):7-8.

业在三大产业中取得主要地位后我国才开始对其进行改革,最后才是对生产要素进行改革。

(4)先实行轻工业改革后实行重工业改革。1981年,我国有升有降的调整纺织品价格,并降低了部分轻工业的价格。1984年,我国开始下放重工业产品品种价格的定价权,国家物价局直接管理的重工业产品品种从151种下降为80种。[①]

(5)先改革竞争性行业后改革垄断性行业,先改革下游产业后改革上游产业。回顾价格改革四十年,我国首先是将能够在市场竞争中形成价格的商品全部交还给市场,而针对部分自然垄断行业,能够放开的竞争性领域和环节价格,由市场调节,不能放开的部分仍由政府定价的,并建立健全定价和监审机制。

(6)先改革消费品后改革生产资料再改革资源性产品。从1982年到1984年,政府分三批逐步放开小商品价格。1985年开始对重要生产资料实行价格"双轨制",逐步放开生产资料的价格。2013年将以深化资源性产品价格改革为重点,健全资源性产品价格形成机制,这标志着我国对石油、天然气、水、电力等资源性产品价格改革将迈出重要步伐。

二、"调放结合,有调有放"的改革方式

"调"指政府有意识的主动调整部分不合理的商品价格;"放"指政府下放对价格的管理权限,交由市场来调节价格。如图4-1所示,回顾价格改革四十年的历程,政府既没有一味地交由市场来调整价格,也未曾单一地放开对市场价格的直接管制,而是采用"调放结合,有调有放"的价格管理方法。

1978年	1984年	1992年	2002年	2012年	2018年
以调为主	以放为主	全面放开竞争性商品服务价格	放管结合		放管服相结合

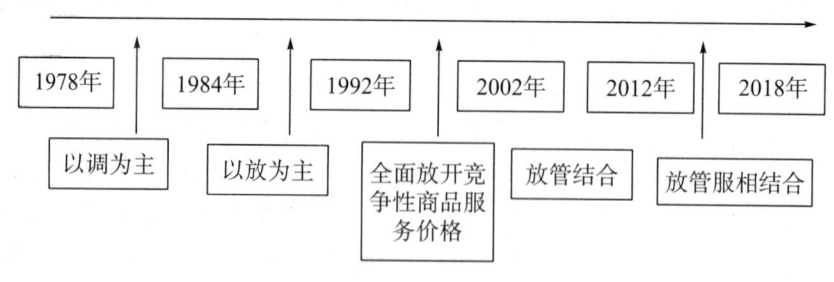

图4-1 价格改革四十年的改革方式

1978—1984年,这一阶段的价格改革主要是调整不合理的价格结构,来

---

① 汪洋.价格改革二十年回顾与前瞻[M].北京:中国计划出版社,2002:52.

理顺整个价格体系。因此这个阶段的价格改革是"以调为主,以放为辅"。

1985—1991年,价格改革以"放"为主,大范围的放开计划外商品、超产商品等价格。1985年,国务院允许合同订购以外的粮食、棉花价格可以根据市场行情来制定价格,政府只在必要时通过最低保护价和最高限价来调节市场。这一时期工业品生产资料出现"计划内""计划外"两种定价方式,即价格"双轨制"。1988年,政府决定放开价格管制,取消"双轨制",实现价格并轨。这一决定的直接结果就导致当时物价普遍迅速上涨,甚至引发席卷全国的抢购潮。价格"闯关"也因此宣告失败。1989年,党的十一届三中全会通过的《关于进一步治理整顿和深化改革的决定》中指出:"逐步解决生产资料双轨制的问题,明后年要结合价格调整,先行统一分配煤炭的价格,变双轨为单轨。以后逐渐增加取消双轨制的品种。"从1991年开始,对不同的工业品生产资料实现从双轨到单轨的并轨。

1992—2001年,我国全面放开竞争性商品和服务的价格。1992年,我国实行以建立社会主义市场经济体制为目标的改革,价格体制改革也演变成向市场方向改革。我国的价格改革因此进入了市场形成价格机制的时期。

2002—2012年,我国价格改革进入放管结合,简化监管的阶段。价格改革在这个阶段已经基本建成市场决定价格的机制,市场开始在资源配置中起着决定性作用。与此同时,价格欺诈、价格歧视、价格虚高等价格违法行为也接踵而来,政府在这个阶段主要是加强对价格的监管,规范市场主体行为,巩固价格改革的成果。

2013—2018年,我国价格改革进入"放管服相结合,强化政府服务"的阶段。2017年,按照放管结合、并重的要求,加强和创新价格事中事后监管,维护市场价格秩序,国家发改委发布了《关于全面深化价格机制改革的意见》,该《意见》中指出"到2020年,市场决定价格机制基本完善"。

因此,我国价格改革四十年,从高度集中的政府计划决定价格机制到市场决定价格机制的成功转变,是政府在改革中坚持"有调有放,调放结合"的结果。

第三节 统筹兼顾,正确协调各方利益关系

价格涉及千家万户,价格的变化直接关系着人们的切身利益。重要的商品和服务的价格调整,往往牵涉着不同地区、不同行业、不同企业和家庭利益的重新分配,因此价格改革出台的每一项措施都要考虑人民的心理承受力和经济

的承受力，这样才能保证社会的公平公正和经济环境的稳定。

一、价格决策科学化、合理化、民主化

价格改革四十年来，我国从计划经济时期的以国家定价为主转变为现在的社会主义市场经济条件下价格主要由市场来决定。如何保证仍由政府定价的商品价格科学合理、公平公正一直以来都是摆在政府面前的难题。价格听证制度逐渐走入人们的视野，其受到政府和群众的高度重视，因为其既保证了群众的知情权，又使得价格决策民主化、公平化。

1997年颁布的《价格法》第二十二条明确表示："政府价格主管部门和其他有关部门制定政府指导价、政府定价，应当开展价格、成本调查，听取消费者、经营者和有关方面的意见。"这是政府顶层设计在价格制定层面尊重民意、关注民生的体现。在《价格法》第二十三条更是直接提出了价格听证会制度。①

重要商品和服务的价格调整前征求人民的意见，一方面可以知道调整幅度是否合理，调整结果是否在人民预期之内；另一方面，保障了人民的知情权，有利于推动民主法治建设。价格听证制度的实行不仅有利于价格决策的科学性、透明性和公开性，而且人民群众参与价格决策，增强了人民的主人翁意识。2001年，国家发改委颁布了《政府价格决策听证暂行办法》，而后经过修改，于2002年颁布《政府价格决策听证办法》，但是这个政策执行到现在也出现了一些问题，争论不绝于耳。听证双方的听证资源严重不对等，听证会中消费者一方往往只能在听证前10天收到会议资料，而经营者一方往往掌握了充分的资料以应对听证会参加人的意见，最终导致听证会只重形式，不重结果。听证会更是被群众戏称为"涨价会"。"逢听必涨"和"逢涨必听"成了人们对听证会的直接印象。而后《听证办法》历经数次修改，2008年国家发改委制定了《政府制定价格听证办法》。2017年颁布的《国家发展改革委关于全面深化价格机制改革的意见》则强调要加快完善价格听证办法。②

为了进一步体现价格决策的科学性、合理性、民主性，按照中央"准许成本+合理收益"定价要求，要改变过去消费者价格听证制度，由更加专业的、

---

① 《中华人民共和国价格法》第二十三条："制定关系群众切身利益的公用事业价格、公益性服务价格、自然垄断经营的商品价格等政府指导价、政府定价，应当建立价格听证制度，由政府价格主管部门主持，征求消费者、经营者和有关方面的意见，论证其必要性、可行性。"

② 《国家发展改革委关于全面深化价格机制改革的意见》第二十五条："动态评估、及时修订中央和地方定价目录，加快完善价格听证办法。"

独立的第三方社会机构来负责进行成本审核。申请调价单位主要负责答疑、举证，最后由政府价格管理部门来负责整体把控，增加定价程序透明性、公开性，保证公平公正。

二、价格改革方案既要注重市场效率又要兼顾社会公平

价格改革的调整涉及各方面的利益，牵一发动全身，因此政府要统筹兼顾，多方协调，平衡好效率和公平的关系。目前，虽然农产品价格已经全部市场化，但因为农业的重要性和弱质性，政府不能放任不管，而是要通过价格支持和保护体系来协调农民和居民的利益。另外，针对少数目前仍由政府定价的自然垄断行业、公用和公益性行业，政府定价要处理好市场效率和社会公平公正之间的关系，从根本上维护人民的根本利益。

（一）农产品价格支持和保护体系

我国是一个农业大国，"三农问题"自改革开放 40 多年来一直备受重视。目前，我国的农产品价格已经全部由市场来形成。但因为农业的重要性，政府并不能对农产品市场完全置之不管，而要建立一系列的农产品生产和价格支持制度，在农产品市场价格异常波动时实施干预，维护农产品市场的正常秩序和农产品价格的稳定。

表 4-2　我国农产品价格支持政策一览表

时间	农产品价格支持政策
2004 年	水稻和小麦实施最低收购价政策
2008 年	对大豆、玉米和油菜籽的临时收储政策
2011 年	棉花纳入临时收储体系
2012 年	食糖纳入临时收储体系
2014 年	取消大豆和棉花的临时收储政策，试点东北和内蒙古的大豆、新疆的棉花的目标价格改革
2016 年	取消玉米的临时收储政策，按照"市场定价、价补分离"的原则，直接向玉米生产者补贴
2017 年	深化粮食等重要农产品价格形成机制和收储制度改革

如表 4-2 所示，我国从 2004 年采用最低收购价政策开始，为了支持我国农业发展，陆续出台了多种类型的农产品价格支持政策。2008 年出台的临时收储政策，主要是为了应对当年美国次贷危机影响下全球农产品价格大幅度下

降的局面。临时收储政策的最终目的是稳定农产品市场价格和保障农民的基本收入水平。临时收储政策的独特性在于，它并不在作物播种之前公布收购价格，而是等到农产品成熟后，根据市场价格，来确定当年收购价格和收购数量。

虽然农产品价格支持政策在促进农业增产、农民增收等方面起到了积极作用，但也在一定程度上扰乱了市场。农产品价格支持政策，使得我国农业生产者收益，但农业加工企业却面临更高额的成本，而且国内农产品价格甚至高于国外同类产品，出现国际国内价格倒挂现象。因此，我国2014年到2016年，先后取消了大豆、棉花和玉米的临时收储政策，出台了试点目标价格改革和向生产者直接补贴的政策。这两个新政策的特点是价格随行就市，政府不再对农产品价格直接干预，而是当特定农产品价格过低时，政府直接给予农业生产者补贴。2017年，中央发布的一号文件《关于深入推进农业供给侧结构性改革，加快培育农业农村发展新动能的若干意见》中指出要深化粮食等重要农产品价格形成机制和收储制度改革。

（二）自然垄断行业、公共和公益性事行业定价兼顾多方利益

价格改革四十年，政府已放开绝大多数商品和服务的价格，但对于自然垄断行业、公共和公益性事业的价格尚未完全放开。因为这些领域既要注重经济效率又要保障人们的基本需求。

第一，自然垄断行业的价格改革从完全的政府定价，正在逐步向政府宏观调控下政府指导价转变。自然垄断行业价格改革主要增强自然垄断行业的价格弹性，建立合理的定价浮动机制，最终使其价格既能反映市场供求关系，又能反映资源的稀缺程度。同时，按照"放、管、服"改革的要求，未来自然垄断行业要进一步放开竞争性领域和环节的价格。从20世纪80年代，我国创造性地提出生产资料"价格双轨制"，实行计划外和计划内两个价格就可以看出，政府对自然垄断行业的价格改革是非常小心谨慎的。1982年，政府开始对部分石油产品试行价格"双轨制"，计划内的石油产品价格是为了保障基本的需求和整个市场价格的稳定，而计划外价格由市场供求来决定，主要是为了提高石油产品的经济效益。在我国加入WTO之中，石油价格又开始与国际市场价格接轨，但仍由国家发改委负责管理石油价格，可以看出政府在自然垄断行业领域的价格改革过程中，努力的平衡各方利益，实现统筹兼顾。

第二，公共和公益性事业一般是由政府直接组织生产和经营，定价权也往往归地方政府所有。但政府对公共和公益性事业定价时，其目的并不是简单为

了"劫富济贫"这一公平目标,而是为了改变人们的消费习惯,提高资源利用效率这一效率目标。同时由于垄断性和规模效应,导致单个消费者只能成为价格接受者,而不能拥有任何讨价还价的余地。[①] 因而这类产品定价在最大限度保证消费者利益的情况下可以适当引入竞争机制。

在价格改革四十年中,交通运输行业的价格在很长一段时间内一直由政府定价。政府对铁路的定价的原则主要是为了满足人民出行的需要,定价水平一直不高。随着航运和高铁的崛起,人民收入水平也迅速增加,可供人民出行方式的选择也丰富起来。为了适应市场的要求,加快交通运输行业的价格改革刻不容缓。2016年,在高铁运输方面,政府先后放开高铁动车组一、二等座票价;在普通铁路运输方面,政府将普通旅客列车软座、软卧票价的制定交给铁路运输企业;在航空运输方面,放开800公里以下航线、800公里以上与高铁动车组列车平行航线旅客票价定价权给航空公司。最终铁路票价和民航国内行线票价的市场调节价比重分别达到54%和35%左右。

在交通运输行业四十年的价格改革里,政府通过区分基本服务和非基本服务来制定价格。基本服务部分,主要是为了保障民生,满足人民基本的出行需要,因而在考虑成本因素后,其价格制定不能太高,定价权也一直由政府来直接管理。而对于非基本服务部分,主要满足人民较高品质的出行需求,政府不断地创新定价方式,理顺价格水平,提高价格的弹性,把市场引入到交通领域定价之中,通过价值规律,来提高其经济效率和提高资源的利用率。

三、价格信息公开透明,强化价格信息公共服务属性

为适应新时代价格改革向纵深推进的要求,应加强价格改革的价格公共服务属性,为市场主体提供更实时、更有效、更便捷的价格信息,以方便市场主体做出相应的应对方案。纵观价格改革四十年,我国政府提供的价格公共服务包括价格信息公开服务、价格调节服务、价格政策咨询服务等。

(一) 价格公共服务的第一个体现是政府提供价格信息公开服务

价格信息公开服务主要体现在政府公布的政府定价目录,包括《中央定价目录》和《地方定价目录》。通过公布和更新中央和地方的定价目录明确哪些项目清单由政府定价,同时公布详细的收费标准,避免乱收费、乱罚款等行为。价格改革发展到今天,政府提供的价格信息公开服务已不局限于公开中央

[①] 温桂芳,张裙裙. 中国价格理论前沿 (1) [M]. 北京:社会科学文献出版社,2011:290.

和地方定价目录，还包括中央和各地方政府每年、每季度甚至每月公布的居民消费价格指数（CPI）、生产者价格指数（PPI）。随着大数据时代的到来，政府还时时检测人民群众的"菜篮子"，通过媒体、网络和公众号来实时更新以民生商品为主导的各类商品如蔬菜、水果、粮食、房地产等的价格。

（二）价格公共服务的第二个体现是政府开展价格调节服务

20世纪90年代，出现了诸多重要产品如家电行业、电子行业、建材行业等的价格大战。政府价格管理部门起初寄希望于行业自律来解决，即"行业自律价格"。但"行业自律价格"因为缺乏法律基础，实践操作困难，最终还是流于形式。以家电行业价格战为例，自1998年以来，我国家电行业出现一次比一次猛烈的"降价风暴"，部分企业以低于成本的价格销售商品，通过倾销的方式来占领市场，以快速淘汰竞争对手。其结果便是引发整个家电行业经营业绩的大幅度下滑。为了遏制这一现象，政府主管部门主动联系相关企业负责人，为其协调价格，避免了一场"一损俱损"的价格恶战。不仅如此，当几个大企业出现合谋价格，伤害消费者利益时，政府价格主管部门也会去约谈相关企业，制止价格违法行为，维护市场秩序，以体现价格调控的公平公正。

（三）价格公共服务的第三个体现是价格政策咨询服务

一旦企业、消费者对政府出台的相关价格政府存在疑惑时，可以通过电话、网络等方式咨询相关价格管理部门。政府也要主动利用媒体、新闻、广播或邀请专家、工作人员等在公开场所，及时主动地对法律、法规、相关文件等进行解读。

第四节　科学立法规范市场主体行为，巩固价格改革成果

法律调控是政府开展价格管理的有效手段之一，政府通过制定价格法律、法规，来界定各类市场主体在价格体系中的地位和作用，规范市场主体的行为准则和执法部门的管理标准，以保证我国良好的市场秩序。因此完善价格法律法规是推进价格市场化改革的内在需求，是巩固价格改革成果的关键。

一、立法先行，把价格管理纳入法制化轨道

改革开放前，我国建立起高度集中的计划经济体制，与此相呼应，我国的价格管理体制上也采用以国家定价为主的计划价格管理体制。在价格决策权利

上，定价主体是政府；在价格形成机制上，为政府计划形成价格机制；在价格形成机理上，坚持"计划第一，价格第二"；在价格调控方式上，是以行政手段为主进行直接管理。[①] 显然这一时期，我国政府对价格管理主要依靠政府的行政手段来进行调控，政府对价格管理过严过死，造成价格既不反映价值也不反映市场供求变化的结果。这一僵化的价格机制使得我国的价格关系主要受政府调整，价格立法并未受到相应的重视。

价格法律、法规是上层建筑，属于政府顶层设计的层面。由于经济基础决定上层建筑，我国经济的不断发展客观上也要求价格法律、法规不断修改完善。十一届三中全会开启我国经济体制改革的新篇章，我国价格改革也同步揭开序幕。我国价格改革目标是由政府定价为主向市场定价转换，这一转化呼唤价格立法，希望通过法律、法规来界定各类市场主体的行为准则和竞争规则。从1978年我国进行价格改革以来，我国先后颁布了三部主要的价格法律法规，分别为1982年7月7日国务院颁布的《物价管理暂行条例》，1987年9月11日国务院颁布的《中华人民共和国价格管理条例》和1997年12月29日第八届人大常委会第29次会议通过的《价格法》。这三部价格法律法规在不同时期颁布，各有侧重，符合当时特定的经济环境，对把价格改革纳入法制化轨道，推动价格改革市场化进程起非常重要的作用。

二、价格立法追求科学性、规范性

（一）立法程序科学严谨

一项重大的法律法规的颁布，需要经历起草、会议审议到制订颁布三个阶段。《价格法》从1989年4月便开始起草，但直到1998年5月1日才开始施行，其花费大概9年左右。《价格法》写作过程中不断总结我国价格改革的成功实践经验，借鉴西方发达国家的先进做法，不断调研和收集相关法律资料，广泛听取国内工商企业意见，多次邀请法学、经济学专家参与讨论，集思广益，反复修改，不断钻研最终形成《价格法（草案）》。并在1997年，国务院常务委员会、国家法制局和国家计划委员会多次对该草案提出修改意见，最终在12月29日的第八届人大常委会第29次会议才审议通过，以第92号主席令发布。《价格法》从起草到颁布耗时久，过程几经波折，充分体现了我国价格立法的科学性、严谨性和规范性。

---

① 汪洋. 价格改革二十年回顾与前瞻 [M]. 北京：中国计划出版社，2002：112.

（二）重大法律法规制定先试点后推广，循序渐进

从1982年颁布《物价管理暂行条例》，到1987年发布《中华人民共和国价格管理条例》，期间只有短短五年时间，两部法律法规也有诸多相似之处，两者都坚持国家定价是我国定价的主要方式，都在计划形成价格的机制下调整当时不合理的价格体系，而不试图转变价格形成机制本身。但1997年颁布的《价格法》与前两者却有根本性区别，首先定价的主体不再是国家定价而是市场调节价，相应的价格形成机制转变成为市场形成价格机制，其最终目的是建立在国家宏观调控下的社会主义市场价格体制。之所以会出现这种变化，与它们各自所处的经济环境有关，是上层建筑对于经济基础发生变化的客观反映。我国三部主要价格法律法规的对比如表4-3所示。

表4-3 我国三部主要价格法律法规对比

法律文件	《物价管理暂行条例》	《中华人民共和国价格管理条例》	《价格法》
颁布时间	1982年7月7日	1987年9月11日	1997年12月29日
价格形式	国家定价、国家规定范围内的企业定价和集市贸易价	国家定价、国家指导价和市场调节价	政府定价、政府指导价和市场调节价
主要定价方式	国家定价	国家定价	市场调节价
价格形成机制	高度集中的计划形成价格机制	计划形成价格机制	市场形成价格机制
价格改革目标模式	建立计划价格为主，自由价格为辅，重点在于完善计划价格体制的目标模式	实行价格"双轨制"，扩大市场调节价比重	建立社会主义市场价格体制

1978年，我国农村实行家庭联产承包责任制，农民的生产积极性得到空前提高。为加快农业发展，政府在1979年大幅度提高农产品收购价格，拉开了我国价格改革的序幕。在价格改革之初，我国价格改革采用的方法是"调放结合，以调为主"。这一阶段主要是放开部分非重要的小商品价格，对部分供求变化大的商品实行浮动价格，赋予企业一定的自主权。但因为政策在发布时存在对象不清，解释不明等原因，在实际执行过程中出现了乱涨价、乱收费的现象。在此背景下，必须加快价格立法，来规范企业的行为，维护市场主体合法权利，确保价格改革的目标顺利。《物价管理暂行条例》因此应运而生，在确保了计划价格管理体制的主要地位不变之后，首创性地将市场机制引入了价格管理之中。

1984年，我国价格改革的方法转变为"调放结合，以放为主"，即政府放开对部分农产品和部分工业消费品价格的管控，对生产资料实行"价格双轨制"。到1986年末，国家定价的商品中，占农产品商品值的比重已不到40%，占工业消费品的社会零售额的比重已不到50%，明显不再符合《物价管理暂行条例》第三条"国家定价是主要形式"的规定。[①] 在此背景下，强调把市场机制引入价格形成机制，确立直接管理和间接调控相结合的价格管理方式的《中华人民共和国价格管理条例》取而代之，《物价管理暂行条例》也同时被废止。

1992年，我国迈向了向社会主义市场经济体制改革的步伐，对价格改革提出新要求。在社会主义市场经济体制下，要求建立市场形成价格的机制，价格成为经济信号的指示灯，能够灵活反映市场信息。然而要让价格在竞争中通过供求关系来合理形成，需要一个公平竞争的市场环境，需要政府抓紧时间立法，通过法律形式来给予保障。1997年《价格法》适时出现，其作用延续到今天。

总之，《物价管理暂行条例》《中华人民共和国价格管理条例》《价格法》三部价格法律法规的先后登场，对规范经营者的价格行为，维护市场秩序，完善价格法规体系，保护价格改革的成果起到了不可磨灭的作用。

三、价格管理规范化，价格监督法制化

第一，《价格法》《中华人民共和国反垄断法》（以下简称《反垄断法》）等价格法律的颁布实施让政府价格管理部门有法可依，让价格管理规范化。《价格法》第五章规定了价格监督检查时可以行使的职权。因此价格主管部门的执法行为，有了相应的权限划分，不得有超越法定职责以外的行政行为。自此价格主管部门和企业、个人一样受到《价格法》的约束。如果出现价格违法案件，政府在审理和进行处罚的过程中，遵照价格法律法规，必须做到程序合法，处罚有据。

第二，公平公开公正执法，保证了市场主体地位平等性。市场主体在同一个市场环境下公平竞争，需要遵守同样的法律规章制度，无论是国有企业还是私人企业、外资企业、合资企业在法律面前都一视同仁，不得有人享受特殊的权益或者照顾，这也是市场机制对价格管理的内在要求。

第三，建立起以政府法律监督为核心，企业内部自我监督和社会舆论监督

---

① 汪洋. 价格改革二十年回顾与前瞻[M]. 北京：中国计划出版社，2002：126.

相结合的监督体系。有了价格法律支撑，号召广大群众和新闻媒体共同监督市场，一旦发现价格歧视、价格欺诈、价格垄断和标价模棱两可等不正当价格行为或者价格违法行为，任何单位和个人都有权举报，政府也将依据相关法律法规给予一视同仁的处罚，以维护消费者和经营者的合法权益。

第五节　审时度势精准把握力度，有序推进价格改革

价格改革是关于价格形成机制的转换和价格体系的调整，牵涉我国整个经济体系的组织和规则的变化，同时涉及不同行业、不同部门、不同地区之间利益的调整和重新分配。因此我国既然选择了渐进式改革道路，在具体的价格改革速度、改革方法上，不能一成不变，而应根据我国每个阶段的宏观经济环境，适时调整我国价格改革的策略、方法。我国价格改革在策略上先调后放、先增量后存量，尽可能不伤及既得利益群；在改革的时机上，不是等距离的小步慢步走，而是小步快走，甚至在主客观条件成熟时跨大步。价格改革四十年，呈现出五个不同的阶段性特征。

一、1979—1984 年，价格改革走小步

从 1979 年到 1984 年，这一阶段我国经济环境比较稳定，价格改革的策略也实行"有调有放，以调为主"，价格改革走小步。这个时期的价格改革只是计划管理价格体制里的内部调整，计划管理价格体制仍然是价格管理的重点。与此相对应的，政府价格管理政策主要是调整不合理的计划价格体系，放开一部分非重要的商品和服务价格。1982 年，国务院颁布《物价管理暂行条例》规定："在遵循社会主义公有制基础上实行计划经济，同时发挥市场调节的辅助作用的原则，按照商品对国计民生影响的大小不同，分别采取国家定价、国家规定范围内的企业定价和集市贸易价。国家定价是主要形式。"说明我国价格管理体制中开始引入市场机制，但是高度集中的计划价格管理体制仍然占据着最主要地位。[1]

如表 4-4 所示，截至 1984 年，政府定价在商品零售环节的比重从 1978 年的 97.0% 下降到 73.5%；市场调节价的比重从 3.0% 上升到 16.0%；而农产品收购环节，政府定价的比重从 1978 年的 92.2% 下降到 67.5%；市场调节价的比重从 1978 年的 5.6% 上升到 18.1%。这一阶段总体来说改革的步伐比

---

[1]　汪洋．价格改革二十年回顾与前瞻 [M]．北京：中国计划出版社，2002：114．

较小，速度比较慢，价格改革的力度不大。

表4-4 1978年、1984年我国三种价格形式比重①

年份	商品零售环节			农产品收购环节			生产资料出厂环节		
	政府定价	政府指导价	市场调节价	政府定价	政府指导价	市场调节价	政府定价	政府指导价	市场调节价
1978	97.0	0.0	3.0	92.2	2.2	5.6	100.0	0.0	0.0
1984	73.5	10.5	16.0	67.5	14.4	18.1	/	/	/

二、1985—1991年，价格改革迈大步

从1985年到1991年，转换价格形成机制成为现阶段价格改革的重点，我国价格改革"有调有放，以放为主"，价格改革迈大步。1984年，中共十二届三中全会通过的《中共中央关于经济体制改革的决定》指出："建立自觉运用价值规律的计划体制，发展社会主义商品经济；建立合理的价格体系，充分重视经济杠杆的作用。"该《决定》的发布意味着我国经济体制改革全面开展，价格改革也要求重视价值规律的调节作用，建立能够反映社会劳动生产率和市场供求关系变化的价格体系。因此这一阶段价格改革主要是中央给地方政府和企业下放价格管理权限，允许计划外商品自行定价，市场调节的比重得到快速提升。针对特殊的工业生产资料，实行价格"双轨制"，来实现我国工业生产资料从价格偏低到价格合理的平稳过渡。

如表4-5所示，这一阶段政府定价在商品零售环节、农产品收购环节以及生产资料出厂环节所占的比重下降速度明显加快，市场调节价所占的比重又迅速上升。到1991年，政府定价在商品零售环节、农产品收购环节和生产资料出厂环节所占比重分别达到20.9%、22.2%和36.0%。市场调节价在商品零售环节、农产品收购环节所占比重均超过50.0%，分别达68.8%、57.8%。这一阶段政府审时度势，把握时期，价格改革的步伐明显加快。

---

① 成致平. 价格改革三十年（1977—2006）[M]. 北京：中国市场出版社，2008：163.

表 4-5　1978—1991 年我国三种价格形式比重[①]

年份	商品零售环节 政府定价	商品零售环节 政府指导价	商品零售环节 市场调节价	农产品收购环节 政府定价	农产品收购环节 政府指导价	农产品收购环节 市场调节价	生产资料出厂环节 政府定价	生产资料出厂环节 政府指导价	生产资料出厂环节 市场调节价
1978	97.0	0.0	3.0	92.2	2.2	5.6	100.0	0.0	0.0
1984	73.5	10.5	16.0	67.5	14.4	18.1	/	/	/
1988	47.0	19.0	34.0	37.0	23.0	40.0	60.0	0.0	40.0
1990	29.8	17.2	53.0	25.0	23.4	51.6	44.6	19.0	36.4
1991	20.9	10.3	68.8	22.2	20.0	57.8	36.0	18.3	45.7

三、1992—2001 年，缩小计划价格比重，建立市场形成价格机制

从 1992 年到 2001 年，这一阶段价格改革主要是缩小计划价格比重，建立市场形成价格机制。1992 年，党的十四大要求我国建立社会主义市场经济体制。建立社会主义市场经济体制，要求深化价格改革，价格不仅能够灵活地反应供求，而且可以发挥价值规律的调节作用。如表 4-6 所示，到 2001 年，政府定价在商品零售环节、农产品收购环节和生产资料出厂环节所占比重分别达到 2.7%、2.7% 和 9.5%；市场调节价在三者所占的比重依次为 96.0%、93.9%、87.6%。明显的是，这一阶段市场调节价在价格形式中已经占据绝对优势，三个环节的比重均超过 87.0%，政府定价的比重已经很低，不超过 10.0%。因此这一阶段明实现了价格机制的转变，成功形成了市场决定价格机制。

表 4-6　1992—2001 年我国三种价格形式比重[②]

年份	商品零售环节 政府定价	商品零售环节 政府指导价	商品零售环节 市场调节价	农产品收购环节 政府定价	农产品收购环节 政府指导价	农产品收购环节 市场调节价	生产资料出厂环节 政府定价	生产资料出厂环节 政府指导价	生产资料出厂环节 市场调节价
1992	5.9	1.1	93.0	12.5	5.7	81.8	18.7	7.5	73.8
1993	4.8	1.4	93.8	10.4	2.1	87.5	13.8	5.1	81.1
1994	7.2	2.4	90.4	16.6	4.1	79.3	14.7	5.3	80.0

---

① 成致平. 价格改革三十年（1977—2006）[M]. 北京：中国市场出版社，2008：163.
② 成致平. 价格改革三十年（1977—2006）[M]. 北京：中国市场出版社，2008：163.

续表4-6

年份	商品零售环节			农产品收购环节			生产资料出厂环节		
	政府定价	政府指导价	市场调节价	政府定价	政府指导价	市场调节价	政府定价	政府指导价	市场调节价
1995	8.8	2.4	88.8	17.0	4.4	78.6	15.6	6.5	77.9
1996	6.3	1.2	92.5	16.9	4.1	79.0	14.0	4.9	81.1
1997	5.5	1.3	93.2	16.1	3.4	80.5	13.6	4.8	81.6
1998	4.1	1.2	94.7	9.1	7.1	83.8	9.6	4.4	86.0
1999	3.7	1.5	94.8	6.7	2.9	90.4	9.6	4.8	85.6
2000	3.2	1.0	95.8	4.7	2.8	92.5	8.4	4.2	87.4
2001	2.7	1.3	96.0	2.7	3.4	93.9	9.5	2.9	87.6

四、2002—2012年，推进要素价格市场化改革、国内外价格接轨新体制

从2002年到2012年，这一阶段主要推进要素价格市场化改革、国内外价格接轨新体制。2002年，我国市场调节价在零售环节的比重达到96.1%，在农产品收购环节的比重达到94.5%，在生产资料出厂环节的比重达到87.3%。我国已经建立起市场形成价格的机制，但是价格改革的任务并未完成，政府定价在重要领域和民生环节的定价比重仍然比较高。

一方面，如何实现重要资源和民生领域的定价既能反映市场供求，又能保障人们的基本需求，成为这一阶段价格改革的重大突破口。到2012年，我国市场调节价的商品和服务的比重达到94.33%。[①] 另一方面，我国于2001年加入世界贸易组织（WTO），随着经济全球化时代的到来，我国与世界各国的商品、货物贸易往来越来越紧密，如何实现国内市场与国外市场的接轨成为将要攻破的又一大难题。2012年全年货物进出口总额达到38668亿美元，而这一指标在2002年仅为6208亿美元，2012年是2002年的6.23倍。其中，2012年，出口货物总额为20489亿美元，比2002年出口货物总额增长17233亿美元；进口货物总额为18178亿美元，比2002年增长15226亿美元。因此，面对这样的市场环境，我国这一阶段的价格改革主要是推行要素市场化和国内外价格接轨的新体制。

---

① 许光建. 全面深化价格机制改革展望[J]. 价格理论与实践，2017（12）：13.

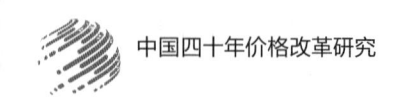

五、2013—2018 年，建立新时代中国特色社会主义价格新体制

从 2013 年到 2018 年，市场在资源配置中已经起到决定性作用，社会主义市场经济体制也已经基本建成，宏观环节的主客观条件基本成熟，在此基础上我国开启了全面深化价格机制改革的新思路——建立新时代中国特色社会主义价格新体制。这一阶段我国推进供给侧结构性改革、"一带一路""乡村振兴"等国家重点战略，更加注重经济发展质量和人民生活水平的提高，反映在价格改革上就是要坚持放管服相结合，强化建立服务性政府，减少政府对市场形成价格机制的干预。真正实现政府价格管理职能从以定价为主，转变为"定规制、当裁判"的服务型政府。

自党的十八大以来，政府在深化价格机制改革上颇有成效，比如加快价格放开步伐、完善定价调价体系、深入推动"降成本"工作、参与宏观调控和产业结构调整、增强价格监督检查与反垄断力度等。[①] 2017 年，我国受市场调节价的商品和服务的比重达到 97％以上，政府定价和政府指导价的范围大幅度缩减，特别是在电信资费和药品价格等方面的放开已经迈出了大步。

第六节　各项改革协调配合，共同推进价格改革

一、推进价格改革，需要建立一个稳定有序的社会环境

良好的社会环境，由两个部分组成：一是政治局面稳定，人心团结。二是要实现社会总体供需平衡，控制总量，严格把控货币政策。这两个基本条件是顺利推进价格形成机制改革的前提。[②] 稳定的政治环境和社会秩序，是开展价格改革的首要前提。

进行价格改革第二个前提是要坚持社会总体供需间的平衡，控制货币的发行总量，避免通货膨胀或者通货紧缩影响价格改革的实施效果。改革开放以来，我国先后经历了四次比较严重的通货膨胀和一次较为严重的通货紧缩，如表 4－7 所示。

---

① 许光建. 全面深化价格机制改革展望［J］. 价格理论与实践，2017（12）：13.
② 马凯. 好中有难 稳步前进——对价格改革环境与时机的分析［J］. 中国物价，1990（10）：28.

表 4-7　改革开放以来我国历史上 4 次通货膨胀和 1 次通货紧缩峰值

类型	年份	商品零售价格指数（上年=100）峰值
通货膨胀	1979—1980 年	6.0%
	1984—1985 年	8.8%
	1988—1989 年	18.5%
	1993—1995 年	21.7%
通货紧缩	1998—2002 年	-3%

第一次通货膨胀发生在 1979—1980 年，商品零售价格指数峰值为 6.0%，在很大程度是由于推行价格改革，导致出现了巨额财政赤字引起的。1979 年政府为提高农民收入，大幅度提高了农产品收购价格。同年为搞活经济，提高了 8 类副食品零售价格和统配煤厂销价格，并且对普通职工进行价格补贴。这些都无形提高了国内物价水平，增加了财政负担，并最终引发第一次通货膨胀，1979 年和 1980 年物价指数分别比上年上涨 2% 和 6%。

第二次通货膨胀发生在 1984—1985 年，商品零售价格指数峰值为 8.8%，这个阶段财政体制改革主要是"放权让利"，主要是中央政府对地方政府实行财政包干，而国有企业开展利润留成。价格改革主要是下放政府对价格的管理权限，增加企业自主决定权，使得地方政府和企业投资急剧增加，出现投资性通货膨胀。这次通货膨胀持续时间不长，1984 年和 1985 年物价指数分别比上年上涨 2.8% 和 8.8%。

第三次通货膨胀发生在 1988—1989 年，商品零售价格指数峰值为 18.5%。1988 年，政府决定开始价格改革"闯关"，但开展不久便出现抢购潮、挤提存款的高潮。导致 1988—1989 年物价指数分别比上年上涨 18.5%、18.0%。这是改革开放以来物价指数上涨首次达到两位数以上，与此同时，这次价格波动涉及产品范围广泛，从一般日用消费品到生产资料及文教卫生等服务类行业价格全面上涨。这次事件的结果直接导致后面一年，政府不得不放缓价格改革的步伐，把价格改革的重点放到治理社会经济环境和整顿经济秩序上来。"物价闯关"失败，主要是因为当时国内还不具备宽松的市场环境和充分的条件，就贸然地取消"双轨制"，放松政府对价格的管制。

第四次通货膨胀发生在 1993—1995 年，商品零售价格指数峰值为 21.7%。自 1992 年，我国进行社会主义市场经济体制改革以后，在全国迅速掀起了新一轮经济建设热潮。政府大力发展重工业，重工业得到快速发展。我国价格改革也开始向市场化方向推动。从 1992 年开始，政府先后提高了粮食的定购和统销价格；放开生猪、猪肉、蔬菜等副食品的价格；提高统配煤炭计划内价格。1993年，国家再次提高棉花收购价格。1996年，政府提高尿素、硝酸铵出厂价格。价格改革使得我国部分生产资料的价格上涨，而国内因为投资热潮供给增加，最终导致供不应求。1993年、1994年和1995年，我国物价指数分别比上年上涨13.2%、21.7%和14.8%，其中1994年创下价格改革以来价格涨幅的最高点。

第一次通货紧缩发生在1998—2002年，通货紧缩峰值达到3%。我国在这个阶段迅速发展，物质产品得到了极大的丰富，已经摆脱了过去"短缺经济"的状态，步入"买方市场"。在1998年，我国降低了棉花的收购价格。并在加入WTO之后，对石油价格和成品油流通体制进行改革，成功的使得我国石油价格和国际油价接轨。但是，1997年爆发的亚洲金融危机使得全球经济增速放缓，全球通货紧缩的趋势日益明显，我国出口贸易也受到亚洲金融危机的影响，我国的物质产品出现了供过于求的局面，压低了物价水平。最终使得1998—2002年，我国的物价指数出现了持续多年负增长的现象，指数分别比上年下降了2.5%，3%，1.5%，0.8%和1.3%。

前三次通货膨胀都是发生在计划经济占主体地位时期，当时我国仍处于"短缺经济"，因为贸然放开商品和服务的价格，最终不仅影响到经济的正常发展，而且引发抢购潮，诱发通货膨胀。第四次通货膨胀发生在我国向社会主义市场经济体制改革的初期，全国的投资建设热情高涨。而这个阶段我国推进进一步放开价格的政策，导致商品供不应求，进一步加剧了物价的上涨。第一次通货紧缩发生在亚洲金融危机期间，这个阶段全球的经济增速和进出口贸易都受到影响，而我国的价格改革使得我国石油等重要生产资料与国际接轨，受到国际市场的影响，最终大大抑制了物价的上涨水平。可见进行价格改革需要在一个稳定的社会环境进行，否则可能影响整个社会的价格总水平，引发通货膨胀或通货紧缩。

二、价格改革要同其他改革要相互配套协调

价格改革是整个经济体制改革成败的关键，我国在进行经济体制改革时率先进行价格改革，但并不意味着价格改革将孤军奋战，而是同经济体制中的税收改革、财政改革、企业改革、工资改革金融改革等改革一起协调配合。价格改革要同其他改革配套推进，既要防止价格改革超前于其他改革，又要防止价格改革滞后影响其他改革效果。

1984年，中共十二届三中全会通过的《中共中央关于经济体制改革的决

定》指出:"建立合理的价格体系,充分重视经济杠杆的作用,各项经济体制的改革,包括计划体制和工资制度的改革,它们的成效都在很大程度上取决于价格体系的改革。价格是最有效的调节手段,合理的价格是保证国民经济活而不乱的重要条件,价格体系的改革是整个经济体制改革成败的关键。"因此,价格改革要同其他改革密切联系,协调配合。单靠价格单打独斗,没有其他改革的相互配套作用,很难取得实质性的成就。因此价格改革的每一个阶段,都要从我国经济发展的实际出发,考虑其他配套改革的进度,制定每阶段的目标。

(一) 价格改革必须同财税体制改革结合起来

我国在推动"利改税"的过程中,我国税收从"吃大锅饭",到中央和地方"分灶吃饭",如果不理清错综复杂的价格体系,没有价格改革的配合和协调,很可能会因为打破了原有的利益格局,影响整个社会的稳定和长远的发展。我国财税改革主要是"放权让利",即中央政府对地方政府实行财政包干,对国有企业的改革则采用利润留成的形成。要改变过去管得过多、管得过死的弊端,就需要相应地地方下放价格管理权限,允许国有企业在一定范围有自主权。通过将价格改革和财税体制改革充分地结合起来,共同推动我国经济体制改革的发展。

(二) 价格改革要同企业改革结合起来,培育真正的市场主体

第一,价格改革要同完善社会主义市场经济体制,培育真正独立的市场主体——企业结合起来。在计划经济体制时代,企业生产什么、如何生产、生产多少大多数都有政府决定,企业本身不具备相应的决定权。在计划经济时代,价格既不反映供求,也不影响企业生存,因此企业对价格的反应并不灵敏。单纯地进行价格改革,放开政府对价格的管控,而不让企业获得自主经营决定权,很有可能会引起物价飞涨,诱发通货膨胀。1984 年,政府扩大国有企业自主决定权,规定企业自主定价的商品价格应限定在国家定价的 20% 幅度内浮动。[①] 由于长期的计划供应,导致市场严重的供不应求,在实际操作中往往成交价格高于国家定价的 20%,也出现了许多中间倒买倒卖,牟取暴利的单位。于是,1985 年,再次发布的《关于放开工业品生产资料超产自销产品价

---

① 1984 年,国务院发布《关于进一步扩大国营工业企业自主权的暂行规定》,允许企业有一定的产品自销权,同时其自销商品的价格应在国家定价的 20% 上下的价格内浮动。

格的通知》，决定取消只允许企业在国家定价的基础上加价 20% 的规定。这次规定之后企业定价权进一步扩大，随着其自主权的扩大，价格对企业生产经营活动的调节作用也愈发凸显，建立合理的价格体系更为迫切。事实证明只有通过培育社会主义市场经济主体——真正独立的自主经营、自负盈亏的企业，价格改革的作用才能得到最大程度的发挥。只有当企业真正实现独立自主，生产的产品数量取决于市场供求，产品的售价和销售数量直接影响企业的生存，才能更好地发挥市场在资源配置中的作用。此时价格便能更好、更灵敏地反映市场供求，更好地发挥它在社会主义市场经济中的指示灯作用。

第二，价格改革要同国有企业改革结合起来。计划经济时期，国有企业没有自主经营的决定权，也没有独立的经济效益，而是在相当程度上是听任于上级行政机关的命令。从 1978 年开始，国有企业也开始进行改革。适应市场经济的要求，转变国有企业经营机制，建立现代企业制度成为我国国有企业改革的重点。[①] 国有企业改革主要是放权让利，扩大企业自主权。1979 年发布的《关于扩大国营工业企业经营管理自主权的若干规定》中规定，允许生产企业按照"议价"自销计划外产品。1982 年到 1984 年，政府分三批次逐步放开了小商品价格。1985 年，政府放开了计划外工业生产资料的价格，实行价格"双轨制"。1985 年，政府将"老五件"商品（手表、自行车、缝纫机、收音机和电扇）的价格交给企业自行决定。1986 年，进一步放开黑白电视机、洗衣机、电冰箱等 7 种耐用消费品的价格。1988 年，政府再次将 13 种名酒和 13 种名烟的价格，交由市场调节形成。从中可以看出，国有企业改革是伴随着逐步放开政府定价权和扩大企业自主权的。在改革的初期，扩大企业自主权，让国有企业和非公有制企业一起参与市场竞争。国有企业商品和服务的价格不断放开，政府定价和政府指导价的商品比重不断下降，更多地依靠市场来决定商品和服务的价格。

（三）价格改革需要同工资改革相协调

在计划经济时期，我国干部和工人的工资同产品的价格一样，都统一由政府制定。任何企业和单位都必须严格的遵守，不得擅自提高干部和职工的工资水平，也不能够私自发放补贴、奖金和福利等。因为计划经济时期，物价也是

[①] 1993 年，中共十四届三中全会上发布《中共中央关于建立社会主义市场经济体制若干问题的决定》："转换国有企业经营机制，建立适应市场经济要求，产权清晰、权责明确、政企分开、管理科学的现代企业制度"。

由政府来统一制定,所以人们的工资水平和物价水平上涨幅度较为一致,不容易出现物价水平的大起大落。但是随着价格改革的进行,政府逐步放开绝大部分商品和服务的价格,导致物价水平逐步上升。如果不进行工资改革,提高职工的工资水平,那么将导致工资的购买力下降。最终影响到人们的生活水平。因此,价格改革需要政府相应的提高职工的基本工资水平,提高奖金和福利标准,允许工资也进行市场化改革。最终通过价格改革和工资改革的协调,使得工资总水平的上涨幅度不低于物价总水平的上涨幅度,人们的生活水平才能不断得以提升。

社会主义经济体制改革涉及国家、企业和个人等各方利益的深刻调整,仅靠单项改革难以取得较大突破,因此价格改革要同财税体制改革、企业改革和工资改革等各项改革联动起来,形成改革政策合理,各司其职,增强经济体制改革的整体性和系统性,共同推动社会主义市场经济体制改革目标的实现。

第五章

中国价格改革四十年的伟大成就

从党的十一届三中全会以来，在党中央、国务院的正确领导下，价格改革历经四十年，攻坚克难，找到了一条符合中国国情的渐进式改革道路，并已经成功实现从传统的政府计划形成价格机制到政府宏观调控下市场决定价格机制的转变。截至 2017 年，由市场定价的商品和服务的价格已占了 97% 以上，由政府定价和政府指导价的商品已经明显减少。"能源、电信、医疗服务和药品等重点领域价格改革取得重大进展；价格监督检查和反垄断工作成绩斐然；政府管理价格的制度进一步健全。"[1] 价格改革的这些成就对建立和完善社会主义市场经济体制、促进国民经济持续快速增长、调整收入分配结构、满足人民日益增长的美好生活需要起到了非常重要的作用。具体来看，价格改革四十年的主要成就包括以下几个方面。

第一节 制度成就：市场决定价格机制基本形成

一、转变价格形成机制，市场决定价格机制基本形成

由于我国计划经济时期长期实行高度集中的价格管理体制，绝大多数商品的价格由政府定价，导致我国价格机制僵化，价格功能严重遭到扭曲，所形成的价格既无法反映市场供求，也无法反映社会的生产效率和资源的稀缺程度。在此背景下，我国开始进行价格改革，价格改革的目标由最初建立社会主义计

---

[1] 许光建，丁悦玮. 深入推进价格改革 着力提升"放管服"水平——十八大以来价格改革的回顾与展望 [J]. 价格理论与实践，2017 (5)：5.

划和市场相结合的价格体制,到最终确立为建立社会主义市场价格体制。[①] 也就是说,价格改革就是要改革高度集中的计划价格体制,建立宏观调控下主要由市场形成价格的机制。[②]

如表 5-1 所示,1978 年社会商品零售价格、农产品收购价格和生产资料销售总额中,政府定价分别占到了 97.00%,92.20% 和 100.00%;市场调节价的比重分别仅占 3.00%,5.60% 和 0%。也就意味着计划经济时期(价格改革之初)绝大多数商品的价格由政府决定,企业的自主定价权微乎其微。经过十多年的价格改革,这一局面才得以改善。1992 年,我国开始进行社会主义市场经济体制改革,在接下来的党的十四届三中全会通过的《中共中央关于建立社会主义市场经济体制》指出"推进价格改革,建立主要由市场形成价格的机制"。[③] 1992 年,我国商品和服务的价格已经在很大程度上回归市场,由市场取代政府来形成商品的价格。1992 年底,社会商品零售价格、农产品收购价格和生产资料销售总额中市场调节价的比重分别占到了 93.00%,81.80%,73.50%;政府定价的比重分别仅占 5.90%,12.50% 和 18.70%。党的十八大以来,价格改革更是站在新起点,开始新篇章,不断向纵深推进。截至 2016 年底,市场调节价在社会商品零售总额中的比重占到 95.90%,在农产品领域的价格已经全部由市场决定,达到 100%,在生产资料销售总额中的比重占 97.37%,而社会商品零售总额、农产品收购总额和生产资料销售总额中政府管理的价格(包括政府定价和政府指导价)相应比重分别只占 4.10%、0% 和 2.63%。

表 5-1　改革开放以来我国三类商品中政府定价、政府指导价、市场定价比重

品名	价格形式	1978	1991	1992	1998	2000	2006	2016
社会商品零售总额	政府定价	97.00	20.90	5.90	4.10	3.20	2.80	0.99
	政府指导价	0.00	10.30	1.10	1.20	1.00	1.90	3.11
	市场调节价	3.00	68.80	93.00	94.70	95.80	96.3	95.90
农产品收购总额	政府定价	92.20	22.20	12.50	9.10	4.70	1.20	0.00
	政府指导价	2.20	20.00	5.70	7.10	2.80	1.70	0.00
	市场调节价	5.60	57.80	81.80	83.80	92.50	97.10	100.00

---

① 汪洋. 价格改革二十年回顾与前瞻 [M]. 北京:中国计划出版社,2002:1.
② 张矛. 价格改革:成就、经验与进一步深化 [J]. 求是,2008 (11):16.
③ 中共中央文献研究室. 十一届三中全会以来党的历次全国代表大会中央全会重要文件选编(上)[M]. 北京:中央文献出版社,1997:276.

续表 5-1

品名	价格形式	1978	1991	1992	1998	2000	2006	2016
生产资料销售总额	政府定价	100.00	36.00	18.70	9.60	8.40	5.6	2.00
	政府指导价	0.00	18.30	7.50	4.40	4.20	2.3	0.63
	市场调节价	0.00	45.70	73.80	86.00	87.40	92.1	97.37

注：数据来源于国家统计局，国家发改委价格司。2016 年数据来源于 2017 年 7 月 26 日，国家发改委新闻发布会。

因此，经过四十年市场化方向的价格改革，政府已经放开了绝大多数商品和服务的价格，截至 2016 年底，我国由政府管理的商品和服务的价格比重已不足 3%，说明我国已经成功转变价格形成机制，基本形成市场决定价格的机制。

二、政府定价机制规范科学

价格改革四十年来，我国政府已经形成并不断完善市场决定价格的机制，政府定价的比重和范围大幅度减少，但在重要公用事业、公益性服务和自然垄断经营的商品和服务的定价中政府仍然起到决定性作用。随着政府公开《中央定价目录》和《地方定价目录》，发布《政府制定价格行为规则》，政府定价机制也在不断完善和规范过程中。

（1）政府定价比重不断下降，定价范围日趋集中，主要集中在自然垄断、公用和公益性事业领域。自开始价格改革以来，政府定价行为在总体价格形成中所占的比重在绝对数上急剧锐减，定价范围也大幅度减小，政府定价范围逐步收缩到在网络型自然垄断环节、重要的公用事业和公益性服务三个领域。如图 5-1 所示，无论是社会商品零售价格、农产品收购价格还是生产资料销售总额中，政府定价所占的比重都呈现直线型下降，特别是 1992 年，我国确立了建设社会主义市场经济体制后，更是起到了加速作用。到 2016 年底，第一产业价格已经完全实现由市场来制定，第二产业价格市场化程度达到 97.37%，第三产业价格市场化程度达到 95.90%。[1]

---

[1] 数据来源于 2017 年 7 月 26 日，国家发改委新闻发布会。

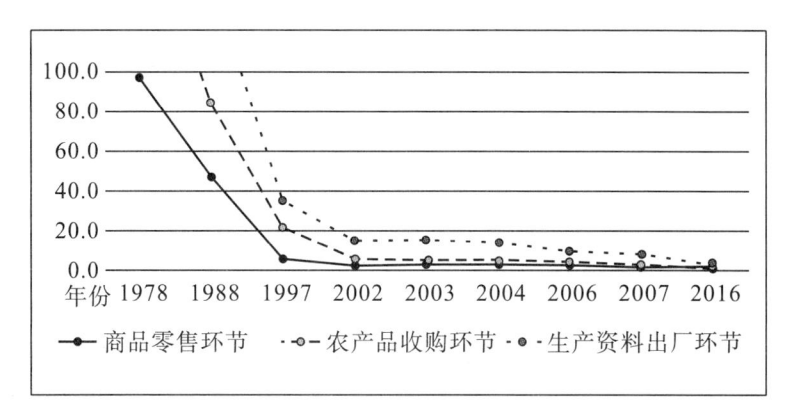

图 5-1　1978—2016 年我国政府定价在三类主要商品所占比重图

(2) 政府定价项目清单化，政府定价目录透明化。虽然政府定价的比重在下降，但是政府对于关系国计民生的重点领域和关键环节并没有完全放开，相反，而是加强这些领域政府定价的公平性、公开性、科学性和系统性。从价格改革之初，我国就确立了国家对价格实行"统一领导，分级管理"的原则，时至今日我国仍然沿袭了这一模式。为了科学界定政府的定价范围，同时方便人民群众查阅，我国自 2001 年，对公布的《国家计委和国务院有关部门定价目录》进行修订，形成《中央定价目录》开始推行政府定价项目清单化。而后在 2014 年开始对其进行全面修订和梳理，在 2015 年由国家发改委公布了《中央定价目录》和《地方定价目录》。修订后的定价目录政府定价的范围再次下降，中央定价种类从 13 种（类）下降为 7 种（类），具体定价的项目也从 100 项左右变为 20 项，减少幅度达到 80% 左右，地方定价的项目也减少 55% 左右。如附录三所示，目前，政府定价内容主要包括天然气、水利工程供水、电力、特殊药品及血液、重要交通运输服务、重要邮政业务和重要专业服务 7 项内容。

(3) 政府定价行为规范，政府定价程序透明公正。2017 年 9 月 18 日，国家发改委公布了《政府制定价格行为规则》，成为规范政府定价行为、提升政府定价科学性的重要指导方针。其中第六条指出"制定价格应当依据有关商品和服务的社会平均成本、市场供求状况、国民经济与社会发展要求以及社会承受能力。商品和服务价格与国际市场价格、替代商品和服务价格联系紧密的，可以参考相关价格。网络型自然垄断环节价格，按照'准许成本加合理收益'的原则制定。"这就为政府定价提供了清晰的界定，能有效避免权力的滥用。同时该行为规则第九条还专门规定了"定价机关制定价格，应当履行价格调查、成本监审或者成本调查、听取社会意见、合法性审查、集体审议、作出制定价格的决定等程序。"这些规定使得我国定价行为更加科学规范，也使得定价行为更加公平公正。

三、建立农产品价格支持机制

农业是国民经济的基础,"三农问题"自改革开放四十年来一直备受重视。目前我国农产品已经完全实现市场化定价,但是这并不意味着农产品价格已不受其他因素影响。农产品的价格形成除了受市场供求影响外,还会受到自然条件的影响。任何一项自然灾害的出现,都会直接影响农民的收入水平和生活水平。因为农业的重要性、弱质性,在农产品市场化改革完成后,并不意味着政府就可以放任不管。不管是"谷贱伤农"还是"谷贵伤农"都不是政府能够袖手旁观的。2015年10月,国务院发布的《推进价格机制改革的若干意见》中指出:"要按照'突出重点、有保有放'原则,立足我国国情,对不同品种实行差别化支持政策。"

农产品价格支持政策改革是我国在新时期、新的农业发展形势下的重要改革措施之一,是保证农产品基础地位的法宝,也是农业供给侧结构性改革的重要内容。自2004年开始,我国启动对水稻和小麦的最低收购价政策以来,我国农产品支持价格政策已经在稳定农产品价格、促进农民增收、保证农产品供给、支持宏观调控等方面发挥了积极作用。

(一)粮食产量高速增加

我国农产品支持价格政策的主要成效之一就是实现了粮食产量的高速增产。在十多年粮食最低收购、临时收储和目标价格政策的综合作用之下,农民种粮的积极性空前高涨,粮食特别是谷物产量连续增加,国家粮食安全得到了有效保障。如表5-2所示,2004年到2016年我国粮食产量从46946.95万吨增加到61625.05万吨,13年的时间里我国粮食产量增长了31.27%。同样的,我国稻谷、小麦、玉米、豆类的年产量从2004年的16066万吨、9195万吨、13029万吨、1740万吨,2016年增加到20683万吨、12885万吨、21955万吨、1730.8万吨。粮食产量的增加,既有利于稳定我国农产品的价格,保证农产品的需求得到满足,又免于进口粮食,保障了我国粮食的安全。

表 5-2　2004—2016 年我国主要粮食作物产量（单位：万吨）

时间	粮食总产量	稻谷	小麦	玉米	豆类	薯类
2004	46946.95	16066.00	9195.00	13029.00	1740.00	—
2005	48402.19	18058.84	9744.51	13936.54	2157.67	3468.51
2006	49804.23	18171.83	10846.59	15160.30	2003.72	2701.26
2007	50160.28	18603.40	10929.80	15230.05	1720.10	2807.80
2008	52870.92	19189.57	11246.41	16591.40	2043.29	2980.23
2009	53082.08	19510.30	11511.51	16397.36	1930.30	2995.48
2010	54647.71	19576.10	11518.08	17724.51	1896.54	3114.12
2011	57120.85	20100.09	11740.09	19278.11	1908.42	3273.06
2012	58957.97	20423.59	12102.36	20561.41	1730.53	3292.78
2013	60193.84	20361.22	12192.64	21848.90	1595.27	3329.35
2014	60702.61	20650.74	12620.84	21564.63	1625.49	3336.40
2015	62143.92	20825.00	13019.00	22458.00	1589.80	3326.10
2016	61625.05	20693.00	12885.00	21955.00	1730.80	3356.20

注：数据来源于国家统计局，经过整理。

（二）农民收入连续提高

最低收购价政策是保证粮食供给稳定的重要政策手段，旨在稳定农民种粮增收的心理预期，调动了他们发展粮食生产的积极性。在粮食连年丰收、粮食价格上涨和直接补贴的共同作用之下，我国农村居民人均纯收入从 2004 年的 2936 元上升到 2016 年的 12363 元，13 年的时间里我国农村居民人均纯收入增长了 321.08%。粮食托市政策的实施较好地调动了农民种粮积极性，激发了农业产业化经营的动能，有力地促进了农民增收和我国粮食连续增产。

（三）国内农产品市场价格稳定

政府在实行最低收购政策之前，农产品价格较低。由于我国长期以来实行工农业价格"剪刀差"，加之农业生产受自然灾害和气候条件的影响较大，因此农民的种粮积极性不高。政府在实施最低收购政策之后，解决了农民的后顾之忧。农民可以选择按照最低收购价将农产品卖给粮库，或者在市场中参与交易。政府经过多次提高农产品最低收购价之后，农民种粮的积极性得到一定程度的恢复。因为农产品价格支持政策，避免了农产品价格的异常波动。价格改革四十年以来，我国农产品价格波动幅度一直都不大。但是反观国际粮农市场，自2003年以来，国际市场粮价年均波动幅度均在20%以上，国际粮食交易市场极为不稳定；尤其是2008年、2010年和2012年，国际粮价波动幅度更是超过了40%。因此，我国农产品价格支持政策稳定了我国农产品市场的价格，保障了农民的收入，提高了农产品市场的供给量，稳定了粮食的供需结构。

第二节 价格体系成就：价格管理体系初步完善

一、建立经济和法律手段为主、行政手段为辅的价格宏观调控体系

在不断完善的社会主义市场经济条件下，我国的价格宏观调控体系，是建立在保持价格总水平基本稳定的调控目标下，运用行政、法律和经济为主的调控手段，实行间接调控和宏观调控相结合的价格调控体系。

由于经济体制的差异，政府所采用的宏观管理的手段就会有所不同。我国在实行计划经济体制时期，政府采用的宏观调控手段主要是行政手段。在改革开放初期，随着改革意识的深入，我国政府对经济的宏观调控仍然是以行政手段为主，但法律手段和经济手段的辅助性功能逐渐呈现。直到1992年，我国开始向社会主义市场经济体制转变，经济手段才逐渐成长、取得了主要地位。同样的，在价格调控机制方面，以经济手段为主，行政手段、法律手段为辅，直接调控与间接调控相结合的价格调控体系正在逐步形成。[1] 我国市场经济条件下价格宏观调控体系是在1988—1990年，"治理整顿"时期开始建立，经过1993—1996年的治理通货膨胀和1998年以来防止通货紧缩，而逐渐建立起来的。[2] 随着社会主义市场经济建设的不断发展完善，目前我国价格管理已经建立了以政府经济手段为主，行政手段和法律手段为辅的宏观调控体系。

---

[1] 马凯. 我国价格改革历程中值得认真总结的一页——对治理整顿期间价格改革的回顾与思考[J]. 价格理论与实践，1992 (1)：5.

[2] 汪洋. 价格改革二十年回顾与前瞻 [M]. 北京：中国计划出版社，2002：205.

(一) 价格管理的行政手段

价格管理中的行政手段，指政府通过各级权力机构运用强制的方式直接管理价格行为和协调价格关系的一种方式。① 我国价格管理的行政手段包括：重要商品和服务的政府定价；制定政府指导价；农产品最低价格保护和最高限价；最低工资价格标准；行政事业收费标准定价等。当全社会经济价格总水平出现异常波动时，政府可以采取价格干预措施对价格水平进行调节，具体方法包括限定差价率或利润率、规定最低价和最高价以及实施提价申报制度等。在改革开放初期、价格改革伊始，我国政府掌握了几乎所有商品的定价权。政府成立专门的价格研究机构——国务院价格研究中心专门负责研究、制定各种产品、服务定价的具体办法，把关全国价格制定、监督管理。从中华人民共和国成立以来到价格改革初期，我国价格管理的宏观调控是以政府行政手段为主的，法律手段和经济手段并未受到重视。

(二) 价格管理的法律手段

价格管理中的法律手段，指政府运用立法、执法等方式规范市场参与主体经济行为，保护合法权益的一种方法。② 价格管理中的立法手段，往往包括制定价格法律、法规和价格相关规章制度；价格管理中的执法手段包括政府对商品市场的价格监管、对服务市场的价格监管以及各级政府收费的监管等。到目前为止，我国已经形成了一套比较完备的价格法律体系，建立起了市场形成的价格机制，因此为了鼓励和支持公平、公开、公正的市场竞争行为，政府通过法律手段对价格实施管理、监督、调控显得十分必要。

(三) 价格管理的经济手段

价格管理中的经济手段，指国家运用财政、税收、信贷、投资等工具来调节市场供给和需求的一种方法。③ 价格管理一方面通过宏观财政政策（税收政策、政府的公共工程支出、政府购买政策以及各种政府转移支付手段等）和宏观货币政策（法定存款准备金率、中央银行对商业银行的再贴现率以及公开市场业务等）来调控社会总需求，以达到物价总水平基本稳定的目的；另一方面

---

① 许光建. 价格改革的基本经验与今后的方向 [N]. 中国信息报, 2008-08-29.
② 张光远. 新时期价格工作职能定位试探 [J]. 中国物价, 2003 (5): 17.
③ 周春. 周春文集 [M]. 成都: 四川大学出版社, 2015: 6.

则是利用调节库存准备（包括粮食、植物油、原油等战略性物资，建立调节性库存准备）和调节基金（针对副食品价格管理运用）等微观手段，增加或者减少供给水平，来改善市场供需结构，从而实现社会供求平衡。[①] 但是在运用经济手段的同时，我们也需要认识到政府的职能应该是"掌舵"而不是"划桨"，政府应该负责的是政策制定，规范市场主体行为，提供公平竞争的社会环境。因此，经济手段是我国价格管理的主要手段。

价格调节手段的变化往往与经济发展的特定阶段、环境有着密切的关系。在物质匮乏、商品短缺的年代，各级政府想尽办法发展经济，精力重点放在改善基础设施和为工业部门发展奠定有利环境上。随着社会主要矛盾的转化，政府职能转型方向是发展服务型政府，因此价格调控的手段也不断转变，呈现经济手段为主，行政手段和法律手段为辅的价格宏观调控体系。除此之外，各级地方政府还结合当地的政策实际，出台了一些新型的价格调控政策：部分地方政府建立起了重要商品的价格调节基金制度；有的地方政府出台了价格补贴联动机制，根据物价上涨情况，及时发放政府补贴，以保障低收入群体的基本生活。这一系列价格宏观体系的建立，有利于贯彻落实党中央国务院关于加强法治政府建设和推进简政放权、放管结合、优化服务的要求，更好地发挥市场在资源配置中的决定性作用，激发市场的活力和创造力，营造良好的社会环境。从价格改革管理体制来看，调整过度集中的价格管理体制、逐渐放开政府直接定价的商品和服务的数量、扩大由市场定价商品的范围，才能使价格能真正起到经济信息指示灯的作用，真正反馈经济现象的本质。

二、理顺价格关系，建立动态合理的价格体系

在价格改革初期，我国几乎所有商品都是实行政府定价，导致所形成的价格既不能反映生产价格（价值），又不能反映市场供求关系。经过四十年的价格改革，政府调整和放开了大部分商品和服务的价格管理权限，在价格形成机制向市场化转变后，除了部分自然垄断行业（石油、天然气等）和公益事业和公共事业（电力、交通运输业等）中少数商品的价格关系还未理顺外，我国绝大多数满足居民日常生活需求的商品价格在市场决定价格机制的作用下形成，价格体系趋于合理。

第一，农产品比价趋于合理，工农产品比价关系得到一定程度的调整。这

---

① 周春，蒋和胜，杨继瑞，等. 社会主义价格管理学 [M]. 北京：中国物价出版社，1990：67.

一成效主要是在1985年以前调整阶段所取得的。[①] 1978年，随着我国农村家庭联产承包责任制改革的大力推进，广大农民群体的生产积极性显著提高。为了进一步缩小工农业"剪刀差"。1979年，政府提高了大豆、玉米、水稻、小麦等6种粮食的统购价，平均提价达到20.86%；花生油、菜籽油等6种食用植物油统购价平均提价24.97%；猪肉、牛肉、家禽、蛋类等8大类副食品的零售价格都得到提高，其中猪肉价格提高33.00%，蛋类价格提高32.00%。1978年到1984年，政府的行政干预改变了我国农产品相对价格偏低的状况，增加了农民的收入，农产品内部比价趋于合理。建国初期，为了集中资源发展工业、实现经济快速增长，我国一定程度上以牺牲农业为代价，致使工农业产品交换比价长期存在不合理，出现工农业价格"剪刀差"，但随着工业结构的转型升级以及工农业产品市场定价能力的不断提升，这一现象也得到好转。

第二，采掘业和加工业比价趋于合理。价格改革四十年来，我国通过对价格的调整，逐步改变了采掘工业产品价格偏低，加工业产业价格偏高的状况。在价格改革之前，煤炭、钢铁等原材料的价格长期偏低，政府先后分几次提高了煤炭、钢铁、焦炭等原材料和农业生产资料的价格。1985年，政府取消了企业对于超产自销工业生产资料加价必须在20%以内的限制；国家提高平价和高价油价格，每吨提高10元。到1988年，轻工业企业的原材料、燃料和动力购进价格1988比1985年提高了46.1%。1993年，政府放开除国家指令性计划内钢铁之外的其他仍实行统配的钢铁价格。最终，除铁道部专用钢铁实行国家定价，军工业专用钢铁实行政府指导价之外，97%的钢铁产品都由市场调节价决定。[②]

三、初步建立价格公共服务体系

为了贯彻落实党中央、国务院关于加强法治政府建设和推进简政放权、放管结合、优化服务的要求，各级政府在不断提高自身价格宏观管理水平的同时，各级价格主管部门也不断增强自身服务意识，积极转变政府职能，拓展价格服务领域，初步形成了价格检测、成本审查、价格调研、价格听证、价格信息、价格认证和资格认证、价格评估和价格咨询为主要服务内容的价格体系。[③] 我国政府提供的主要价格服务方式及服务内容见表5-3。

[①] 蒋和胜，蒙琳. 我国价格改革三十年的回顾与前瞻[J]. 天府新论，2009（3）：63.
[②] 汪洋. 价格改革二十年回顾与前瞻[M]. 北京：中国计划出版社，2002：74.
[③] 温桂芳. 价格改革30年：回顾与思考[J]. 财贸经济，2008（11）：84.

表 5-3 我国政府提供的主要价格服务方式及服务内容

价格服务方式	服务内容
价格调研	各级政府物价主管部门要注重开展价格调研，确保政府定价和政府指导价的商品价格反映社会平均成本、市场供求、国民经济发展水平和人民的承受力
价格监测	通过价格监测制度可以对重要商品和服务的价格，以及相关成本与市场供求的变动情况进行调查和分析，并实施价格预测、预警和提出政策建议
成本监审	为了避免暴利行业，故制定《政府制定价格成本监审办法》，凡是列入此目录的商品或服务以及人民群众普遍关注的定价项目，在制定或调整价格前，必须由成本调查者进行监审
价格听证	政府价格主管部门可以在制定或调整价格之前，组织社会有关方面对制定价格的必要性和可行性进行论证，论证价格的可行性和必要性
价格认证	国家发改委印发的《价格认证规定》中指出，价格认定是经有关国家机关提出，价格认定机构对纪检监察、司法、行政工作中所涉及的，价格不明或者价格有争议的，实行市场调节价的有形产品、无形资产和各类有偿服务进行价格确认的行为
资格认证	价格主管部门建立了价格评估机构资质认定和价格评估人员执业资格认定管理制度以及价格鉴证师注册管理制度。这些资格认定制度将有助于加强对价格评估机构和人员执业的监督检查，及时纠正违法违规行为，保障和监督其依法执业
价格信息	价格信息公开服务主包括政府公的《中央定价目录》和《地方定价目录》；中央和各地方政府每年、每季度甚至每月公布的居民消费价格指数（CPI）、生产者价格指数（PPI）；"互联网+"时代的政府对生活资料价格的日常监控，并通过媒体、网络和公众号等方式实时免费发放给公众
价格咨询	政府对公众关于价格相关政策中疑问、争议和不解部分，给予解答和咨询服务

由此我们可以得出结论，政府部门形成了一套贯穿初期价格调研，中期价格形成，到后期价格服务咨询的价格服务体系，这一套价格服务体系以贴近居民生活实际、满足居民生活需求、提高居民生活水平为导向，从价格公共服务落实到了具体的工作层面之中，构成了一套普通居民触手可及的价格公共服务体系。

第三节　经济成就：促进生产力大发展，提高人们生活品质

一、价格改革促进经济发展，提高了人民生活水平

中国价格改革最显著的成就，是从物质匮乏凭票证供应的"短缺经济"过渡到商品丰富、种类齐全的买方市场。① 中华人民共和国成立以来，国家长期处于物资不足状态，凭票证供应商品是我国计划经济时代的特色。在1978年经济体制改革的推动下，票证才逐渐取消。随着市场化价格改革的进行，市场在资源配置中的决定性作用逐步发挥。市场通过价格杠杆，调动了经营者生产的积极性和创造性，提高了消费者的消费需求和消费能力，繁荣了我国整体商品市场。

（一）价格改革激发市场主体生产积极性和创造性，提高人民收入水平

价格改革四十年来，我国经济发展取得举世瞩目的成就，经济保持中高速增长，2017年我国国内生产总值达到827122亿元，稳居世界第二，对世界经济增长贡献率超过30%。如图5-2所示，价格改革四十年来，我国城镇和农村居民家庭收入都得到了飞速的发展，截至2017年底我国城镇居民家庭人均可支配收入达到36396元，农村居民家庭人均纯收入达到13432元。不仅如此，从1978年到2017年，我国居民消费水平从184亿元，上涨到25469亿元，其增长速度令世界惊叹。价格改革搞活了城乡经济，加快了农村乡村振兴的步伐，繁荣了城市经济，为全面建设小康社会进入决胜时期，加快实现第一个百年奋斗目标作出重大贡献。

---

① 张卓元. 中国价格改革三十年：成效、历程与展望[J]. 经济纵横，2008（12）：4.

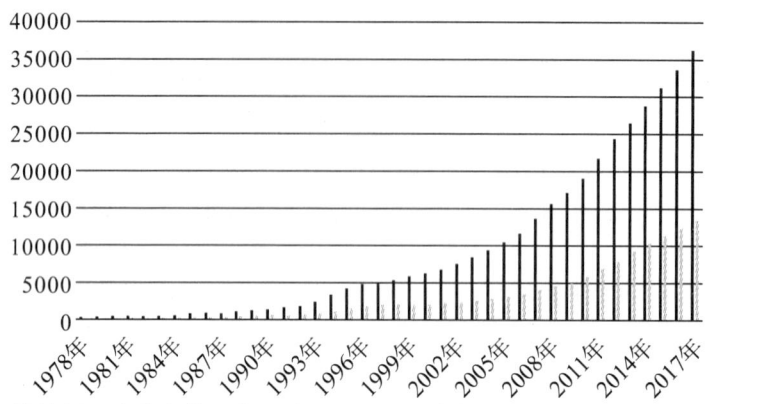

■ 城镇居民家庭人均可支配收入（元）　农村居民家庭人均纯收入（元）

图 5-2　1978—2017 年我国居民人均收入

（二）通过自然资源价格改革，推动绿色生产和绿色消费

价格改革面对新要求，与时俱进，紧跟我国经济体制改革的步伐，建立起长期动态价格改革调整机制。自我国转变经济发展方式以来，注重建设资源节约型、环境友好型社会，创新和完善生态环保价格机制成为我国价格改革的新要求。通过将环境损害成本内部化，来推动形成绿色生产方式、绿色消费方式。

针对"三高一低"行业实行差别化水价和电价政策，通过倒逼机制，来实现水资源、电资源的节约和合理分配。遵循"排污者付费、治理者受益"的原则，创新和完善生态环保价格机制，对排污企业依据排污量实行差别化收费标准，对于治污者给予差别化奖励标准。拉动不同档次的价格标准，通过外部效益内部化，来倒逼污染企业加大治理污染投入，减少污染排放，加速淘汰落后产业。最终形成生态环保价格机制，使得资源环境价格既反映市场供求关系，又反映资源的稀缺程度。

二、运用价格杠杆，调整产业结构

价格改革四十年在使得我国经济发生翻天覆地变化的同时，也通过价格调节的杠杆作用，实现了对产业结构的调整，促进了我国产业结构的优化。

总体来说，我国自改革开放以来，第一、二、三产业都取得了突飞猛进的成就，总产值都实现了连续翻番。如图 5-3 和图 5-4 所示，从 1978 年到 2017 年来，我国第三产业的总产值从 905.1 亿元上升至 427032 亿元，上涨了 471.8 倍；我国第二产业的总产值从 1755.2 亿元上升至 334623 亿元，上涨了

190.6 倍；我国第一产业总产值从 1018.5 亿元增加到 65468 亿元，增加了 64.2 倍。1978 年，我国第一、二、三产业生产总值分别占全年 GDP 的比重为 9.8%、61.8%、28.4%，国家经济的发展主要靠工业（第二产业）的支撑，这是由于计划经济时代商品严重短缺、服务业发展畸形落后导致的。随着经济改革的不断深入，我国的三大产业结构发生了极大的变化。2017 年，我国第一、二、三产业生产总值占 GDP 总产值的比重分别为 7.9%、40.5%、51.6%，农业的基础地位保持长期稳定，工业结构调整收缩，服务业取代工业成为对我国经济增长贡献最大的产业，三大产业比重趋于合理。

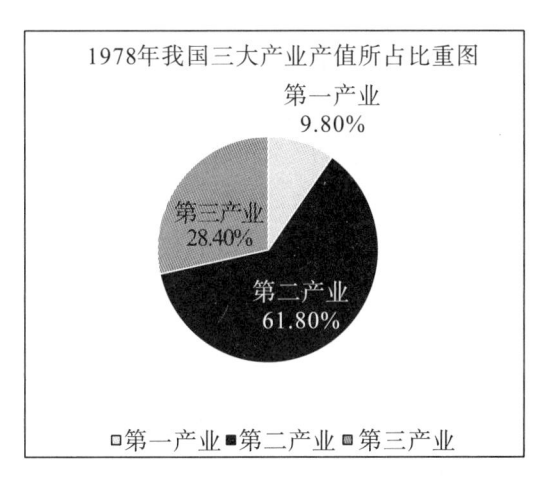

图 5-3　1978 年我国三大产业产值所占比重图

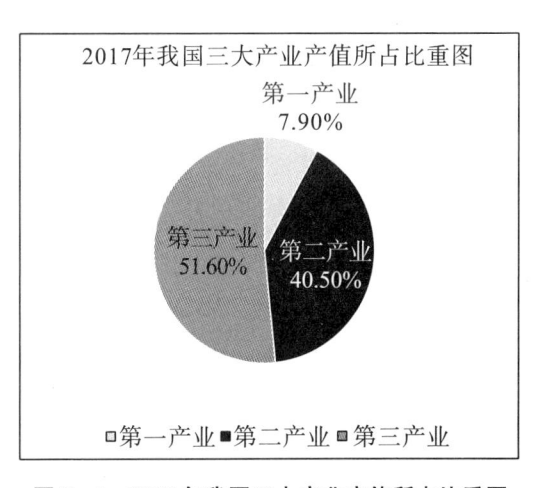

图 5-4　2017 年我国三大产业产值所占比重图

价格政策、价格杠杆的调节在产业结构优化的过程中起到了不可替代的作用。价格杠杆对保障和巩固农业的基础地位起到了重要作用。在改革开放初期，由于整体生产力水平偏低，农业的基础地位比较薄弱，在统购统销、托市收购等重要农产品价格调控措施的保障下，农产品价格在合理水平上保持基本稳定，保持了一个相对比较稳定的价格体系，一定程度上巩固了农业的基础地位。随着现代工业化水平的不断提升，农业的基础地位逐渐受到工业的冲击。如何在新的环境下继续保持农产品的生产供给稳定，稳定农产品价格，巩固农业的基础地位成为一项面临考验的新课题，而农产品的最低收购价、目标价格体系等价格政策正是国家为了鼓励农业生产、平衡农产品供需关系、巩固农业基础地位而运用价格杠杆进行产业政策干预的表现。

为了促进工业的健康发展，国家适当地运用了价格调节的杠杆作用，促进了工业内部结构的优化以及工业发展水平的提质增效。一方面来说，运用价格杠杆对高污染、高能耗、低产出的行业和领域进行挤压、压缩，淘汰落后产能，促进产业升级换代；另一方面，国家也鼓励工业化的迭代升级，以差别化的价格政策、收费机制鼓励先进的工业领域、工业产品的研发、生产、销售过程，实现工业内部的转型升级。

对于服务业来说，价格杠杆对产业的调节作用发挥得更加明显，覆盖面更广、影响更为普遍。政府为了引导服务业的健康发展，对于生活性服务业制定了更加灵活的价格指导及价格监管政策，以保证价格杠杆的有效发挥，激发市场主体的经济活力，促进第三产业的繁荣，实现了服务业的健康稳步发展。

除此之外，在发挥价格政策对产业结构调整作用的过程中，完善价格收费政策、完善价格形成机制、清理不合理的收费项目、加强价格的公示与监督等也起到了基础性的作用；诸如为实现产业振兴，扶持民营经济发展，依据政策对于国家和省允许民间资本进入的矿产资源、自然垄断行业、基础设施、市政工程和其他公共服务领域，实行民营资本与国有资本一视同仁的价格与收费政策，这也是发挥价格杠杆产业结构调整作用的重要表现。

三、抑制通胀，稳定物价

《价格法》第 26 条规定"稳定市场价格总水平是国家宏观调控经济政策目标"。我国对价格的调控主要保持价格总水平的稳定。价格改革四十年来，我国价格总水平变动在总体上呈现不断上涨的趋势。从环比价格指数来看，以 1978 年为基期（1978 年为 100），到 2016 年，居民消费价格指数（CPI）上升为 629.1%。

从同比价格指数来看，如图 5—5 所示，在 1997 年，《价格法》颁布以前，我国居民消费价格指数（CPI）波动较为剧烈，出现了两次物价上涨峰值高峰，在1988年居民消费价格指数（CPI）达到118.8%，在1994年居民消费价格指数（CPI）更是高达124.1%。这两次通货膨胀给我国经济发展和价格发展造成了阻力。在1997年《价格法》以及相应配套改革实施以后，居民消费价格指数（CPI）较为平稳，未再出现大型波动失控状况。从1997年到2017年，我国居民消费价格指数（CPI）都在106%以内变动。

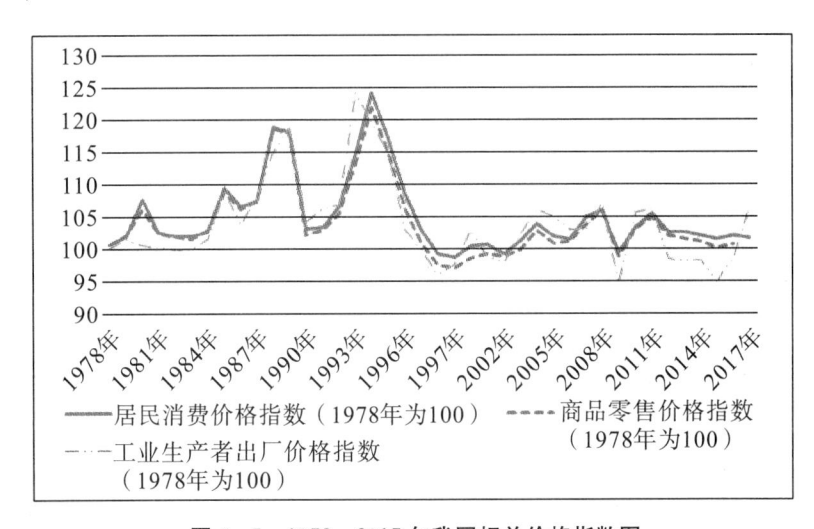

图 5—5　1978—2017 年我国相关价格指数图

注：数据来源于国家统计局（2015 年）。

第四节　法律成就：建立健全价格相关的法律法规、监督体系

一、建立起以《价格法》《反垄断法》为核心的法律体系

在价格开放前的计划经济体制下，政府在管理价格的时候更多的是采用行政手段，价格立法很少。直到1978年，我国开始进行价格改革，价格立法才开始得到重视。随着价格改革的步伐朝着市场化方向推进，客观要求依法治价，不断推进我国价格法制建设。从价格改革四十年的历程来看，我国价格法律法规体制，大致可以分为四个阶段。

第一个阶段（1979—1982 年），制定和颁布了《物价管理暂行条例》等重要法律法规（如表 5—4 所示），标志着价格管理开始进入到有法可依的阶段。

在价格改革的初期，价格改革采用"以调为主，以放为辅"的调控方式，尝试放开部分小商品的价格，赋予企业一定的定价权等措施，试图改变高度集中的计划管理体制。在这些价格改革措施实施下，我国价格改革取得了一定的成果。为了巩固价格改革的成果，且为下一步价格改革指明方向，对价格立法的呼声越来越高。于是1982年国务院颁布了《物价管理暂行条例》，首次以法律的形式确立了国家定价以外的两种定价方式，即集市贸易价和企业定价。[①] 在此法律的保障下，1982年9月到1984年10月，全国总共分三次来逐步放开小商品价格，其中1982年9月放开第一批小商品的价格。[②]

表5-4 价格改革四十年建立的法律法规

时间	法律法规文件名称
1979年	《关于电子产品试行幅度价的通知》
1980年	《关于加强物价管理，坚决制止乱涨价的通知》《关于严格控制物价、调整议价的通知》
1982年	《物价管理暂行条例》

第二个阶段（1983—1987年），制定和颁布了《中华人民共和国价格管理条例》等法律法规（如表5-5所示）。价格改革坚持"以放为主，以调为辅"的原则进行。1983年国务院取消糯稻、绿豆、大麻等多种农产品的统派价格，改为通过多渠道来进行议价经营。1985年，我国启动生产资料"价格双轨制"。同年发布的文件规定"有计划分步骤地调整计划价格，使计划与市场两种价格的差距逐渐缩小"。[③] 显然这一阶段坚持"国家定价为主要形式"的《物价管理暂行条例》已经滞后于经济体制改革。1987年9月11日国务院颁布了《中华人民共和国价格管理条例》，明确指出采用"国家定价、国家指导价和市场调节价格"三种价格形式。而后各地方政府陆续出台了具体执行该条例的地方管理法规。

---

① 《物价管理暂行条例》第三条指出："依据商品对国计民生的影响程度其定价可以采用国家定价、国家规定范围内的企业定价和集市贸易价，其中国家定价是主要形式"。

② 1982年9月国务院发布《批转国家物价局等部门〈关于逐步放开小商品价格，实行市场调节的报告〉的通知》明确指出"小百货、小文化用品、小针织品、民用小五金、民用小交电、小日用杂品、小农具、小食品和民族用品中的小商品等九类。现定放开六类一百六十种"。

③ 1985年全国代表大会通过的《中共中央关于制定国民经济和社会发展第七个五年计划的建议》指出"对消费资料，除极少数重要商品仍有国家定价外，一般商品要根据市场供求状况有计划地逐步放开。对重要生产资料，要逐步减少国家统一定价部分比重，同时有计划分步骤地调整计划价格，使计划与市场两种价格的差距逐渐缩小"。

表 5-5 价格改革四十年建立的法律法规

时间	法律法规文件名称
1984 年	《县级物价局（物委）主要任务和职责的试行规定》
1985 年	《物价检查所工作暂行规定》《对违反物价纪律实行经济制裁的暂行规定》（修订）、《物价违纪案件审理工作暂行规定》《中国国际旅游价格管理暂行条例》
1987 年	《中华人民共和国价格管理条例》；各地方为了具体执行价格管理条例出台了与地方情况价格管理的法规

第三个阶段（1988—1997 年），制定和颁布了《价格法》等法律法规（如表 5-6 所示）。党的十四大确立建设社会主义市场经济体制的道路，价格改革也顺势进入一个新阶段。价格机制是市场机制的核心，要充分发挥市场机制的作用，就要使得市场调节价成为主要的定价方式。已经执行 10 年的《中华人民共和国价格管理条例》不再符合客观经济形式，市场呼吁一部真正代表社会主义市场经济规律要求的法律法规。1997 年《价格法》在呼吁中闪亮登场，并在今后的 21 年里，乃至更长的时间里发挥着作用。《价格法》第三条规定"国家实行并逐步完善宏观经济调控下主要由市场形成价格的机制。价格的制定应当符合价值规律，大多数商品和服务价格实行市场调节价，极少数商品和服务价格实行政府指导价或者政府定价"。[①] 自此后，政府加快了价格改革的步伐，到 2017 年由市场定价的商品和服务的价格已占了 97% 以上。

表 5-6 价格改革四十年建立的法律法规

时间	法律法规文件名称
1988 年	《重要生产资料和交通运输价格管理暂行办法》《关于价格违法行为的处罚规定》《关于税收、财务、物价大检查中处理价格违法行为若干政策界限的规定》
1989 年	《关于价格违法案件审理工作的规定》《关于实行变卖商品抵缴罚没款的暂行办法》
1991 年	《关于农业机械产品销售价格管理办法》
1992 年	《商品住宅价格管理办法》
1993 年	《加强对居民基本生活必需品和服务价格监审的通知》、《粮食风险基金管理暂行办法》

---

① 参见《中华人民共和国价格法》第三条。

续表5-6

时间	法律法规文件名称
1994年	《城市房产交易价格管理暂行办法》《副食品风险基金管理办法》《关于商品和服务实行明码标价的规定》及其《实施细则》《城市基本生活必需品和服务价格检测办法》
1995年	《制止牟取暴利的暂行规定》
1996年	《药品价格管理暂行办法》《汽车客运站收费规则》《城市住宅小区物业管理服务收费暂行办法》《价格评估管理办法》《价格评估机构管理办法》《价格事务所工作管理暂行办法》《义务教育学校收费管理暂行办法》《普通高级中学收费管理暂行办法》《中等职业学校收费管理暂行办法》《高等学校收费管理暂行办法》
1997年	《价格法》

第四个阶段（1998—2007年），制定和颁布了《反垄断法》等法律法规（如表5-7所示）。这一阶段全国基本形成统一的市场。发展社会主义市场经济需要公平竞争的市场环境。但是我国部分地区仍然出现了地方保护主义、区域封锁、人为制造行业壁垒等违背市场公平竞争的行为。为进一步规范市场，界定政府和市场的管理权限，防止部分地方政府出台限制、阻碍公平竞争的政策措施，我国在2007年出台《反垄断法》。这一阶段出台的法律法规，更多的是规范有关政府和部门的定价行为和收费行为，遏制部分地方政府乱收费、乱罚款，杜绝地方政府充当垄断企业保护伞，阻挠其他企业参与市场公平竞争的行为。

表5-7 价格改革四十年建立的法律法规

时间	法律法规文件名称
2001年	《中华人民共和国反倾销条例》《价格行政处罚程序规定》《中华人民共和国反补贴条例》
2002年	《责令价格违法经营者停业整顿的规定》《价格主管部门公告价格违法行为的规定》
2004年	《价格违法行为举报规定》
2006年	《政府制定价格行为规则》
2007年	《反垄断法》
2015年	《中央定价目录》（修订版）《地方定价目录》（修订版）
2017年	《政府制定价格行为规则》（修订版）《政府定价的经营服务性收费目录清单》

二、建立和创新价格监督体系

价格监督是为了保护市场主体的合法权益，对价格违法行为实施坚决的打击，稳定良好的市场秩序。我国价格监督的主体是县级以上政府价格主管部门、广大消费者组织和消费者以及新闻媒体等。目前我国已经建立起以政府法律监督为核心，企业内部自我监督、群众监督和社会舆论监督相结合的监督体系。一般来说，政府监督检查工作可以分为两个阶段：第一阶段是政府价格监督检查机构利用价格法律、法规、政策开展执法情况检查。第二个阶段是政府对价格违法案件的审理。[①]

政府转变监督理念，拓展监管领域，创新价格管理方式。随着我国进入新时代，新型经营业态相继出现给我国价格监管带来新挑战。这些新型业态伴随着新的经营方式和经营手段，其价格违法更加隐蔽，给价格监督带来了新的难题。对此，政府不断创新监管方式，拓展监管领域，加强监管执法。一是，面对"互联网杀熟"，即滴滴、携程等企业利用互联网大数据，针对不同客户实行不同的价格歧视行为，价格监管及时补位。2018年第十三届全国人大常委会第三次会议对《电子商务法（草案）》三审稿进行了审议，破除电商陋习，规范电商行为，维护消费者合法权益。二是，查处电商价格欺诈行为。[②]京东商城、国美网上商场、苏宁易购在制造虚假的促销价格（促销价格高于原价，或者临时抬高原价）等价格欺诈行为，政府都采用了零容忍的方式，依法及时查处，并公之于众。

关注民生领域价格立法，加强市场监督，形成价格长效监管机制。2016—2017年房价上涨迅猛，房地产行业进入"卖方市场"。部分房地产商未按照政府要求，实行明码标价。价格管理部门及时推出"一套一标"政策，要求开发商在显眼位置按照明码标价原则，在售楼处张贴每套房关于价格的相关信息，进行公示，且公示后不能更改。同时，商品房中新房的销售价格必须经过物价部门核准才能在市场销售，政府在事前、事中、事后对其进行监管，一旦发现违法行为，及时处理。

完善价格社会监督渠道。号召广大人民群众和社会组织广泛参与价格监管，一旦发现价格违法行为，可拨打12358或者利用新型网络渠道进行举报，

[①] 汪洋. 价格改革二十年回顾与前瞻 [M]. 北京：中国计划出版社，2002：218.
[②] 胡祖才. 认真学习贯彻党的十八大精神努力做好2013年价格监督检查与反垄断工作——在2013年全国价格监督检查与反垄断工作会议上的讲话 [J]. 中国价格监督检查，2013（1）：4.

完善社会监督渠道。

三、建立政府定价管理的目录清单制度

在价格改革过程中，尤其是 90 年代，一度出现各个地方政府收费名目繁多，收费金额千差万别，导致部分企业和群众怨声不断。为了规范政府和企业的价格行为，《价格法》第十九条以法律的形式将公布中央和地方的定价目录清单制度确立下来。① 我国自 2001 年修订《国家计委和国务院有关部门定价目录》，并最终形成《中央定价目录》开始，推行政府定价项目清单化，以接受人民的监督和方便人民查阅。凡是《中央定价目录》和《地方定价目录》以外的项目，政府一律不得干预。2015 年，国家发改委公布了最新修订后的《中央定价目录》和《地方定价目录》。此次目录清单政府定价的范围再次下降，中央定价种类从 13 种（类）下降为 7 种（类），如附录 1 所示，政府定价内容现在主要包括天然气、水利工程供水、电力、特殊药品及血液、重要交通运输服务、重要邮政业务和重要专业服务 7 项内容。具体定价的项目也从 100 项左右变为 20 项，减小幅度达到 80% 左右，地方定价的项目也减少 55% 左右。②

为了全面贯彻落实党的十九大精神，深化政府简政放权，各地区政府通过降低收费标准，大幅度取消收费项目等政策来降低企业制度性成本，减轻企业负担。2017 年国家发改委主导全面梳理了由各级政府定价的经营服务性收费项目清单，最终发布了《政府定价的经营服务性收费目录清单》。该清单对收费的项目名称、项目性质（是否涉企、是否行政审批前置、是否涉进出口环节）、收费文件（文号）、定价部门和行业主管部门等信息逐项列出，以方便广大人民群众查询和监督使用。③

---

① 《中华人民共和国价格法》第十九条指出"政府指导价、政府定价的定价权限和具体适用范围，以中央的和地方的定价目录为依据。中央定价目录由国务院价格主管部门制定、修订，报国务院批准后公布。地方定价目录由省、自治区、直辖市人民政府价格主管部门按照中央定价目录规定的定价权限和具体适用范围制定，经本级人民政府审核同意，报国务院价格主管部门审定后公布。省、自治区、直辖市人民政府以下各级地方人民政府不得制定定价目录"。

② 参见《中央定价目录》和《地方定价目录》，中华人民共和国国家发展和改革委员会令，2015 年（第 29 号）。

③ 《政府定价的经营服务性收费目录清单》中规定：中央定价项目共 5 项，包括商业银行基础服务收费和银行卡刷卡手续费，民航垄断环节服务收费，沿海、长江主要港口及其他所有对外开放港口服务收费，征信服务收费，电信网和互联网网间结算价格。地方定价项目平均每省约 13 项，主要集中在车辆通行费、机动车停放服务收费、危险废弃物处置收费、公用事业经营单位提供的具有行业或技术垄断的且与主营业务相关的服务收费等。

建立政府定价管理的目录清单制度，是转变政府职能，深化政府简政放权的内在要求。一方面，通过建立目录清单，规范收费项目，从源头防范乱收费行为，维护市场秩序。另一方面，可以保障人民的知情权，发挥社会监督作用。

第五节　理论成就：初步形成中国特色社会主义价格理论体系

1992年邓小平南方谈话，加速了我国向社会主义市场经济体制的转变的步伐。在"解放思想、实事求是"思想的指引下，我国价格改革不断推陈出新，价格理论也取得了重大突破。通过价格改革四十年的伟大实践，我国逐步探索出了一整套关于市场价格形成机制、市场价格运行机制、市场价格调控机制、价格目标改革模式、策略、方法等的理论体系。随着我国经济的发展，价格理论也不断推陈出新，在实践中经受一轮又一轮的考验，不断蜕变、趋于完善，逐步形成了中国特色的社会主义价格理论体系，并成为中国特色社会主义理论体系的重要组成部分。反过来，中国特色社会主义价格改革理论又指导着我国价格改革的实践进程，成为指引价格改革的强大理论武器，为价格改革取得伟大成就作出不可磨灭的贡献。

中国特色的社会主义价格理论体系涵盖了社会主义条件下价格的地位作用以及发挥价格杠杆作用的方式、方法、手段，建立相关价格机制、制度等问题[①]。学者们围绕价格决定理论、价格形成基础理论、价格改革的目标模式、价格改革阶段划分、价格改革方式方法和策略等重要问题进行了较为深入的研究，形成了一系列典型的理论框架体系。

一、价格决定理论

关于价格如何决定的理论研究，主要集中于价格的一般形成过程研究，以及延伸到具体行业、具体产品的微观定价研究。我国理论界先后提出了价值决定价格论，生产价格决定论，双渠价格论，成本加合理利润价格决定论，这些关于价格决定的理论是从多元化视角入手，但主要都以马克思主义经济学思想为基础，结合我国的经济实践进行延伸和发展。

薛暮桥（1979）认为社会主义商品的价格以价值为基础，又要包含供求关

---

① 中国价格协会课题组. 价格改革：三十年跨越三大步 [N]. 中国经济导报，2008-07-29.

系，商品价格和价值大致相符。孙冶方、张卓元（1987）认为社会主义价格形成应以生产价格为基础，生产价格应该等于产品成本加上按平均资金盈利率确定的利润额。纪正治、马凯（1981）认为价格制定要以"双渠价格"作为基础，价格形成的依据多数按照资金利润率来确定，少数通过工资利润率来确定，是一种通过综合利润率来确定价格的方式。许毅（1982）等认为价格要按照"成本+合理利润"为基础来制定，要求在成本价格（C+V）之上对纯收入有差别的再分配的价格。[①]

近年来国内学者更倾向于从微观视角入手，探讨具体产业、行业间特殊的价格以及具体产品的价格决定，王万山（2004）从软件产品入手，探索软件产品价格形成机制；周春（2006）从市场价格机制的角度入手，研究生产要素定价；许光建（2010）在房地产市场高速发展的背后，探讨影响中国住房价格变动的影响因素；伍世安（2011）从政府与市场的关系角度研究能源资源定价；蒋和胜（2015）通过对我国药品价格谈判机制的主体和运行效果的比较，研究了在我国医保机构主导下药品价格的谈判机制。[②] 还有学者对公共产品、准公共产品、房地产定价等的研究，这些研究丰富和完善了我国价格决定理论。

二、价格改革目标模式理论

中国特色社会主义经济道路决定了我国的价格改革目标必然要以发展和完善中国特色社会主义为导向，以改善和发展民生为目的，但是关于价格改革的具体目标模式却是变化发展的。改革开放初期，在保证计划经济体制不变的情况下，调整不合理的价格体系是价格改革的主要目标，这既能够保证计划经济体制的地位，也能够对计划经济体制进行修正。随着价格改革逐渐进入纵深推进阶段，学界对我国价格改革目标模式的研究也更加丰富和多元。

首先呈现的是以计划价格为主导、自由价格为主体、多种价格形式并存的模式，这一类型理论观点强调计划在价格调控过程中的主导性作用，但也明确了市场价格、自由价格的地位，支持的是多目标、多模式、多体系并存的价格改革。

其次，也有很多学者认为应该以国家指导价为主，强调行政定价的基础性作用，以此实行国家统一定价、国家指导价、自由市场价相结合的模式。

[①] 汤国钧. 十年来我国关于社会主义价格理论和价格改革的讨论评述 [J]. 中央财经金融学院学报，1989（4）：70-73.

[②] 蒋和胜，王振平，方锐. 我国医保机构主导的药品价格谈判机制研究 [J]. 价格理论与实践，2016（5）：25.

最后一种比较典型的观点是认为应该完全放开价格管控，将价格调节的目标和模式从价格本身中独立出来，更加关注货币，实行市场定价模式。

三、价格改革在经济体制改革中的地位理论

关于价格改革在整个经济体制改革中的地位和作用主要有三种观点：

第一，薛暮桥（1985）、周小川（1989）、蒋和胜（2009）、王学庆（2013）、成致平（2014）等认为价格改革是我国经济体制改革的关键。薛暮桥（1985）认为，合理调整价格体系，进行改革价格管理体制势在必行，这是中国整个经济体制改革成败的关键。周小川（1989）从包括微观经济体制改革要求价格体系合理化、价格扭曲导致了不平等的经济调节规则等十个方面对价格体制改革的必要性做了分析。蒋和胜（2009）认为在市场取向改革过程中，价格改革始终是我国经济体制改革成败的关键。王学庆（2013年）认为价格改革一直以来对于我国经济体制改革都十分重要。在改革开放之初，价格改革关系着我国经济体制改革成败的关键，是整个经济体制改革的核心。随着经济的发展和改革的进行，价格改革仍然是影响我国经济体制改革的重要组成部分。中国价格协会课题组（2013）发文指出："根据深化价格改革的总体要求和基本目标，深化价格改革的内容是全面的。价格形成机制、价格调控和价格监管的机制的完善是相对的，需要不停顿地推出改革。"[1] 成致平（2014）在纪念邓小平110周年诞辰大会中指出："邓小平在价格改革中做出过如下指示：一是，价格形成机制改革是国民经济持续发展的基础；二是，只有理顺价格才能加快整个经济体制的改革；三是价格改革要面向世界。"[2] 尽管学者们对于价格改革的重要性程度认定存在差异，但都强调了价格改革的必要性和紧迫性。

第二，厉以宁（1986）认为整个经济体制改革成败的关键不是价格改革，而是所有制改革。马凯（1987）认为，价格改革的作用是有条件的，也是有限度的、不可能实现"一解百解"。这些争论的持续进行，表明当时的理论界对价格改革的地位和作用的认识存在很大的差异，丰富了我国价格改革的理论。

第三，张卓元（2008年）的观点则更为折中，他推进价格改革，是实现经济运行机制转轨的关键，它同所有制改革一起，共同构成中国经济改革的两条主线。

---

[1] 中国价格协会课题组. 关于深化价格改革的一些看法与建议 [J]. 价格理论与实践，2013（9）：5—8.

[2] 成致平. 价格改革三十年（1977—2006）[M]. 北京：中国市场出版社，2006：3.

虽然学者们对价格改革的重要程度认识不同，却都从不同层面肯定了价格改革牵一发而动全身的重要性，价格改革是中国经济体制改革历程中最为波动和反复的领域。

四、价格改革四十年阶段划分理论

关于我国价格改革阶段划分，相关研究主要集中于价格改革三十年，而对于 2008 年至 2018 年这 10 年的文献不多。总体来说，学者们对于我国价格改革历程阶段的划分大同小异。他们都认为，1978 年至 1992 年，是改革传统计划价格体制时期；1992 年至 2000 年，是创建社会主义市场价格体制时期；2001 年至今为完善社会主义市场价格体制时期。但是在具体阶段划分上，各有不同。

许光建（2008 年）将价格改革分为四个阶段：1974—1984 年是价格改革"以调为主，以放为辅"的阶段；1985—1991 年则是"以放为主，以调为辅"；1992—2000 年是初步建立社会主义市场经济价格体制的阶段；2002—2008 年是以全球化背景深化价格改革的阶段。

王振霞（2008）将价格改革划分为五个阶段：1979—1984 年作为改革准备阶段，价格改革的目的是完善计划价格体制；1984—1988 年是改革初始阶段，该阶段的指导思想是实行混合价格体制，具有明显的市场价格取向；1989—1991 年进入价格改革的调整时期，价格改革逐步深入；1992—2001 年，确立社会主义市场经济体制的最终主导地位，明确价格改革的市场化方向；2001—2008 年，进入价格改革的深化阶段，这一阶段以全面的基础性改革为主，以价格改革带动政府职能的转变。

五、价格改革方式、方法和策略理论

国内诸多学者肯定了我国价格改革过程中采用渐进式改革方式，市场取向改革所取得的成就。我国价格改革未采用苏联的"休克疗法"，而是采取渐进式方式，即在改革项目上先易后难、"六先六后"。在价格改革方法上调放结合，在价格改革衔接上创造了双轨制价格，被誉为"天才的解决办法"。在改革的策略上先调后放、先增量后存量，尽可能不伤及既得利益群体；在改革的时机上，不是等距离小步慢步走，而是小步快走，在主客观条件成熟时跨大步。

（一）我国价格改革采用的方式

国外学者肯定了我国价格改革过程中采用渐进式改革方式，市场化方向所取得的成就。Johnson（1992）认为中国实行市场导向政策后，经济和能源效率显著提高。Koo Obst（1995）认为中国的价格改革已取得进展，强制性配额（MQ）和双通道方案是中国渐进转轨经济的一个独特特征。Richard F. Garbaccio（1995）认为在经济改革中，中国从1978年开始，在价格体系改革的一些方面是最成功的。对几乎所有的商品来说，市场已经取代了计划分配成为最主要手段。中国价格改革道路的选择问题上，国内学者都有很多论述，大多认为中国价格改革宜采取逐渐推进、实行渐进式改革模式。

（二）我国价格改革取得的成就

一是，中国价格改革的最显著成效是把我国从一个处于物质短缺、凭票证供应的"卖方市场"成功转变为商品市场极其丰富多彩的"买方市场"。二是，各种商品和服务的比价已经基本理顺，价格体系基本趋于合理。三是，初步建立起以《价格法》为核心的价格体系。四是，从价格调控体系上看，依靠行政手段直接干预价格的方式，转变为以经济手段为主、以间接调控为主的新的价格调控体系开始形成。五是，转变了价格形成机制，市场决定价格机制基本建立。

（三）我国价格改革的经验

一是，正确处理政府和市场的管理，通过依法管价，按照"放管服"，健全政府管理价格的机制。张茂（2008）认为价格改革重在处理机组关系，包括政府和市场、力度和时机、各种利益群体、价格立法中"破旧"与"立新"的关系等。二是，坚持市场化方向，实行渐进式改革模式。三是，价格改革要协调和解决改革中的种种利益关系和矛盾纠纷，特别要考虑保障广大城乡居民的基本生活。四是，价格改革要注重与其他改革（企业改革、财税体制改革等改革）间的相互配套。五是，建设专业化价格管理机构，规范价格管理权限，为价格改革顺利开展提供良好的组织保障。六是，加强成本监审机构和队伍建设。

第六节　民生成就：满足了人民日益增长的美好生活需要

"市场化"导向的价格改革，释放了市场活力，发挥了价值规律在资源分配中的作用，显著地提高了我国的经济发展，提高了人民收入水平。我国国内生产总值（GDP）从1978年的3678.7亿元，上升到2017年的827122亿元，国内生产总值上涨了224.8倍。其中，我国城镇居民人均可支配收入从1978年的343元，上涨到2017年的36396元，上涨了106.1倍；农村居民人均可支配收入从1978年的134元上涨到2017年的13432元，上涨了100.2倍。[①] 价格改革四十年，在促进经济发展取得巨大成就时，也取得极大的社会成就。

一、政府定价保证基本生活需求，兜住民生底线

价格改革四十年，我国价格形成机制已经演变为政府宏观调控下市场决定价格的机制，但政府仍然没有放开关乎人们根本利益的社会公用事业和公益性事业领域，以及自然定价领域。为了政府定价的法制化、规范化，进一步界定政府的权限，我国政府实行政府定价项目清单目录。这些领域政府的定价依据，既不是生产经营者自主定价范围内追求自身利益最大化，也不是社会消费者从自身效用出发追求消费者剩余最大化，而是政府在力图平衡各方面利益的同时，保证社会基本民生需求的结果。

从2015年，国家发改委发布的《中央定价目录》中显示，目前政府定价项目包括天然气、水利工程供水、电力、特殊药品及血液、重要交通运输服务、重要邮政业务和重要专业服务7项内容。从《中央定价目录》可以看出，目前政府仍然在定价的领域的商品都是人们的生活必需品。由于这些商品和服务的类别不同，政府定价的目标和作用效果也不一样。对于电力、石油、交通运输等自然垄断行业，政府定价的目的是防止这些行业凭借垄断地位优势操控整个行业，谋取超额利润，最终伤害消费者利益；对于城市用水、天然气、公共交通等这些公用事业的政府定价和政府指导价，是为了保证城市居民的基本生活和城市的社会经济活动的正常运转；对于药品价格、医疗收费、教育收费、养老收费等的政府定价或者政府指导是为了实现人们的基本生活保障；而对于农产品实现的最低收购价和最高限价，都是为了防止自然灾害所引起的农

[①] 数据来源于2017年统计年鉴和中华人民共和国2017年国民经济和社会发展统计公报。

产品价格变动，最终伤害农民和城市居民的利益。[①]

因为不同地区的经济条件和社会环境不同，各个省、直辖市、自治州还根据本地实际，因地制宜地制定贴合自身实际的《地方定价目录》。由于不同的商品和服务的成本不同，盈利目的也不一样，所以各级政府在定价的时候做了目标细分，设计不同的定价方式和价格行为。

总的来说，政府在自然垄断领域、公用事业和公益性事业领域范围定价的目的都是为了维护人民的根本利益，保障人们的基本生活需要，兜住民生这一条底线。

二、市场定价满足人民个性化、多样化的商品需求

2017年，习近平总书记在十九大报告中提出了"人民日益增长的美好生活需要和不平衡不充分的发展之间的矛盾"。价格改革四十年来，我国经济发展取得举世瞩目的成就。2017年我国国内生产总值达到820754亿元，稳居世界第二。我国社会主要矛盾已经从人民日益增长的物质文化需求同落后的社会生产力之间的矛盾，转化为人民日益增长的美好生活需要和不平衡不充分的发展之间的矛盾。因此，当前随着我国社会生产力的高速发展，人们已经不再满足衣、食、用、行等基本生活需求，而是追求马斯洛需求层次理论中更高的需求层次，包括更先进的医疗水平、更专业化的教育水平、更个性化的商品供给、更便捷的交通出行和更好的环境水平等。

需求结构的变化引起我国家庭经济制度的变革。家庭收入在提高的同时，受到市场价格的支配，理性的安排用于基本生活、投资、教育、医疗、休闲等领域的合理配置。价格改革四十年来，我国居民消费水平从1978年的184亿元，上涨到2017年的25469亿元，增长了138.4倍，增长速度位于世界前列。

如图5-6所示，2017年我国全国人均消费支出18322元，其中消费支出中比重最大的是食品烟酒支出，人均消费5374元，占比29.3%，接着依次是居住、交通通信、教育文化娱乐、医疗保健、生活用品及服务、其他用品和服务，分别消费4107元、2499元、2086元、1451元、1238元、1121元、447元。显然，目前我国消费者的消费结构已经发生变化，消费需求从对食品的渴望，转向多元化的商品需求。

[①] 吕春城，杨汤. 我国政府定价行为的目标及实现方法探讨[J]. 财贸经济，2002（5）：74-75.

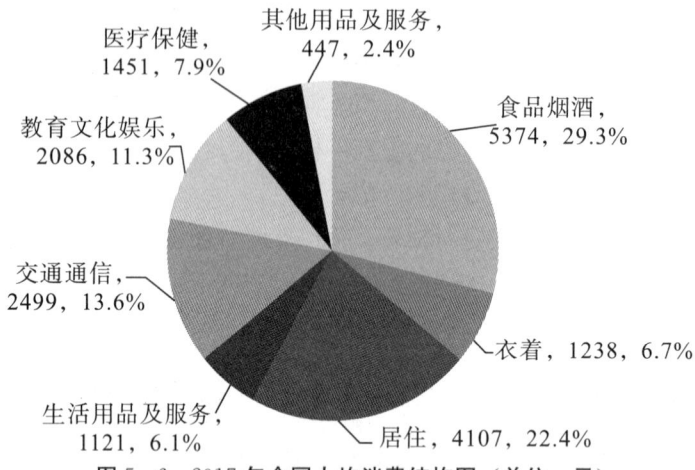

图 5-6 2017年全国人均消费结构图（单位：元）

在价格改革之初，如图 5-7 所示，1978 年，我国城镇居民家庭恩格尔系数为 57.5%，农村居民家庭恩格尔系数是 67.7%，全国平均恩格尔系数为 62.6%，2017 年我国恩格尔系数下降为 29.3%。随着价格改革的推进，人民收入水平得以提高，家庭不再仅仅满足于食品的消费，而是致力于家电、教育、医疗、旅游休闲等更多种类商品的消费。特别是近年来，随着交通和网络的发展，人们更倾向于海外购物、海外旅游。

图 5-7 1978—2017 年我国恩格尔系数图[1]

2016 年，我国批发和零售行业的法人企业达到 193371 个，这些企业为市场提供丰富多彩、种类繁多的商品。可供消费者挑选的替代品琳琅满目，消费

---

[1] 数据来源于国家统计局。

者可以根据自己的收入水平选择不同价位的商品和服务。说明我国已经走出"短缺经济"经济时代,走向"私人订制"时代。简单地说,因为价格改革放开了政府对绝大多数商品和服务的管控,市场决定价格已经占据主导地位。由市场决定的价格反过来影响着人们的消费行为和消费选择。社会主义市场经济确定以后,人们不再追求单一的、工业化的、标准化的商品和服务,而更多的是追求个性化、多样化的商品。

第六章

中国价格改革前瞻

中国价格改革四十年,已经取得了巨大的理论成就和历史成就。中国特色社会主义进入新时代,在供给侧结构性改革的推动下,要求探索价格领域"放管服"的新思路,全面深化价格机制改革,为决胜全面建成小康社会和建设现代化经济体系服务。

第一节 建立和完善市场决定价格机制的主导格局

中国特色社会主义进入新时代,未来价格改革将向纵深推进,政府将通过探索价格领域"放管服"的新思路,来建立和完善市场决定价格机制的主导格局。价格改革四十年的经验也证明,只有放开绝大多数商品和服务的价格,建立市场决定价格的机制,才能实现资源的优化配置。在未来深化价格机制改革过程中,要因地制宜、因时制宜的选择步伐来推进价格改革。

如表6-1所示,党的十八大以来,政府一直对价格改革高度重视,多次出台相关文件来指导价格改革。目前,我国已经基本建立起市场决定价格机制,但仍有一部分重点领域的价格,比如天然气、水、电力、交通运输等领域价格还未完全放开。因此接下来的改革,应该是推动竞争性领域和环节的价格进一步放开,到2020年,实现市场决定价格机制基本完善。[1]

经济全球化背景下,我国经济已经和全世界各国经济深度融合。随着我国在国际贸易中的参与度不断提高,我国国内商品受世界市场上商品价格的影响

---

[1] 2015年发布的《中共中央 国务院关于推进价格机制改革的若干意见》中指出:"到2017年,竞争性领域和环节价格基本放开,到2020年,市场决定价格机制基本完善。"

大，特别是大宗交易商品，比如石油、矿产资源等。在这种背景下只有坚持市场化价格改革方向，进一步放开竞争性领域和环节的价格，破除限制要素自由流动的障碍，加速建立和完善市场决定价格机制的主导格局。通过提高价格反应的灵活性，发挥市场在资源配置中的决定性作用，才能应对风云变化的国际市场，维护我国的根本利益。

表 6-1　十八大以来，我国价格改革目标的顶层设计

时间	文件	价格改革目标
2013年	《关于全面深化改革若干重大问题的决定》	完善主要由市场决定价格的机制。凡是能由市场形成价格的都交给市场，政府不进行不当干预。推进水、石油、天然气、电力、交通、电信等领域价格改革，放开竞争性环节价格。政府定价范围主要限定在重要公用事业、公益性服务、网络型自然垄断环节，提高透明度，接受社会监督。完善农产品价格形成机制，注重发挥市场形成价格作用
2015年	《中共中央 国务院关于推进价格机制改革的若干意见》	到2017年，竞争性领域和环节价格基本放开，政府定价范围主要限定在重要公用事业、公益性服务、网络型自然垄断环节。 到2020年，市场决定价格机制基本完善，科学、规范、透明的价格监管制度和反垄断执法体系基本建立，价格调控机制基本健全
2017年	《十九大报告》	"加快完善社会主义市场经济体制"，"实现要素自由流动、价格反应灵活、竞争公平有序"，"加快要素价格市场化改革"
	《关于全面深化价格机制改革的意见》	到2020年，市场决定价格机制基本完善，以"准许成本+合理收益"为核心的政府定价制度基本建立，促进绿色发展的价格政策体系基本确立，低收入群体价格保障机制更加健全，市场价格监管和反垄断执法体系更加完善，要素自由流动、价格反应灵活、竞争公平有序、企业优胜劣汰的市场价格环境基本形成

第二节　重要领域的价格改革持续推进

一、坚持以人民为中心，稳妥推进民生领域价格改革

民生领域产品和服务定价涉及范围广、涉及群众多，与居民生活水平息息相关，因此价格形成机制上要树立以人民为中心的思想。对于人们关系最紧密的民生领域的价格问题，政府要平衡好市场效率和社会公平的关系，坚持保障

和改善民生。健全价格联动补贴机制，实时全方面监测民生领域价格，一旦出现物价上涨异常时，通过高效发放价格临时补贴，化解因为民生领域物价上涨造成的不良影响。

（一）深化医药价格改革，加强医疗服务价格监管

深化医药价格改革，建立以"政府-药品生产企业-药品流通企业-医疗机构-医保支付机构-患者"构成的医药价值系统为基础，由医保主导价格谈判，药品实际交易价格主要由市场竞争形成的机制。

首先，建立绝大多数药品价格由市场定价代替过去政府定价的机制，配合加强政府对药品价格市场的监管。一旦出现药品价格违法行为，坚决打击，绝不姑息。其次，全面取消药品加成，结束长期以来以药养医的历史，改由服务收入和财政补贴两种渠道来补偿医疗机构。强化药品成本核算，放开部分个性化医疗服务、特需药品、竞争性药品的价格，做好医疗服务分类定价。再次，全面推广按病种收费改革，避免乱开药、乱收费等损害患者利益的行为。推广常见病种的收费标准，同时加强医保支付范围的具体价格管理方式和医保付费政策。最后，推进医疗服务价格改革，加强医疗服务项目管理。医疗服务具体项目的价格标准不由中央统一制定，而是由地方政府根据当地人们的收入水平和生活水平来制定和协调，确保医疗机构既能够正常进行，同时又不增加患者总体负担。

医药价格改革涉及众多，包括医疗机构、患者、药企、医保等等各方利益，因此深化医药价格改革，不能仅仅针对某一项开展改革，而是要强调各项改革政策之间联动，综合推进。同时，要加强政府对医疗服务的价格监管。

（二）推进教育行业收费改革，规范教育机构收费行为

在教育方面，政府区分公办教育与民办教育、义务教育与非义务教育、学历教育与非学历教育，科学制定教育服务收费标准，推进教育行业收费改革。进一步统一教育行政事业收费标准，规范教育机构行政服务收费行为，确保教育行业收费公开、透明、清晰。探索终身学习制度，通过教育收费改革，激励群众建立起终身学习的习惯，提高全国人民受教育水平和文化素养。

（三）加强对殡葬服务收费的规范管理和统一指导

随着我国人口老龄化趋势的加快，殡葬服务科学定价成为价格改革中一个日趋紧迫待解决的问题。殡葬服务要区分成基本服务和延伸服务。其中殡葬服

务中的基本服务，实行政府定价，各地方政府要形成统一的收费标准。殡葬服务中的延伸服务，各地方政府应根据自身情况适时开展。各地方政府加强对殡葬服务收费的价格指导，实行政府指导价，并纳入地方定价目录清单。地方政府加强对殡葬服务收费的规范管理和统一指导，打造多种梯度的价格，满足不同收入人群的价格偏好。同时，规范殡葬服务收费标准，针对价格明显虚高情况要及时干预和指导，打击殡葬服务市场价格乱象。

（四）建立科学合理的养老服务定价机制

为尽快破除养老服务业发展瓶颈，激发市场活力，应促进社会力量逐步成为发展养老服务业的主体。通过鼓励社会机构参与，将显著有利于增加养老服务业供给。养老服务行业价格改革，要对公办养老机构、公办民营养老机构和民营养老机构实施差别定价方案。公办养老机构因其具有公共产品的属性，因此必须守住"保基本、兜底线"这一最低要求，实行政府指导价。对于公办民营机构，在政府指导价格目录基础上，可以放开对这类养老机构服务的定价权，监管部门侧重于日常监督。对于民营养老机构提供的特殊性、差异化服务定价权可完全交由经营者自主决定，引入市场竞争机制。但对于其中公办和民办非营利性养老机构，政府要通过政府财政按床位给予补贴，以鼓励更多社会力量参与到养老服务行业中来。通过养老服务行业财政补贴，引导各种机构参与养老服务，实现全社会效用最大化。

二、深化自然垄断行业的价格改革

依据"管住中间、放开两头"的思路，推进自然垄断行业的市场化改革，建立以"准许成本＋合理收益"为核心的自然垄断行业定价制度，通过精确核算成本，科学确定收益来实施监管。[①]

（一）加强天然气行业价格改革

完善合理的居民生活用气、工商业经营用气价格机制和价格标准，配合进一步落实天然气资源管理制度。居民和工商业天然气报装、安装维护等项目繁多、收费标准不一，为清晰核算成本、减少价格争议，可以为天然气企业提供的二次试压、户内安全检测等系列延伸服务制定统一的收费标准，计入企业供气成本。

---

① 参见《国家发展改革委关于全面深化价格机制改革的意见》（发改价格〔2017〕1941号）。

（二）深入推进食盐定价机制，加强食盐监管

按照国家食盐专营体制改革相关规定继续完善食盐定价机制，加强日常监管。根据 2017 年国务院颁布的《食盐专营办法》，食盐价格由经营者自主决定，但因食盐是关系千家万户的基本生活资料，各个地方政府仍然要加强对食盐价格的日常监管，一旦出现食盐市场价格的异常波动或者人为扰乱食盐价格市场形成秩序的行为，政府还需依法干预。食盐的全面放开，更是强化了政府对食盐价格的监管职能，开展全面的成本大检查，避免食盐价格大起大落，影响广大人民群众的基本生活。

（三）建立完善交通运输价格形成机制

交通运输行业主要是指以铁路、邮政、民航、港口等为代表。加强对交通运输行业的价格改革，主要以坚持市场在资源配置中的决定性作用，同时发挥政府宏观调控的作用为原则，来建立和完善交通运输行业价格形成机制。

第一，全面深化铁路运价市场化改革。一方面，推动铁路旅客运输市场化改革，政府对铁路旅客运输实行浮动价格机制，增强火车票价对市场需求变化的弹性。利用火车票价格弹性来合理分散铁路旅客流量，提倡旅客分散出行，来解决节假日铁路运输出行压力大，从而实现铁路运输充分利用。另一方面，推动铁路货物运输从政府定价转变为政府指导价，允许其价格在一定范围内上下浮动。按照政府进一步放开竞争性领域和环境的要求，鼓励社会资本投入铁路建设和运营中来。

第二，推进民航运输价格改革。近年来，由于人民生活水平的提高，越来越多的人选择乘坐飞机出行。我国在 2004 年确立以政府指导价为主的民航航线运价机制。2016 年，政府决定分两步放开国内航线客运竞争性领域的价格。因此，未来要继续扩大民航运输领域市场调节价的范围，规范民航各项收费标准。

第三，规范港口收费标准。为了促进我国港口运输行业的健康发展，要进一步规范我国港口收费标准，并纳入中央定价目录。明确港口收费的项目、服务内容、管理部门和计费方法等。

第四，细化各类邮政服务资费。对于属于基本公共服务的邮政快递资费，仍以满足人民基本需求为主，兜住民生底线为原则，强化政府对其价格的指导性。对于具备市场竞争而不再属于公共服务的邮政服务资费，<u>应逐步放开</u>，通过市场调节来形成其价格。

坚持交通运输市场化方向改革，在交通运输领域的价格形成机制一方面要保证公共服务供给，另一方面要充分引入市场因素、充分反映运输成本，实现浮动定价、市场调节，尤其是有效协调交通发展、企业合理成本、财政及居民承受能力的关系。因此要建立既反映运输成本，又反映市场供求关系的交通运输价格形成机制。

三、坚持绿色发展，探索建立生态环保价格机制

按照绿色发展、保护环境、节约资源的原则，转变经济发展方式，积极发展绿色经济和循环经济。通过将环境损害成本内部化，来促进人民生产和消费观念的变化，探索生态环保价格机制，贯彻执行绿色生产，绿色消费。

（一）完善生态补偿价格和收费机制

针对自然生态资源，遵循"排污者付费、保护者受益"的原则，科学设计生态补偿价格和收费机制。开展建立排污权、水权、碳排放权等市场产权交易，来将这些产权交易价格内化为企业成本，直接影响企业收益，倒逼企业淘汰污染落后产能、节约资源和保护生态环境。我国海洋资源、渔业资源、森林资源、草原植被等资源十分丰富，但尚未形成高效节能的资源环境有偿使用收费政策。政府建立健全生态补偿价格和收费机制，对于环境保护者给予财政奖励，对于环境污染和生态破坏者通过阶梯定价来征收生态环境补偿费，以实现环境保护和资源节约的目的。

（二）建立健全差别化价格机制

针对那些高污染、高排放、高能耗又产能严重过剩的行业，通过实行阶梯定价（差别化定价），拉开不同档次价格的收费标准，将外部成本内部化，来倒逼落后产能尽快淘汰，以达到节约资源和保护环境的目的。以完善水资源优化配置的价格形成机制为例，统一水价制定基础由水资源费、供水价格和污水处理三部分组成，实现居民生活用水"同城同价"、非居民用水"同网同价"。逐步完善居民生活用水阶梯价格制度，科学确立分档水量和加价标准，通过倒逼机制来实现水资源的节约和合理分配。提高非居民用水累进加价力度，调整超计划用水加价收费档次。针对水污染治理，外部效益内部化的原则，对排污企业依据排污量实行差别化的收费标准，对于治污者也给予差别化奖励标准，充分实现外部性效益。

(三)建立消费者绿色消费价格政策

坚持走绿色经济、循环经济道路,探索生态环境环保机制,处理通过外部成本内在化来倒逼生产者走绿色生产方式之外,也要求消费者养成低碳消费、低碳生活,绿色环保的生活习惯。首先,针对居民用水、电、气实行阶梯形定价,合理确立水、电、气分档量和每档量价格,拉开档次间加价标准,来促使居民节约水、电、气的使用。其次,改革垃圾处理收费标准,提倡垃圾分类和垃圾处理规范化,探索差别化收费制度可能性。最后,建立农村的污水和垃圾处理收费制度,将之前农村分散、粗放处理的垃圾实行集中处理,建立农村污水处理和农业用水循环使用机制。

四、坚持农业基础地位,扎实推进农产品价格改革

目前,我国农产品价格已经全部由市场形成,但我国是一个农业大国,农业是国民经济的基础。在农业供给侧改革和乡村振兴战略大背景下,积极建立兼顾城镇居民、农民群众、政府财政三者效益的农产品价格机制尤为重要。因此政府需要根据农业经营实际情况采取相应的宏观经济政策,来保持农产品价格总水平的稳定。丁声俊(2013)指出,从未来发展趋势看,由于存在着多种影响农产品价格波动的因素,要保持农产品价格总水平的基本稳定,就必须进一步完善农产品支持价格体系。[①]

为了避免农产品价格支持体系扰乱农产品市场价格形成机制,造成农产品供需失衡。同时,发挥农产品支持价格在不扰乱市场机制形成价格之余,更好的保障农民收益、促进农业结构调整等方面的作用,可以采用以下几点:

第一,进一步减少政府对产品价格的干预,同时完善农产品收储制度,引入多方市场主体参与农产品收购。一方面,合理管控农产品收购过程中的政府行为,减少政府直接干预,优化中粮、中储粮等央企在粮食收购过程中的定价方式,避免释放错误信号。另一方面,要加大农产品收购的市场主体培育,以多元化的方式提升农产品收购市场主体的参与意愿,灵活运用政府补贴、税收优惠等政策。

第二,创新农产品价格支持方式,对流通领域进行价格补贴。为了促进农产品正常流通,可以对流通领域而不仅仅是生产领域进行补贴。当前国家仅针

---

① 丁声俊. 正确认识、评价和改进粮食"托市收购"政策 [J]. 价格理论与实践, 2013 (10): 11.

对收购环节进行补贴，无疑会加重流通环节和加工环节的成本，使得流通环节成本过高。通过对流通环节进行必要的补贴，可以提高企业收购的积极性，降低企业的库存，增加农产品收益。

第三，加强农村公共服务。在减少政府对农业干预的基础上，政府通过财政支持，加强对农业的一般公共服务的支持。加强农村公共服务，首先要增强农村基础设施建设，推进高标准农田建设，但我国有很多山地和丘陵地区，地形分散，不利于机械化农业的推进和农业灌溉。这种情况下，要整合土地，开展农业规模化经营，加强农村基础设施建设。其次要节省农业用水，我国农业用水除了部分天然雨水外，大多时候靠的是灌溉，因此要注重农业用水的节约。通过技术、制度、科技等集中打造高效节水灌溉工程。大力普及滴灌和喷灌技术来实现科技节水；或者通过阶梯型水价，实现效益节水。最后增加农业科技研发和推广投入。大力支持农业科技研发，通过政府引导企业，或者实现产－学－研相结合来提高农业科技研发和创新能力，提高农业生产效率和农产品质量。

第四，加强对农产品生产经营的过程监督，进一步完善稻谷、小麦最低收购价政策，深化棉花目标价格改革，保障我国基本农产品供给稳定；建立起兼顾城镇居民、农民群众、政府财政三者效益的农产品价格机制，助推农业供给侧改革。

第三节 价格法律、监督检查机制继续完善

一、加强价格的科学立法和反垄断执法

党的十九大报告提出："经济体制改革实现产权有效激励、要素自由流动、价格反应灵活、竞争公平有序、企业优胜劣汰。"目前，我国市场价格形成机制不断发展完善，2017年市场调节价的商品和服务比重已达到97%，并将在未来进一步提高，但这并不意味着政府从此对价格放任不管，而是要在更科学制定规则的前提下，实施有效监管、促进市场竞争公平有序。坚持政府对市场价格的监督和管理有法可依，尽快修订《价格法》和《反垄断法》中与当前经济社会不相适应的部分。《价格法》从1997年颁布至今已经有21年，虽也有过修订，但是里面的诸多内容与当前实际已经不相适应，可将价格改革四十年来的诸多成果、成功经验作为《价格法》修订的依据，尽快开展《价格法》的修订工作。实现依法治价，价格执法有法可依，价格主体有法可循，来巩固我

国价格改革四十年的成果。

《反垄断法》立法的过程是在我国经济发展到一定程度，国内开始出现价格垄断和价格合谋等价格违法行为的背景下制定的。我国在制定《反垄断法》时参考了国外的先进经验，因此在文本上结构严谨，逻辑清晰。但是我国《反垄断法》的出台也缺乏相应的法律环境和配套保障制度。随着市场化改革的推动和反垄断执法的深入，往往会出现新问题尚待解决。在反垄断执法过程中面临豁免、承诺和行政垄断等问题，因为不同的执法机构针对《反垄断法》的理解不同，因此不同的执法机构在执法尺度上存在差异，政府在宏观上统筹协调也存在不足。[1] 对于此类情况，需要增加《反垄断法》的法律解释、指南、配套的法律法规，来为价格管理部门执法提供法律依据，或者通过修订《反垄断法》来坚定不移地推行价格反垄断，维护市场的竞争秩序，提升价格调控监管服务能力。

充分依托《价格法》《反垄断法》及其他价格相关法律法规，维护市场公平竞争秩序，保障各类市场主体的合法权益，同时保障执法在阳光下进行，保障价格执法公平公正，有法可依，实现整个社会依法治价。对于在市场检查中被发现的涉嫌价格垄断、价格欺诈等价格违规违法行为，政府相关部门应当积极主动地开展价格调查，对于查实的诸如私下达成价格垄断协议、组建价格联盟等行为以及政府相关部门滥用行政权力限制市场竞争的行为，必须依法予以惩处。

二、运用"互联网+"技术创新价格监测机制

随着"互联网+"等新技术新业态新模式的出现，为价格监管部门加强价格市场监管，形成价格长效检测机制提供了新媒介。"互联网+"技术的使用，使得监管部门获取价格信息更加高速、快捷。信息技术的不断提升，整个市场的价格信息呈现几何级数增长，为相关价格监管管理部门运用大数据资源建设价格监测大平台、构建价格监测大格局、提供价格管理大服务创立了条件。因此，运用现代化"互联网+"技术，充分利用数据挖掘的相关手段，深度还原价格信息所呈现的经济本质，协助政府及相关市场主体进一步深入认识和掌握市场价格形成机制，创新价格监测机制。

---

[1] 温桂芳，张群群. 中国价格理论前沿（2）[M]. 北京：社会科学文献出版社，2014：3.

（一）建立健全价格信息监测平台

通过"互联网+"技术建立价格信息监测平台，以实现价格信息的透明化、实时性、高效性。该平台打破过去在价格监测体系中仅仅针对 CPI、PPI 指标的高度依赖，而是全面实时监控关系国计民生的各类市场（如蔬菜市场、水果市场、服装市场、房地产市场、医药市场、旅游市场等）的价格表现，并及时反馈回监管部门。通过对整个大数据的整理，实现价格信息的智能预警和预测，为价格监管部门开展价格管理提供依据。简单地说，建立健全价格信息监测平台，就是利用技术手段打造价格信息体系的实时价格监控、智能预警、辅助指挥决策系统。通过价格信息监测平台，提高价格监管水平。一旦出现各类价格突发事件，利用所掌握的市场价格信息，能够建立有效应急机制，妥善处理，避免事态扩大。

（二）打造实时价格监测共享体系

依托价格信息监管平台，打造商品价格监测共享体系，实现一体系多能、跨区域服务。首先，价格监管部门将价格监测平台所获得的信息每日及时、快速的以新闻报道、信息推送、公众号、微博等方式分门别类地免费传递给广大群众，为广大群众提供消费指引。消费者可以实现不出家门，通过一个平台接口，实现全国价格信息实时掌握，实现市场价格信息"一站式"全方位了解。其次，鼓励广大群众参与价格监督和价格共享之中，消费者也可以利用价格信息共享价格体系，分享本地商品价格信息、商品生产和销售数量信息，形成全国价格信息一条线，以方便消费者更理性地做出消费决策，生产者更好地做出经营决策。一旦出现某地产品特别是农产品滞销，利用价格监测共享体系，让信息传递到每个消费者手中。最后，利用价格监测共享体系，可以实现商品价格追溯，一旦出现价格合谋、价格欺诈、虚高价格等价格违法行为，也能及时查找违法源头，维护消费者的合法利益。

（三）依托社会信用体系，构建经营者价格信用档案

提高我国商品和服务供给质量是供给侧改革的核心内容之一，健全商品和服务质量治理保障体系，全面优化消费环境是提高供给质量的有效途径。我国当前商品和服务供给的矛盾不是解决供给量上的不足，而是解决供给服务质上的不足，加大有效供给，增加优质供给。目前为了健全质量治理保障体系，可以利用现代化"互联网+"技术，引入三方信用度量平台、完善社会信用体

系,进一步构建经营者信用档案。首先,针对时下盛行的网络订餐服务问题,可以利用网络订餐大数据抓取分析系统,一旦出现消费者针对价格问题投诉集中,便可开展调查,若属实,便可降低经营者价格信用档案。其次,利用"价格追溯"手机 APP、微信公众号、价格追溯查询机、城市追溯平台网站等方式,均可查询追溯商品每个阶段的成本信息,一旦出现以次充好,缺斤少两,虚高价格等行为,可通过以上四个渠道向价格监管部门反应,价格部门通过降低经营者价格信用档案,来引导经营者开展合法经营,更好地维护消费的利益。

三、完善涉企行政事业和经营服务业收费目录清单制度

为全面贯彻落实党的十九大精神,推行供给侧结构性改革,各级政府部门应深化简政放权,各地区、各政府应进一步清理和规范经营服务性收费,建立涉企行政事业和经营服务业目录清单制度,开展"阳光价费"工程。涉企行政事业和经营服务业收费涉及面广,对这一项目收费进行相应的清理管理和约束有助于进一步释放企业活力,丰富各类经营主体的经营行为,活跃市场。

(一)建立目录清单制度,实现政府收费阳光透明

通过建立目录清单制度,不仅可以界定政府行为,规范收费项目,防止乱收费、多收费现象的发生;而且可以向公众实时公开的形式,保障公众的知情权,增强人民群众参与价格监督的积极性,让人民群众有可参循的标准,发挥社会舆论监督作用。同时,针对部分特殊的由政府定价或者遵循政府指导价的商品,也要出具详细的清单予以说明,适时减少收费项目,降低收费标准。

(二)建立"互联网+政务服务",深化政府简政放权

通过"互联网+政务服务"建设,优化政府政务服务能力,进一步加大政府简政放权的力度,建立涉企行政事业和经营服务业目录清单制度,扩展网络政务、电子政务、自主政务的办理渠道,实现群众和企业在政府缴费少跑路,甚至不跑路,实现政府公共服务效率的提高与企业、民众负担减轻的同步。

(三)形成《政府定价的经营服务性收费目录清单》一张网

一方面,要将中央政府定价的服务型收费项目进行具体化,结合地方政府的经营服务性收费目录清单进行梳理,形成一张清单全覆盖网,通过降低收费标准,大幅度取消收费项目等政策来降低企业制度性成本,进一步清理和规范

经营服务性收费，能合并的就合并，可取消的就取消，以此减轻企业经营服务性收费负担，优化企业经营的经济发展环境。另一方面，要对政府定价的经营服务性收费项目的科学性与合理性开展更深入的研究，力保切实可行。

第四节 健全应对国际市场价格波动的体制机制

自 2001 年我国加入 WTO 以后，我国便开始与世界各国开展贸易往来，截至 2017 年，我国已是世界第一大货物贸易国，世界上第二大经济体，对全球经济贡献度达到 30%。随着价格改革的推进，我国学者于 20 世纪 80—90 年代开始研究国内外市场价格接轨的问题。随着与世界各国贸易往来越来越密切，国际和国内两个市场价格日益相互融合并且交互影响。随着我国在国际贸易中的参与度不断提高，我国商品的价格除了受国内供需关系的影响外，还受到国际市场价格变动的风险。

国际市场价格对我国国内市场价格的影响主要通过二个途径：第一，贸易途径。当国际市场商品价格上升（下降）后，会直接引起我国进口商品价格的上升（下降），如果进口的消费品价格上升（下降），直接导致消费者物价水平上涨（下降）；如果进口的工业品价格上升（下降），或者工业品批发价格上升（下降），会导致我国生产成本增加（减少），最终还是引起消费者物价水平上涨（下降）。第二，期货途径。大宗商品市场（石油、农产品、以有色金属为代表的工业品等）价格如果发生变动，直接反应在国际期货商场上，然后国内的期货市场会迅速做出反应，最终反馈在国内现货市场上。赵革，黄国华（2005）通过实证分析发现，国际市场价格对国内物价（主要指居民消费价格）的影响弹性是 16%，影响滞后期为 3 个月。也就是说当国际市场价格每上涨 1%，三个月后，国内居民消费价格将上涨 3%。[1] 反之，我国国内市场价格的变动也会影响到国际市场。但是，国际市场价格波动对我国同类产品市场产品的影响大，影响时间长；而反观国内市场价格变动虽然也会影响到国际市场，但影响程度不大。

我国是世界上最多种类大宗商品的进口国，但对这类大宗商品的定价权往往是缺失的。虽为进口量最大的消费国，却不能凭借巨大的消费需求获得定价权，反而只能被动地接受国际市场价格，使得我国在进出口贸易处于不利地位。因此随着我国国际贸易越来越频繁，我国面临的国际市场价格风险也逐渐

---

[1] 赵革，黄国华. 国际市场到国内市场的价格传导链分析 [J]. 统计研究，2005 (7)：30.

增大，进一步完善我国应对国际市场价格波动的体制机制迫在眉睫。对于我国进口依赖度较高的商品，比如高新技术产品、农产品、矿产等，首先要做好物资储备工作，其次要加大高新技术产业的投入，提高我国自主创新能力，最后还必须建立相应的价格调节机制，当面临来自国外的限制性出口政策、价格上涨等因素时，能够启动价格应对，以适当的价格补贴、鼓励政策等方式保证国内供给的稳定。对于我国大量出口贸易的产品，尤其是工业产成品、劳动密集型产品等在面临国外贸易保护、贸易调查等情况时，我国应该建立相应的价格收储机制，在调整结构、淘汰落后产能的同时，适当缓冲国外价格波动的影响，稳定国内价格水平。

参考文献

（一）主要中文文献

1. 主要中文著作

[1] 薛暮桥. 中国社会主义经济问题研究 [M]. 北京：人民出版社，1979.

[2] 许毅，陈宝森，梁无瑕. 社会主义价格问题 [M]. 北京：中国财政经济出版社，1982.

[3] 桂世镛. 论调整改革与效益 [M]. 北京：中国财政经济出版社，1985.

[4] 张卓元. 社会主义价格理论与价格改革 [M]. 北京：中国社会科学出版社，1987.

[5] 刘卓甫，王振之，乔荣章. 价格知识大全 [M]. 北京：中国物价出版社，1990.

[6] 周春，蒋和胜，等. 社会主义价格管理学 [M]. 北京：中国物价出版社，1990.

[7] 成致平. 发展中的价格新体制：八十年代价格改革历程与九十年代展望 [M]. 北京：中国物价出版社，1991.

[8] 沈立人. 中国经济·重大决策始末 [M]. 南京：江苏人民出版社，1999.

[9] 中共中央文献研究室. 十三大以来重要文献选编：上 [M]. 北京：人民出版社，1991.

[10] 中国经济年鉴编辑委员会. 1991中国经济年鉴 [M]. 北京：经济管理出版社，1991.

[11] 李慧中. 中国价格改革的逻辑（1978—1998）[M]. 太原：山西经济出版社，1998.

［12］汪洋．价格改革二十年回顾与前瞻［M］．北京：中国计划出版社，2002．
［13］成致平．价格改革若干大事聚焦［M］．北京：中国物价出版社，2002．
［14］中共中央文献研究室．中共十三届四中全会以来历次全国代表大会中央全会重要文献选编［M］．北京：中央文献出版社，2002．
［15］冷溶，汪作玲．邓小平年谱（1975—1997）：下［M］．北京：中央文献出版社，2004．
［16］林毅夫．发展战略与经济改革［M］．北京：北京大学出版社，2004．
［17］马克思．资本论：第1卷［M］．北京：人民出版社，2004．
［18］汪洋．价格改革二十年回顾与瞻望［M］．北京：中国计划出版社，2005．
［19］成致平．价格改革三十年（1977—2006）［M］．北京：中国市场出版社，2006．
［20］张维迎．价格、市场与企业家［M］．北京：北京大学出版社，2006．
［21］任兴洲．建立市场体系：30年市场化改革进程［M］．北京：中国发展出版社，2008．
［22］新望．改革30年：经济学文选：上册［M］．上海：生活·读书·新知三联书店，2008．
［23］房维中．房维中文集［M］．北京：中国计划出版社，2009．
［24］彭森．中国价格改革三十年（1978—2008）［M］．北京：中国市场出版社，2010．
［25］温桂芳，张群群．中国价格理论前沿（1）［M］．北京：社会科学文献出版社，2011．
［26］杨圣明．中国价格改革研究［M］．北京：中国社会科学出版社，2013．
［27］温桂芳，张群群．中国价格理论前沿（2）［M］．北京：社会科学文献出版社，2014．
［28］周春．周春文集［M］．成都：四川大学出版社，2015．
［29］蒋和胜，刘世炜，等．重要商品与服务价格研究［M］．成都：四川大学出版社，2018．

2. 主要中文期刊论文

［1］薛暮桥．调整价格和改革价格管理体制［J］．经济研究，1985（1）：3-7．
［2］李晓西，石小抗，边勇壮．统一的市场价格目标模式论［J］．经济理论与经济管理，1986（4）：24-29．
［3］马凯．我国价格改革历程中值得认真总结的一页——对治理整顿期间价格

改革的回顾与思考 [J]. 价格理论与实践, 1992 (1): 2-11.

[4] 江泽民. 加快改革开放和现代化建设步伐 夺取有中国特色社会主义事业的更大胜利——在中国共产党第十四次全国代表大会上的报告 [J]. 求实, 1992 (11).

[5] 马凯. 中国价格改革20年的历史进程和基本经验 [J]. 价格理论与实践, 1999 (1): 8.

[6] 马凯. 好中有难 稳步前进——对价格改革环境与时机的分析 [J]. 中国物价, 1990 (10): 4-11.

[7] 吕春城, 杨洹. 我国政府定价行为的目标及实现方法探讨 [J]. 财贸经济, 2002 (5): 73-76.

[8] 张光远. 新时期价格工作职能定位试探 [J]. 中国物价, 2003 (5): 5.

[9] 伍世安, 王万山. 混合物品的价格形成与优化分析 [J]. 当代财经, 2004 (1): 14-21.

[10] 赵革, 黄国华. 国际市场到国内市场的价格传导链分析 [J]. 统计研究, 2005 (7): 28-30.

[11] 王振霞. 改革开放以来我国价格改革的回顾与展望 [J]. 经济纵横, 2008 (4): 8-10.

[12] 许光建. 价格改革30年的回顾和展望 [J]. 中国国情国力, 2008 (9): 7-10.

[13] 张茅. 价格改革: 成就、经验与进一步深化 [J]. 求是, 2008 (22).

[14] 温桂芳. 价格改革30年: 回顾与思考 [J]. 财贸经济, 2008 (11): 91-101+127.

[15] 温桂芳. 认真总结经验 积极推进新时期的价格改革——价格改革30年回顾与展望 [J]. 价格理论与实践, 2008 (11): 7-9.

[16] 张卓元. 中国价格改革三十年: 成效、历程与展望 [J]. 经济纵横, 2008 (12): 3-10.

[17] 蒋和胜, 蒙琳. 我国价格改革三十年的回顾与前瞻 [J]. 天府新论, 2009 (3): 62-66.

[18] 胡祖才. 认真学习贯彻党的十八大精神 努力做好2013年价格监督检查与反垄断工作——在2013年全国价格监督检查与反垄断工作会议上的讲话 [J]. 中国价格监督检查, 2013 (1): 4-10.

[19] 丁声俊. 正确认识、评价和改进粮食"托市收购"政策 [J]. 价格理论与实践, 2013 (10): 11-15.

[20] 王学庆. 中国"价格改革"轨迹及其下一步 [J]. 改革, 2013 (12): 5-16.

[21] 成致平. 邓小平理论是价格改革的指路明灯——小平同志对价格改革的亲切关怀 [J]. 价格理论与实践, 2014 (8): 5-8.

[22] 蒋和胜, 王振平, 方锐. 我国医保机构主导的药品价格谈判机制研究 [J]. 价格理论与实践, 2015 (4): 25-27.

[23] 施子海. 迈出新时代全面深化价格改革的新步伐 [J]. 价格理论与实践, 2017 (11): 5-6.

[24] 许光建, 丁悦玮. 深入推进价格改革 着力提升"放管服"水平——十八大以来价格改革的回顾与展望 [J]. 价格理论与实践, 2017 (5): 5-10.

[25] 闫茂旭. 价格改革与社会主义市场经济体制目标的确立 [J]. 中共党史研究, 2017 (7).

[26] 许光建. 全面深化价格机制改革展望 [J]. 价格理论与实践, 2017 (12): 13-16.

[27] 蒋和胜. 我国最佳的价格模式应是混合型价格模式 [J]. 价格月刊, 1986 (8): 2-5.

[28] 蒋和胜. 苏联东欧价格改革评介 [J]. 四川大学学报（哲学社会科学版）, 1989 (2): 28-34.

[29] 蒋和胜. 供求机制不能完全调节价格 [J]. 经济理论与经济管理, 1990 (2): 38-40.

[30] 王兴家. 逐步解决生产资料价格"双轨制"问题的设想 [J]. 中国物价, 1990 (7): 3-9.

[31] 全国生产资料成本价格研究会第一届理事会. 为生产资料价格并轨献计献策 [J]. 价格理论与实践, 1990 (7): 41-45.

[32] 刘旭明. 价格形成理论的发展趋势 [J]. 经济研究参考, 1992 (Z2): 986-993.

[33] 马凯. 价格畸形的突破 [J]. 中国经济体制改革, 1992 (6).

[34] 宋跃征. 对我国工业产品价格水平和比价关系的分析 [J]. 统计研究, 1992 (6): 31-43.

[35] 成致平. 学习《邓选》是物价人员的头等大事 [J]. 北京物价, 1994 (3): 4-6.

[36] 周春. 建立社会主义市场价格机制 [J]. 天府新论, 1994 (5): 3.

[37] 李林茂. 辉煌的成就 重大的突破——江西省价格改革20年纪实（续一）

[J]．价格月刊，1998（12）：4．

[38] 蔡瑞先，姜斌．价格改革的基本经验和发展趋势［J］．发展论坛，1999（9）：43－45．

[39] 罗世传．20年来价格改革进程与价格总水平的运行［J］．财经科学，1999（5）：29－31．

[40] "价格管理的现状和进一步发挥价格杠杆作用研究"课题组．价格管理：现状、问题与深化改革思路［J］．财贸经济，2003（3）：15－21＋95．

[41] 周冰．中国转型期经济改革理论的发展［J］．南开学报，2004（2）：30－43．

[42] 国家发展改革委价格司课题组．"十一五"价格总水平调控目标及相关政策措施研究［J］．中国物价，2006（5）：7－11＋27．

[43] 温桂芳．认真总结经验，积极推进新时期的价格改革——价格改革30年回顾与展望［J］．价格理论与实践，2008（11）：7－9．

[44] 张卓元．中国价格改革三十年：成效、历程与展望［J］．红旗文稿，2008（23）．

[45] 王永治．敢于变革 敢于创新 推进价格改革深化——价格改革30年的回顾与展望［J］．经济研究参考，2008（50）：37－47．

[46] 谈俊．从改革以来党的报告看我国价格改革的发展历程及展望［J］．中国经济史研究，2013（1）：111－119．

[47] 杨圣明．关于加快我国广义价格改革问题［J］．经济体制改革，2012（4）：14－16．

[48] 陈金凤．论我国价格体制转变［J］．时代金融，2013（9）：83．

[49] 张承义．新中国价格管理体制改革的历史回顾与前瞻［J］．科技创新与应用，2014（3）．

[50] 王广利，王学庆．价格改革思路六次大的转变及其启示［J］．价格理论与实践，2014（1）：36－39．

[51] 陶雷．新中国价格法制度变迁讨论［J］．湖北经济学院学报（人文社会科学版），2015（4）．

[52] 孔祥智，张效榕．新一轮粮食价格改革：背景与方向［J］．价格理论与实践，2017（1）：15－19．

[53] 胡祖才．纵深推进价格改革 提升价格监管水平 以优异的价格工作实绩迎接党的十九大胜利召开［J］．价格理论与实践，2017（1）：5－11．

[54] 国家发展和改革委员会价格司．简政放权 创新机制 党的十八大以来价

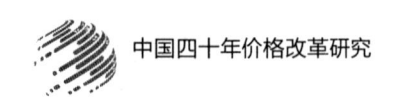

格改革取得新突破 [J]. 价格理论与实践, 2017 (10): 5-8.

3. 主要中文报纸论文

[1] 社论: 伟大转变和重新学习 [N]. 人民日报, 1978-12-22.

[2] 厉以宁. 先改革价格还是先改革所有制选择哪个思路 [N]. 世界经济导报, 1986-12-03.

[3] 新华社. 坚决稳妥解决好改革中的难题 建立社会主义商品经济新秩序 [N]. 人民日报, 1988-06-02.

[4] 新华社. 我们有条件冒全面改革物价工资风险 [N]. 人民日报, 1988-06-04 (1).

[5] 杨韵新. 中国经济转轨中的就业与失业状况 [D]. 北京: 清华大学, 2002.

[6] 姜榕兴. 市场经济条件下中国价格管理研究 [D]. 福州: 福建师范大学, 2004.

[7] 吴晓旸. WTO后过渡期结束后价格行政监管的研究 [D]. 镇江: 江苏大学, 2006.

[8] 许光建. 价格改革的基本经验与今后的方向 [N]. 中国信息报, 2008-08-29 (001).

[9] 王家. 20世纪80年代我国通货膨胀问题新论 [D]. 上海: 复旦大学, 2008.

[10] 中国价格协会课题组: 王永治, 蒋善利, 薛竹, 温桂芳, 戴冠来, 李林茂. 价格改革: 三十年跨越三大步 [N]. 中国经济导报, 2008-07-29.

[11] 国家发展改革委价格司. 中国价格改革三十年 [N]. 经济日报, 2009-02-05 (05).

[12] 国家发展改革委价格司. 为经济又好又快发展创造有利的价格环境 [N]. 中国经济导报, 2009-02-28.

[13] 刘伟. 1988年中国"物价闯关"研究 [D]. 北京: 中共中央党校, 2011.

[14] 李颖. 中国物价波动的特征和影响因素研究 [D]. 大连: 东北财经大学, 2011.

[15] 林兆木. 使市场在资源配置中起决定性作用 [N]. 光明日报, 2013-11-29.

[16] 刘元春. 物价回落: 需求不足还是通缩输入 [N]. 人民日报 (理论版), 2015-02-05.

[17] 郭锦辉. 我国价格市场化程度超过97% [N]. 中国经济时报, 2017-

07—28.

（二）主要英文文献

[1] Van Wijnbergen S. Intertemporal Speculation, Shortages and the Political Economy of Price Reform [J]. Royal Economic Society, 1992, 102 (415).

[2] Johnson T M. China's power industry, 1980—1990: Price reform and its effect on energy efficiency [J]. Energy, 1992, 17 (11).

[3] Fattouh B. Price reform in Kuwait's electricity and water: assessing the benefits [J]. Delta Farm Press Exclusive Insight, 2012, 22 (1).

附录一

纪念价格改革十周年与三十周年论文三篇

第一篇 关于价格体系改革的几个问题的探讨[①]

"七五"期间,是我国全面系统地改革经济体制的重要时期,而价格体系的改革是整个经济体制改革成败的关键。"六五"时期,我国价格改革迈出了勇敢的一步,并取得初步成果。但是,当前价格体系中仍然存在不合理、甚至严重不合理的问题,既制约了国民经济的较快发展,又妨碍了整个经济体制改革的进程。因此,深入研究价格体系改革的目标、方法、步幅等一系列重大的理论问题和实际问题,对于设计稳妥的价格体系改革方案,建立合理的价格体系,具有十分重要的意义。

本文根据马克思主义的价值、价格理论,按照我国当前的客观经济环境,参鉴苏联、东欧国家价格改革的成功经验和教训,试图对上述若干问题做出较为深入的探讨。

一、价格体系改革的目标

要进一步积极稳妥、卓有成效地改革价格体系,深入研究价格体系改革所要实现的目标,是至关重要的。

经过反复讨论,目前多数人认为:价格体系改革的目标,首先是使价格大

[①] 本文系本书作者蒋和胜,在 20 世纪 80 年代中期攻读政治经济学硕士研究生期间研究价格改革的习作,也是为纪念改革开放十周年撰写的论文,1987 年收录在四川大学学报丛刊第三十五辑《研究生论丛》(第三集)。

体反映商品的价值,这是价格体系改革所要达到的主要目标,是价格体系合理的基本标志;其次是使价格大体反映供求关系,这是价格体系改革所要实现的重要目标之一。但是,有的同志片面强调供求机制的积极作用,把价格是否反映供求关系作为价格是否合理的主要标准或唯一标准,甚至认为"价格符合价值,不是价格合理的标准"[①]。更有甚者,干脆把完全由市场供求机制自发调节而形成的均衡价格,作为价格体系改革的合理目标,从而否定了价格体系合理的主要目标是使价格大体反映商品的价值,进而也就否定了价格体系改革的主要目标是使商品价格大体反映商品价值。

我们认为:片面强调供求机制的作用,把均衡价格作为价格体系改革的目标是不科学的。均衡价格出自于资产阶级经济学家的编造,其核心是完全由市场供求机制自发作用而形成价格。这里姑且不谈它在理论上有没有科学的依据,只着重分析它是否像我们有的人所说的那样尽善尽美。诚然,在我国发挥供求机制的作用,有着不可否认的积极方面,但是,必须明确供求机制的积极作用,社会经济环境比较宽松,只有在国家的各种经济(包括一定比重的商品实行国家定价和国家指导价格)、行政、法律手段的具体指导和调控下,才能较好地实现。如果完全让供求机制无拘无束地自发作用,那么,供求机制自身的、不可克服的某些弊端和弱点必定抵消和淹没其积极作用。这是由供求机制自发作用的下述特点及后果所决定的。

第一,区域性。它是指供求机制作用形成的价格,调节生产和流通,在一个局部范围内最灵敏,也最有效,然而它在全局范围内,或在更大的区域内则是比较迟钝和效力不高,甚至会发出与需要失真的价格信号,为生产者提供颠倒的供求情形。因为在一个相对狭小的区域内,生产者可以直接而迅速地通过价格的变化来观测到市场供求的变化,从而以此来调整自己的生产,使之与市场需求相适合,然而即使在这种条件下,各个分散的个体也只能获得某种商品应当增加或缩减的趋势信息,而不能知道自己应当发展或缩减的量的界限,这里又潜伏着生产与需要脱节的可能。如果在一个更大的区域内,单个生产者对市场供求关系及其变化的准确预测就更是无能为力了。这是因为距离远,人的需求千变万化,生产者众多;同时还因为商品从生产领域至消费领域的运动途中会发生非正常的和正常的停留与沉积,使市场供求机制自发形成的价格信号失真,这时单个商品生产者就难以通过失真的价格信号把握市场真实的供求关系,正如马克思指出:"非自愿储备是由流通停滞造成的,或者同它是一回事,

---

① 参见《价格理论与实践》1985 第 4 期,1986 年第 2 期第 25 页。

而这种停滞是商品生产者无法知道的，是违背他的意志的。"[1] 如果说，一个有全局范围内的、完善的经济和行政组织、信息传递机构的国家都难以把握市场真实的供求关系，那么作为各个分散的商品生产经营者个体则更难预测全局范围内的真实供求情形，结果更会造成生产与需要脱节、社会劳动的浪费。

第二，时差性。它是指市场供求机制自发形成的价格使生产被动地适应市场需求的过程中，出现的生产和需要的时空，从而造成生产与需要的脱节。就是说，即使生产者个体准确地通晓到市场需求的变化（如上所述又是不可能的），而相应地调整投资结构、生产结构，以适应市场需求的变化，但是由于供求机制自动调节形成的市场价格反馈出的需求信息，需要得到及时满足，而生产者由于投资周期、生产周期或流动资金周转周期所导致需要一定时间才能生产出产品来满足市场这一需求，特别是那些供给弹性系数比较小的产品更是如此，从而出现供给与需求之间的时间空隙，供给满足不了需求，这时价格暴涨；当市场价格暴涨的信号逐渐发出之时，该类商品生产者开始扩大生产能力，其他商品的生产者也纷纷转向，跻身于该类商品的生产，使生产能力剧增，待生产的产品大量提供到市场上来时，消费者的需求倾向由于许久得不到满足，或找到代用品，或发生转移，或生产出来的产品已经满足了消费者的需求（需求弹性较大的商品更是如此），这时价格开始下跌，而生产者则不能踩急刹车，因为许多产品已经是半成品了，还得继续生产出来，这就必然引起周期性的结构失调，造成社会劳动的浪费。马克思曾明确指出："剧烈的价格波动，会在再生产过程中引起中断，巨大的冲突，甚至灾难。"[2]

第三，近期性。它主要表现在供求机制自发调节而形成的近期价格信号，刺激生产者不择手段力求通过近期高价获取最大的近期利益。

第四，不稳定性。它是指由市场机制自发调节而形成的价格频繁波动性，使生产者难以琢磨市场需求，常常在市场价格的颠簸中，左右摇摆，这就不利于生产者专一生产某种商品，提高其技术水平和经济效益。

商品经济发展的历史已经证明，基本由市场供求机制自发调节形成的均衡价格具有上述特点和弊端，资本主义国家可谓是市场供求机制积极作用发挥得最充分的地方，但也是其消极作用表现得最突出的地方，致使微观经济获得的社会供给与社会需求自动协调的好处往往无法抵偿宏观经济比例失调带来的巨大损失，因而资本主义国家也不得不采取措施限制这种消极作用。但是由于资

---

[1] 马克思：《资本论》第 2 卷第 164 页、第 3 卷第 135 页、第 1 卷第 52 页。
[2] 马克思：《资本论》第 2 卷第 164 页、第 3 卷第 135 页、第 1 卷第 52 页。

本主义生产的社会化和生产资料资本主义私人占有的基本矛盾决定其不可能从根本上实行有计划地调节社会生产和流通,从根本上避免或限制供求机制的消极作用带来的社会劳动的巨大浪费,而存其积极作用。社会主义公有制的建立,消灭了资本主义社会的基本矛盾使得整个社会有可能实行计划调节,有可能自觉地利用市场价值规律、供求机制的积极作用,避免其消极作用,而我们为什么又要放弃这一优越性,基本上让市场机制自发作用实现均衡价格,并把均衡价格作为价格体系合理的目标,从而存其市场供求机制的消极作用,去抵消其积极作用?这是不可思议的。

其他社会主义国家在这方面实践的先例为我们提供了教训,贴出了路标——此路不通。南斯拉夫在六十年代初期决定:要把国家对经济的全面垄断改变为比较自由的市场经济。因而过早地弱化甚至根本放弃了国家的经济职能,价格基本由市场供求机制自发调节而成,实际就是所谓均衡价格结果,使企业得不到来自正确方向的引导,企业的行为得不到国家有效地调整,众多的生产经营者个体为了近期利益而损害长远利益;为了局部利益而损害整体利益;为了自身利益,而损害广大消费者利益。其手段之一则是竞相涨价,只有4%是由于劳动量增加而增加的[①]。企业竞相涨价,迫使银行多发票子,造成通货膨胀,物价水平持续上升,经济生活出现紊乱。1980年南斯拉夫开始采取多方面的措施,力争通货膨胀率从1981年的40%下降到1985年的10%[②],结果通货膨胀久控不下,1985年还达到50%。我国1985年价格改革迈出了探索性的一步,蔬菜、水果、水产品等鲜活农副产品的放开,能源、原材料一定数量的放开,市场供求机制的利弊开始显露,加之我国经济环境不宽松,国家各种间接控制手段不完善,致使放开的商品价格水平上升过猛,难于控制,势必超过社会承受能力。因此,国家还不得不对放开的某些商品规定上限,以限制市场供求机制的部分自发作用。

总之,无论是从理论上,还是从国内外实践中,都表明均衡价格不能作为我国价格体系改革的目标。我国的价格政策、价格体系的改革目标,只能以马克思的劳动价值论为指导,结合本国的具体实际来确定。因此,我国价格体系改革的目标就只能是:商品价格大体反映商品价值,又大体反映供求关系。这样的目标,不仅在理论上有科学依据,而且在实践中有极为重要的意义。

首先,价格体系大体反映商品价值体系符合科学的价格理论的根本要求。

---

① 苏联东欧国家价格学术研究会编著:《国内外价格专题讲座》第185页。
② 参见《经济学周报》1985年9月22日、1986年3月9日。

马克思科学的价格理论认为：价格是价值的货币表现，商品价格的基础是价值。因此，价格是否反映价值自然就成为价格是否合理的主要标准，价格体系改革的目标也就是要实现商品比价大体反映其价值比例，商品差价大体反映其价值差额，商品价格水平大体反映其价值水平。但是，对于价格大体反映价值中的"价值"的质和量还必须弄清楚，这一点应该说是不称其为问题的。马克思的劳动价值理论明确指出，价值的质就是指凝结在商品中的人类一般劳动，价值的量是指商品中包含的社会必要劳动时间，而社会必要的劳动时间是指"在现有的社会正常的生产条件下，在社会平均的劳动熟练程度和劳动强度下制造某种使用价值所需要的劳动时间"[①]。可是，相当一部分同志却认为：价格大体反映价值，就是反映生产价格，其理由之一是每种商品的价值与其生产价格在质和量上是等同的[②]。这里我们姑且不谈生产价格在社会主义经济中有没有存在的客观必然性，只就上述观点的论据本身提出一点看法。我们认为，那种把每种具体商品的价值和生产价格等同起来，实是对马克思主义价值理论与生产价格理论的误解。按照马克思的价值、价格理论，每种商品的价值与其生产价格，在量上和质上并非完全等同，社会价值与生产价格是有根本区别的，这种区别主要表现为如下几个方面：

第一，二者形成的方式不同。在社会化大生产条件下，社会价值是由生产同种商品的同一部门内部各个企业通过竞争形成的，而生产价格则是由投在生产不同商品的不同部门的资本之间竞争形成。

第二，二者表现的为不同。社会价值主要表现商品价值的决定和价值的社会性，表现商品生产者之间交换产品，从而交换劳动的一般关系；而生产价格反映的是资本按其份额平分 m 的要求，表现的是资本家之间瓜分 m，共同剥削工人的关系。

第三，二者产生和存在的阶段不同。由社会必要劳动时间直接决定的社会价值是随着商品经济的产生而产生的，并且存在整个商品经济的始终，是商品经济的一般范畴；生产价格则是商品经济发展到一定阶段上适应资本关系和要求出现的，并随着资本关系的消失而消失，因而它是商品经济发展的特殊阶段上的一个特殊范畴。

第四，二者在量上不同。每种商品的生产价格与其社会价值量相等，只存在于资本中等有机构成的情形之中，而资本中等有机构成只是偶然存在。许多

---

① 马克思：《资本论》第 2 卷第 164 页、第 3 卷第 135 页、第 1 卷第 52 页。
② 参见《价格理论与实践》1985 第 4 期，1986 年第 2 期第 25 页。

高位构成与低位构成部门所生产的商品，它们的社会必要劳动时间所决定的社会价值，同他们的生产价格在量上是不会一致的。高位构成的部门，其商品的生产价格必定高于它的价值，低位构成的部门，其商品的生产价格要低于它的价值。

因此，生产价格与社会价值是有根本区别的，不是完全等同的。

持每种商品的社会价值等于其生产价格的观点的其他同志，又提出另一个论据：社会价值是"全社会平均条件下的社会必要劳动时间决定的"，是多部门共同形成的[①]。我们认为，这也是违背科学价值论的，因为无论是从理论上还是实践中，都根本不存在一个全社会平均条件下的各部门统一的社会必要劳动时间，因而也不存在各部门统一的社会价值。不同部门生产的是不同性质的商品，由于其使用价值在质上是不可比的，生产各自商品的社会必要劳动时间在量上是不同的，因而不可能在此基础上进一步形成各部门统一的社会必要劳动时间，并用它来确定不同性质商品的社会价值。相反，只有生产同种商品的部门才能形成一个统一的社会必要劳动时间及其决定的社会价值。因为，同一个部门生产的同类商品在质上相同，在量上可比，因而能够形成一个统一的社会必要劳动时间。

可见，把每种商品的社会价值和生产价格直接等同起来，在理论上是不能成立的。

综上所述，商品价格大体反映商品价值中的"价值"，只能是同一部门生产的同种商品所耗费的社会必要劳动时间形成的社会价值，而不是生产不同商品的多部门共同决定的社会价值；商品价格大体反映商品价值中的"价值"的量，只能是商品中包含的社会必要劳动时间量，而不是生产价格。

其次，我国商品价格体系大体反映供求关系，这既符合商品价格自身的要求，也符合我国新型经济模式的根本要求。第一，它符合价格自身的客观要求，因为不仅价值决定价格、价格决定供求，而且供求客观上要影响价格，市场价格有时高于价值，有时又低于价值，这是以供给和需求的变动为转移的。第二，它符合我国新型经济模式的要求。现阶段我国的经济是计划经济，又是商品经济，是有计划的商品经济。商品经济的存在，要求商品经济内在的供求规律发生作用，要求价格反映供求关系，计划经济的存在，要求社会主义国家自觉运用价值规律、供求规律的作用，同时运用国民经济计划，运用各种调节手段避免商品经济内在规律（如供求规律）自发作用过度，导致许多商品价格

[①] 参见《经济研究》1963，83（11）。

频繁波动、价格长期过大地偏离价值的消极性一面，而发扬其积极作用，也正是在这里，表明我国形成的价格与基本由市场供求机制自发形成的均衡价格的根本区别。

再次，实现我国价格体系大体反映商品价值、反映供求关系的目标，对于处理好国家、集体、个人三者的物质利益关系，有效地贯彻按劳分配原则、促进农业、基础工业的发展，加强企业经营管理，提高经济效益等方面，都具有十分重要的意义。

总之，实现价格体系大体反映价值和供求关系的目标，不仅在理论上有充分的依据，而且在实践中有极端重要的意义。当前必须尽快测算出理论价格，使价格体系改革有准确而可靠的依据。

二、价格体系改革的方法

要实现价格体系改革的目标，还必须深入探讨价格体系改革的方法。改革不合理价格体系的方法总的来说有三种：一是有计划的调整，二是放开，三是调放结合。对于当前我国价格体系改革的方法，一般认为，应是调放结合，但究竟以调为主，还是以放为主，又存在着尖锐分歧。一种观点认为，价格体系改革的方法应以放为主，另一种观点认为，应以调为主，究竟应当选择哪一种方法呢？

我们认为：价格体系改革的方法不决定于人们的主观意志，而决定于客观经济条件，因此，价格体系和改革的方法，只能按照本国经济模式的要求，从实际出发，在客观经济条件中去寻找。从长远来看，根据我国有计划商品经济的客观要求，和将来客观经济环境的改善，总的来讲，价格体系改革的方法应以放为主，放是必然，放是趋势。但是按照我国当前和近期内的客观经济条件，我们认为："七五"期间价格改革的方法，从总体上看，还应以调为主，调放结合。具体原因有以下几个方面：

首先，我国现实经济环境不具备以放为主的条件，而应以调为主。以放为主，需要具备的首要条件是社会产品从总体上供求平衡，或供略大于求，形成一定的买方市场；同时，重要的分类商品也要求平衡，或供略大于求。只有如此，放开之后，价格才不会大幅度上涨。引起价格水平的波动，进而超过社会承受能力。当前无论是从整体上看，还是从主要分类商品来看，都基本不存在供过于求的状况。从总体上看，我国目前"投资饥饿症"还未完全治愈，物资短缺的状况还未根本改变，同时84年底出现的"消费基金膨胀"还在发生影响，社会消费品购买力很强，许多消费品明显供不应求。从分类商品看，基础工业品中的能源、原材料，消费品中的名牌高档消费品等严重供不应求。并且通过"六五"期间的改革，那些供求平衡、或供略小于求的部分商品已经放开，如农产品中除国家订购的粮、棉等主要农产品以外的农产品价格已基本放开，国家给予适当指导；工业消费品中的小商品已全部放开，轻工产品部分放开；紧缺的能源、原材料已放开三分之一左右；工业生产资料中的机电产品基本实行浮动价格，部分纺织品也实行浮动价格。可见，如果"七五"期间再以放为主，则只有把那些紧缺而事关国计民生的产品放开，其结果必然引起价格水平上升过猛，超过社会承受能力，显然这是不允许的。

其次，我国公有制基础上有计划的商品经济决定：一方面，要给予商品生产经营者较大的价格决策权，把部分商品价格放开，另一方面，又要求对整个商品生产和流通实行计划指导，协调控制，表现在价格上则要求实行计划价格（包括国家定价和国家指导价格）为主，市场调节价格为辅的价格模式，而实行计划价格的商品则不能完全放开，只有通过调整来解决其不合理的问题。

再次，我国现阶段社会承受能力决定价格体系改革只能以调为主。目前我国财政负担能力、企业消化能力、人民生活的承受能力都较脆弱，经不住价格大范围放开、价格水平大幅度上升带来的冲击。

最后，苏联、东欧国家价格改革的历史经验证明：在许多供不应求又关系国计民生的产品价格大幅度低于价值的时期，价格体系改革的方法首先以调为主，则会有利于改革顺利进行。苏联在五六十年代就有计划地调高了农产品、能源、原材料价格。南斯拉夫在全面放开价格之前的60年代中期一次性大幅度提高了农产品价格、工业品价格，其中基础工业品价格提高幅度远远大于加工工业品价格提高度。匈牙利在放开部分产品价格之前的五六十年代也多次大幅度提高了农产品价格和基础工业品价格[①]。由于首先有计划地调高了那些大幅度低于价值的重要工农业产品价格，缓解其不合理的比价关系，从而为放开部分产品价格或大部分产品价格创造了条件，减轻了价格管理体制松动、产品价格放开之后对社会的冲击度。这些应当作为我国决策价格体系改革方法之时借鉴的重要经验。

以上分析表明："七五"期间我国价格体系改革的方法不能"以放为主"，而应"以调为主"，否则将使价格水平难以控制，超过社会承受力。

当然"以调为主"，并不排斥少量的放，也不排斥个别商品价格"以放为主"。由于客观经济现象，众多的商品和劳务所处的客观经济环境，呈现出不

---

① 参见《匈牙利经济体制改革》，中国财经出版社出版。

同的层次，处于非常复杂的情形之中，因而有的商品和劳务所处的客观经济环境相对较好，或对国计民生影响不大，则可以以放为主；有的商品和劳务对国计民生影响大，所处的客观经济环境不能精确分析，放开后对生产和流通的调节作用，社会承受能力等方面，难于评估，则可以以调为主，或边调边放，或先调后放，或采取宽松性的浮动价格形式，进行有控性的、隐蔽性的调放结合。

三、价格体系改革的步幅

如上所述，"七五"时期，我国价格体系改革的方法以调为主，但是调整步幅的大小，还要深入探讨。

关于价格体系调整的步幅，在前一段时间的讨论中，大体有如下三种主张：一是迈大步，实行系统改革，工农业产品同时调价，一次解决工业品中能源、原材料价格偏低，农产品销价低于购价的问题；二是迈小步，首先从对人民生活直接影响较小的能源、原材料价格入手，分期、分批地提高或适当放开价格，待工业生产结构比较合理，经济增长，国力增强，人民收入有了较大增加的情况下，再分期、分批解决农副产品购销价格倒挂问题；三是迈中步，工业品和农产品价格中的问题分开，并按先后顺序一次性解决。

从十一届三中全会以来国家出台的价格改革方案来看，是采用以农产品价格为"突破口"多方混合进攻的战术，但总的来说，改革的步子是小步前进，这是党和国家充分考虑到现阶段社会承受能力微弱的情形，不可能迈大步，从而制定小步前进的方针，使价格体系初步改革取得了成功。

我们认为，从总体上看，"七五"期间价格调整的步幅仍然应坚持小步前进的方针，极个别商品价格和劳务收费，由于其不合理程度不十分严重，或虽然比较严重，但具备解决的条件，改革的步幅则可以走中步成大步，进行一次性解决。

价格体系改革的步幅，从总体上实行小步前进的方针，其依据仍然是当前我国各方面的承受能力较小，不具备迈大步或中步的条件。

首先，从财政的负担能力来看，1981 至 1984 年我国财政收支基本平衡，略有赤字，且赤字逐年上升，说明这几年我国财政基金并不充裕；1985 年财政收支基本平衡，消除赤字；1986 年我国财政收支情况并不十分理想，有一定程度的赤字。这就表明：财政不可能拿出太多的钱来支持价格改革，从而制约着价格改革的步伐。

其次，从企业的消化能力来看，近期内加工企业的消化能力也十分有限，主要是许多加工企业机器设备陈旧落后，技术水平低，经营管理差，生产结构不合理，加工层次少，精加工和深加工很不够等情形的改变，在很大程度上有赖于企业机器设备的更新，经营管理手段的现代化，管理人才素质的提高，生产结构的调整。所有这些在短期内，不可能有根本性的改变，因而企业的消化能力在近期内还难于充分发掘出来。同时还有一部分加工企业的技术水平已经较高。经营管理也比较先进，短期内再挖掘潜力消化因能源、原材料价格上升造成成本上升的部分，其难度就更大了。比如，去年紧缺的生产资料价格实行"双轨制"，放开部分的价格成倍上升，结果许多加工企业都叫喊无力消化原材料价格上升引起的成本增加部分。事实也是这样，1985 年 1－6 月份工业企业可比成本比 1984 年同期上升 3.9%，超支 44.6 亿元，企业亏损面增加，亏损总额达 12.4 亿元，比 1984 年同期增加 1.7%[①]，1985 年上半年江苏省由于能源、原材料提价造成成本上升部分，最好的企业也只消化了 70%～80%，一般和比较差的企业只消化了 10%～20%，特别差的基本上没有消化[②]。可见，生产资料价格改革已经试探出近期内加工企业的消化能力是比较小的。

再次，人民生活对单方面物价上涨的承受能力，也十分脆弱。长期以来，由于生产发展缓慢，人民生活改善不快，这几年虽然生活水平有较大的提高，但是仍然承受不住物价大幅度上涨的压力。1985 年鲜活农副产品、水产品价格放开，价格上升幅度过大，虽然财政还给补贴，但城市居民仍然不尽满意，就充分证明了这一点。

最后，价格体系改革的步幅坚持小步前进，还是稳定物价的基本要求。我国物价稳定的必要性和可能性已为三十多年实践所证明，并成为我国物价工作的重要方针。历史经验证明：虽然稳定物价不是冻结物价，稳定物价本身应该包括物价的调整，只有通过调整，使价格体系趋于合理，物价才会稳定；但是，物价调整又必须以物价稳定为前提，只有在物价基本稳定的前提下，调整物价才会成功。不能设想，在物价剧烈波动的状况下，调整物价的措施会得以顺利实施，并收到预期效果。因此，根据我国价格体系中需要调整的价格，是升多降少的实际情况，"七五"期间的价格改革不能大步前进，不能毕其功于一役、一步解决价格体系中所有不合理的问题，否则将会使价格总水平上升过大，难以做到物价基本稳定，还会导致价格改革夭折。

此外东欧部分国家价格体系改革的实践已经证明：改革的步幅不能走大

[①] 参见《经济学周报》1985 年 9 月 22 日、1986 年 3 月 9 日。

[②] 参见《经济日报》1985 年 10 月 6 日。

步。南斯拉夫1965年一次性大幅度提价，试图一步解决价格体系中工农业产品比价、基础工业品和加工工业品比价不合理的问题，结果造成加工工业品成本猛升，引起加工产品也相应快速涨价，向消费者转嫁农产品和原材料价格上涨的负担，最终由于轮番涨价使比价关系或多或少又恢复到调整以前的状况，从而吞噬了比价调整的成果。这个教训是值得我们吸取的。

总之，按照现阶段社会承受能力，参鉴苏联、东欧部分国家价格改革的经验教训，"七五"期间，我国价格体系的改革，仍然只有小步前进，分期、分批解决其不合理的问题。

所谓小步前进，大致有以下三层含义：一是指不能一次或一年解决价格体系中所有不合理的问题，只能是分期、分批、分次解决；二是指解决某类商品价格大幅度低于价值问题时，也不能一次解决，而是分次解决，当然也不排除由于个别不太严重的价格问题，或由于解决的条件具备，而进行一次性解决；三是在解决不合理价格体系中的问题时，不能引起轮番涨价，刺激价格总水平大幅度上升，超过社会承受能力。

根根上述原则，我们试对"七五"期间价格调整的步幅作以下具体设想。

首先，按照社会现有承受能力，考虑"六五"后期能源、原材料价格改革的情况，在"七五"中期，较大幅度地提高部分能源、原材料的计划价格。具体做法是，将目前计划内外相差悬殊的两种价格，计算出一个平均价，然后，把计划价格提高到略低于平均价格水平；同时暂时稳定计划外自销比重，并根据情况制定略高于平均价格水平的浮动价格，作为计划外自销部分的指导性价格；此外，采取各种措施建立与完善计划外销售的统一的能源、原材料市场或贸易中心。粗略估算，按计划内外两种价格计算出来的平均价格水平要比原有计划价格水平高出35%左右。可以设想，如果"七五"中期将计划内销售的能源、原材料价格提高30%左右，略低于计划内外两种价格的平均水平，则不至于超过社会承受能力。其理由一是"六五"末期能源、原材料价格在改革中大幅度上升，使加工企业经受了严峻的考验，受到极大的锻炼；二是提高的计划价格水平低于平均价格水平，计划外自销的价格水平，又按规定的浮动价格上限强制地适当降低，因而整个能源、原材料价格水平就不会过大上升；三是随着"七五"前期巩固、消化措施的落实、国家宏观控制的加强、财政经济情况的进一步好转，加工企业的消化能力、财政的负担能力在"七五"中期还会有一定程度的提高；四是随着统一的能源、原材料市场的建立与完善，计划外自销部分一律在市场上挂牌交易，既可避免以往私下交易，变相垄断，中间人层层加价的现象，也可通过发挥买者与卖者之间在公开交易市场上竞争的作用来适当平抑物价，还可在一定程度上消除部分企业因信息不灵，渠道不畅，需要的能源、原材料购买无门，怕影响生产的恐惧心理，进而消除这部分企业四处高价购买能源、原材料来积压库存，以防患于未然，人为加剧供不应求程度，增添企业自身负担的不正常现象，从而又有助于加工企业的消化能力增强；五是采取强有力的措施，关闭那些布局不合理、技术落后、耗能多、产品成本高、效益低，产品质量差、不适销对路的落后企业，也都有助于增强加工企业的消化能力。总之，在"七五"中期将计划内销售的能源、原材料价格提高30%，是不会超过加工企事业的消化能力的。但是迈开了这一步，能源原材料价格的改革也就迈开了决定性的步伐，因为它既使能源、原材料价格偏低的问题得以初步缓解，许多生产能源、原材料的亏本企业转为保本或略有盈利，进而调动其积极性，增加生产，缓和供求矛盾；又有助于缩小计划内外两种价格高低过于悬殊的距离，进而缓解二者之间的摩擦及其带来的弊端。

在"七五"后期，企业的消化能力将会进一步增强，国家财力随着经济发展，将会进一步增大，企业的劳动生产率也会有新的提高。那时，每年再将原材料、能源的计划价格高10%以上，略高于加工企业劳动生产率提高的水平（1985年全民所有制独立核算工业企业全员劳动生产率比上年提高9.4%）这是加工企业基本能够承受的。我们可以从历史上加工工业成本上升下降的情况，与按照10%的幅度提高能源、原材料价格，造成加工企业产品成本升降的情况对比分析中看到这一点。

能源、原材料价格"七五"期间提高10%对加工产品成本影响情况[①]，见表一。

（表一）

机械工业产品成本上升	农机工业产品成本上升	轻工业产品成本上升	尿素产品成本上升
4.2%	4.9%	3.7%	13.2%
医药工业产品生产上升	纺织工业产品成本上升	电子工业产品成本上升	
1.8%	1.1%	1%	

1953—1978年、1980—1983年主要加工工业每年平均可比成本升降情

---

① 国家物价局编：《物价资料》1985（10）。

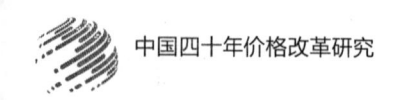

况[1]，见表二。

（表二）

升降率 时间 部门	1953—1978年部分加工工业每年平均可比成本降低率	1980—1983年部分加工工业年平均可比成本升降			
		1980年	1981年	1982年	1983年
机械行业	-8.9%	-1.9%	-3.4%	/	-3.8%
轻工业	-3.3%	+0.2%	+1.2%	+0.1%	-0.6%

（表格中"-"表示成本降低，"+"表示成本升高）

从表一看出，能源、原材料提高10%，对加工产品成本的影响，除尿素成本上升13.2%以外，其他产品成本上升幅度都在5%以下；从表二看出，1953—1978年机械行业成本每年平均下降8.9%，轻工行业产品成本平均下降3.3%。"六五"期间虽然能源、原材料、农产品价格有较大幅度上升，但经加工企业消化之后，机械行业产品成本每年平均下降幅度还在3%以上，可见，在"七五"期间的后期，能源、原材料价格年平均提高10%，机械行业是能够消化的。"六五"期间轻工行业产品成本，多数年头略有上升，少数年头略有下降，其主要原因是"六五"期间农产品价格上升过大，必然影响以农产品为主要原材料来源的轻工业产品成本。在"七五"期间，随着农产品价格的基本稳定，轻工企业技术水平和经营管理水平的提高，轻工企业的消化能力会有较大程度的增强，从而基本能够消化能源、原材料价格在"七五"后期年均提高10%，影响其产品成本上升部分，个别企业消化不完，国家那时也有财力给予补贴或减免税金。

按照上述设想，"七五"期间，能源、原材料价格水平均将提高60%左右，当然，由于不同品种的能源、原材料价格偏离价值的程度不同，面临的供求关系不一样，其提高幅度也应不同，有的高些，有的则低些。但是，总的来说，"七五"末期能源、原材料价格偏低的问题将会得到很大的缓解，这类产品的生产企业将通过提高的价格补偿其成本，并获取一定的盈利。

其次，"七五"时期在以生产资料价格改革为重点的同时，也要适当调整农产品收购价格，但其调整的步幅必须是小步。通过十一届三中全会以来有计划地调整和逐步放开，整个农产品价格水平有了较大的提高，但是，由于农业技术水平低，受自然条件影响大，目前农产品价格，特别是粮食价格仍然偏

---

[1] 国家物价局编：《物价资料》1985（10）。

低，影响粮农的生产积极性，必须提高其价格，调动粮农的生产积极性。然而，由于当前农产品收购价格不合理程度还较为严重，财政资金还不十分充裕，这就制约着农产品价格调整的步幅，决定了农产品价格调整的步幅，只能是小步前进。

再次，"七五"期间调整农产品销售价格、服务行业、公用事业收费和房租，也应坚持小步前进的方针。按照价格改革不能使广大群众生活水平下降，而且还要逐步改善，职工工资增长不得高于劳动生产率和国民收入增加幅度等原则，参考"六五"期间劳动生产率、国民收入、人民生活提高的幅度，以及积累指标，我们认为：在"七五"中、后期，年平均提高农产品销售价格和提高服务行业、公用事业收费及房租的总幅度不得超过6％。但是，考虑到提高农产品销售价格、服务收费和公用事业收费及房租之后，国家将减少对上述部门和行业的补贴，而减少的补贴额又可以直接补给消费者，或用来提高职工工资，所以，主要农产品的销售价格、服务收费和公用事业收费及房租年提高幅度还可以适当提高。但从总体上看，每年因提高农产品购销价格、公用事业和服务行业收费而给予消费者的补贴，或提高工资的数额，与提高原材料、能源价格造成对部分加工企业的免税和补贴的总额不能大于当年财政收入减去当年财政必须支出的财力，否则将超过财政的负担能力，最终影响价格体系改革的顺利进行。

第二篇：走中国特色的价格改革道路[①]

（一）

党的十一届三中全会以后，党和政府在价格改革方面做了大量工作，收到较大成效，主要表现在：

1. 价格改革促进了工农业生产的发展，各种农副产品的生产有了较快的增长，工业品的产量和质量都逐步有所提高，随着价格的改革，推动了产业结构和产品结构的调整，农业、轻工业和重工业的比例关系更加协调，产品也更加适应社会的需要；价格改革还搞活了城乡经济，扩大了商品市场，促进了消费结构的改变，改善了人民的生活，等等。总之，十年来的价格改革是有成

[①] 本文系本书作者蒋和胜在1988年成都市纪念党的十一届三中全会十周年理论讨论会提交的论文，会后收录进成都市委宣传部主办的《成都宣传》（增刊，内部刊物）。

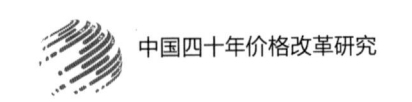

效的。

2. 价格体系逐步趋向合理。通过近十年来的调整与放开，各类农产品收购价格平均高1倍左右，采掘工业品价格提高60%以上。原材料工业品价格提高50%以上，铁路货运价格提高20%以上，第三产业价格也有所提高。随着农产品价格、基础工业品价格、铁路运价和第三产业价格长期偏低状况的改善，严重不合理的比、差价关系得到缓解。一是工农业产品比价关系得到一定程度的调整，这一成效主要是1985年以前调整阶段所取得的。二是工业品内部比价关系得到一定程度的调整，使能源、原材料与加工产品之间不合理的比价得到一定程度的缓解。三是纺织品内部比价和运输内部比价也都进行了调整。此外还调整了差价体系，恢复或扩大了部分商品的质量差价、地区差价、季节差价、批零差价，缩小部分农产品进销价格倒挂的程度。

3. 改革了过去高度集中统一的中央价格决策体系，逐步建立起中央、地方和企业三级价格决策系统。随着价格管理权限的下放，价格管理形式也有了很大变化，这表现在：打破了原有单一计划价格形式，逐渐形成国家定价、国家指导价、市场调节价等各种价格形式的并存格局。粗略估算，1987年与改革前的1978年相比，在社会商品零售总额中，国家定价比重由原来的98%下降为40%左右，国家指导价的比重由原来的0.5%，上升到20%左右，市场调节价的比重由原来的2.5%上升为40%左右，从而使价格形式结构开始走向合理化。

在肯定十年价格改革成效的同时，还应当看到价格改革中存在的问题。主要是，价格总水平上升幅度过大，价格改革缺乏整体规划，价格改革方案论证不足，价格改革的方式和时机选择不当，等等。

这些成效和问题的存在，向我们提出了一些在改革中应当注意的问题。这就是，价格改革必须与其他方面的改革配套进行，切忌孤军深入；价格改革必须与微观经济组织运行机制的改革同时进行；价格改革必须根据产品特点、价格现状与社会接受能力，慎重选择；合理安排改革顺序，先改生产资料价格，后改生活资料价格；必须通盘考虑，制定总体规划，必须进行充分的可行性论证；必须密切注视改革效果，随时调整改革方案。

（二）

回顾国家十年来价格改革走过的历程，我们认为，我国价格改革应当体现自己的特点，走出一条具有中国特色的道路。

1. 我国价格改革的方向，应该是绝大多数商品实行市场调节价格，少数商品实行国家定价。

我国十年价格改革正反两方面经验证明,只有把大多数价格放开,实行以市场价格为主的价格模式,才能从根本上转换价格形成机制与价格功能,使价格自动合理化,进而充分发挥出价格杠杆的良性调节作用。因此,在今后的价格改革过程中,必须根据客观经济环境,各类商品价格的特征和存在的主要问题,坚持"胆子要大,步子要稳"的方针,采用"边调边放,以放为主"的改革方法,坚定不移地逐步向新型的价格体制目标模式推进,在任何艰难的情况下,都不能走回头路,后退是没有出路的。

2. 我国价格改革应当协调配套。

首先,要安排好价格体系内部各项改革措施的协调配套。即在改革单项比价时,要注意与综合比价的变动协调;在改革比价体系时,要与差价体系的变动协调;改革价格体系时要与价格体制的改革协调。总之,价格改革的每一个方案与步骤都应左顾右盼,注意价格体系内部的整体性与各种价格之间的相关性,避免价格改革先后出台的项目相互抵消而发生的比价复归。其次,价格改革方案的制定与出台必须与国家、企业和人民的承受能力相适应,做到因价格改革而使财政多支出的部分,财政能够负担;基础工业品价格提高引起加工产品成本上升的部分,加工企业能够消化;市场零售物价上升不至于引起多数人的生活水平下降。再次,价格改革要与其他方面的改革配套进行。一是要与计划体制改革配套进行,即按照指令性计划范围缩小的程度和步骤,相应确定缩小国家定价的范围和步骤,使两者保持一致。二是要与流通体制的改革相适应。即要与统一的市场体系和市场规则的建立程度相适应,与国营商业主渠道作用的发挥程度相适应。只有健全了市场体系和市场规则,价格才能逐步放开。再次,价格改革要与企业经营机制的改革相适应,使企业行为能对市场价格信号作出灵敏的反应,从而通过价格在市场上的波动,促进生产要素的合理流动,实现生产要素的重新优化组合。最后,我国价格改革要与宏观控制能力相适应,只有宏观调控能力加强、外部环境达到相对宽松、价格改革方案才能顺利出台实施,并达到预期效果。

3. 我国价格改革应进行综合治理,创造相对宽松的环境。

如上所述,在我国短缺经济条件下,只有通过综合治理环境,创造出一个相对宽松的外部环境,价格改革方案才能顺利出台并达到预期目的。因此,必须采取有效措施,创造出一个有利于价格改革的相对宽松的外部环境。首先,控制货币发行数量,创造出有利于价格改革的货币流通环境。因此,在制定货币发行计划时,必须使货币发行量与经济增长的速度相适应,货币计划在执行中，不准突破。为此要紧缩开支，避免财政赤字，杜绝货币行政性发行。同时要制定货币发行计划法来加以约束。其次，控制需求为价格改革创造一个相对宽松的供求环境，防止需求拉动型物价上涨，控制需求，关键是要控制基建投资规模和消费基金的增长，以缓解生产资料与消费资料供求紧张的程度。在基建投资规模的控制过程中，要特别注意控制楼堂馆所的建设。在压缩消费基金方面，要特别注意压缩集团购买力。1988年上半年社会集团购买力增长19.8%，仍然过快，因此要通过财政、税务、物价、银行和审计部门的严格监督与管理，坚决制止那些用公家钱，通过集团购买的形式，然后化公为私，转为个人消费的行为。同时要通过完善个人收入分配制度，使职工的实际平均工资增长幅度小于劳动生产率增长，职工实际工资总额增长幅度小于国民收入增长。一般地，劳动生产率增长1%，实际平均工资只能增长0.5−0.6%。此外应把个体经济的收入限制在诚实劳动和合法经营的范围之中。再次，加快政治体制改革，形成宽松的政治环境。当前要尽快实施国家公务员制度，加强党的纪律检查。完善政府的行政监察制度，真正实现党政机关干部的廉洁，消除以权谋私，"官倒"等腐败现象，从而为价格改革创造一个公平、和谐的政治环境。最后，讲求舆论宣传的策略性，为价格改革创造一个宽松的舆论环境。此外，还要加强物价管理，防止垄断市场、哄抬物价的现象普遍发生，从而为价格改革创造良好的市场秩序。

4. 我国价格改革应当有调有放，以放为主。

为实现我国以市场调节价格为主体。国家定价为辅助的新型价格目标模式，真正转换价格形成机制与价格功能，充分发挥价格杠杆对国民经济的良性调节作用，价格改革的方法应有调有放，以放为主，但是对于哪些品种调整，哪些品种放开、哪些品种先调后放，以及放开的顺序都应慎重选择。我们认为：首先，那些对国计民生影响重大，严重供不应求、供求弹性小、有一定的垄断性、价格低于价值的、幅度较大的商品价格，应先调后放。具有这些特征的产品主要是部分能源、原材料和部分农产品。对它们采用先调后放的改革方法，可以通过首先调整，明显缩小价格与价值的差幅，然后再放开，不至于产生过大的社会震动，在比较平稳的状态中取得价格改革的成功。其次，那些对国计民生影响不大，或虽对国计民生有重大影响，但供求矛盾不尖锐，供求弹性较大，又是竞争性的产品价格，应首先放开。具有这些特征的产品主要是大多数加工工业品和工业消费品。由于这类产品的生产厂家成千上万，花色品种繁多，投资转产相对容易，竞争性强。首先放开其价格，让市场机制调节价格的形成，一方面有利于竞争机制作用的发挥，增大加工企业对后一步放开能源、原料价格的承受能力。另一方面,这些商品价格放开的连锁反应较小,对人民生活的影响不会太大,把它们放开,成功的把握较大。再次,那些对国计民生有特别重要影响,价格又大幅度低于价值,供求弹性很小,垄断性极强的产品价格,应有计划地调整。具有这类特征的主要是极少数能源、原材料(如原油、各种矿石、电力等)、农产品(如粮食)和全国性的劳务收费与运输价格(如邮电、铁路、航空等),由于它们对国计民生有特别重要的影响,有很强的垄断性,如果放开,实行市场调节价格,不仅不会发挥市场机制应有的积极作用,而且使价格水平上升很高,因此对这些产品与劳务只能实行国家定价,其不合理的问题可以进行有计划、有步骤的调整。

5. 我国价格改革应当先改生产资料价格,后改消费资料价格。

今后我国的价格改革,首先应改革工业生产资料价格。这是因为从全国来看,在生产资料中,实行国家定价的还占65%左右,而在工业消费品中占30%左右,在农产品收购额中只占24%左右。可见生产资料价格已经滞后于工业消费品和农产品价格改革。同时由于能源、原材料等生产资料的国家定价偏低,同价值背离较大,企业积极性不高,影响生产的发展。而目前这些基础产品大都供不应求,不能满足生产建设发展的需要,首先改革这些产品价格,可以提高企业生产的积极性,有力地促进生产的发展。另外,这些产品,对人民生活的直接影响较小,因而在改革中引起的社会震动不大。但需要注意的是,我国能源、原材料国家定价长期偏低,价格改革不可能一步到位,要实行先调后放,在比较长的时期内分批放开大多数原材料的价格。相对来说,加工工业产品由于竞争性强,供求弹性大,则可以较快逐步放开,以利于竞争,促进生产发展。工业生产资料价格的改革必将影响工业消费品的价格,随着工业生产资料价格的改革,工业消费品的价格也将逐步继续放开。工业消费品价格的放开,虽然会影响人民生活,但工业消费品中多半不是人们每天都要购买的一次性消费品,在群众收入逐步增长的条件下,是可以承受的。而且一般性工业消费品,花色品种多,生产周期短,投资少,竞争性强,因而放开其价格有利于生产,有利于消费,改革风险也较小。农产品价格改革应放在最后进行。这是因为,农产品价格改革所要解决的农副产品收购价格偏低、主要农副产品购销价格倒挂等问题在短期内难以解决。因为农产品的价值是由劣等土地的生产条件决定的,收购价格与价值的差距较大。解决这个问题,一方面要提高农业劳动生产率,增加产量,降低农产品的成本;另一方面要分阶段逐步提高收购价格,使价格接近价值。同时,主要农副产品收购价格的提高,购销价格倒挂的幅度将扩大,所以倒挂问题也不可能很快解决。因为,农副产品对人民生活有着直接的影响,它们是人民每日必须消费的基本生活资料,尤其在我国目前消费水平较低的条件下,农产品占居民生活消费支出的比重很大,如果今后首先改革农产品的价格,势必在短期内使农副产品价格有较大幅度的提高,农产品价格水平的提高又会带动整个市场零售物价总水平的上升。据测算,这几年物价水平猛升,其中60%以上是食品涨价引起的。市场零售物价总水平连续大幅度上升,必定影响人民生活,进而将使群众对价格改革失去信心。这样下去,价格改革很难继续进行。几年来,城乡居民对物价上涨反应强烈,尤其是心理上的承受能力很低,必须引起我们的高度重视。从目前来看,由于工农业产品不合理的比价复归,农产品中粮价又成为"锅底",极大地影响了粮农的积极性。可以适当调整粮食的收购价格,以粮价为中心合理调整农产品内部比价关系。

6. 我国价格改革的步幅应始终坚持稳步前进。

价格改革的步子迈多大,不由人的主观意志所决定,而取决于客观经济条件。我国的客观经济条件决定价格改革的步幅必须坚持稳步前进的方针。首先,长期以来,积累的价格问题太多,积重难返,短期内难以根本解决。其次,社会承受能力弱。价格改革的步幅必须与财政收入增加,财政承受能力增强,加工企业素质提高,消化能力增大,人民收入稳步增长生活有相当的改善相适应。而财政、加工企业、人民生活的承受能力的增强,都需要一个过程。再次,价格改革所需要的相对宽松的经济环境,要通过综合治理才能求得,而治理环境,需要对财政政策、货币政策、投资政策、分配政策、就业政策等进行一系列的调整,这有一定难度,需要较长时间才能完成,尤其是在我国目前已经出现通货膨胀的条件下,更是如此。总之,价格改革是一个较为长期的过程,我们估计,大约至少还需要5-10年的时间。所以,我国价格改革必须始终坚持稳步前进的方针。

我国价格改革的道路,虽然是一条坎坷、险阻的道路,但又是一条可以化险为夷,最终走向成功的道路。因为我国的价格改革是在没有成功经验可以借鉴,经济环境客观上偏紧,市场发育不成熟,社会承受能力较弱等条件下进行的,因此最易诱发通货膨胀,物价大幅度上升,以至超过社会承受能力,出现不安定的因素,使价格改革被迫停止。但是,我国的价格改革又是在经济增长,人民安居乐业,绝大多数人生活水平稳步提高的条件下进行的,只要胆子大,步子稳,措施得力,价格改革道路上出现的险情可以逐步消除,最终使价格改革走向成功的彼岸。

第三篇： 我国价格改革三十年的回顾与前瞻[①]

摘　要：在市场取向改革过程中，价格改革始终是我国经济体制改革成败的关键。我国价格改革是在没有成功经验可以借鉴，经济环境客观上偏紧，市场发育不成熟，社会承受能力较弱等条件下进行的。因此，容易诱发通货膨胀，物价大幅度上升，以至超过社会承受能力，出现不安定的因素，使价格改革被迫停止等等。但是，我国的价格改革又是在经济增长，人民安居乐业，绝大多数人生活水平稳步提高的条件下进行的，只要胆子大，步子稳，措施得力，价格改革道路上出现的险情完全可以消除，最终使价格改革走向成功的彼岸。

关键词：价格改革；价格形成机制；经济体制改革；市场化

一、我国价格改革三十年历程的回顾

中国三十年价格改革的实践，按照不同时期改革思路、重点和方式的不同，大体可以划分为以下四个阶段。

（一）价格改革的初始阶段（1979—1984 年）

在这一阶段，价格改革的主导思路是"完善计划价格体制"，重点是调整价格结构，对不合理的计划价格进行有升有降的调整；价格改革的方式是调放结合，以调为主。

从 1979 年到 1984 年党的十二届三中全会之前的六年间，在价格体系方面，我国先后进行了 6 次规模较大的调整，包括：（1）大幅度提高农产品收购价格；（2）提高八类副食品零售价格并对职工实施价格补贴；（3）提高统配煤矿产销价格，同时陆续提高焦炭、钢材等原材料和农业生产资料价格；（4）提高烟酒价格；（5）有升有降的调整纺织品价格，降低部分轻工业品价格；（6）提高铁路货物运价和水运客货价格。

这一阶段在调整价格结构、缓解严重扭曲的价格矛盾的同时，还按照计划经济为主、市场调节为辅的原则，在价格管理体制方面做了一些探索性改革。主要包括：（1）逐步放开小商品价格，到 1984 年放开全部小商品价格；（2）

[①] 本文系本书作者蒋和胜及其研究生蒙琳为纪念改革开放三十年撰写的论文，刊载于《天府新论》2009 年第 3 期。

对部分电子产品和机械产品试行浮动价格；（3）改革农产品价格管理体制，逐步放开了三类鲜活农副产品价格；（4）改革轻重工业品价格管理体制，适当下放了价格管理权限。

本阶段价格体制改革的特点是，改变了单一由国家定价的形式，中央下放了部分产品的定价权，出现了国家定价、浮动价、协议价和集市贸易价等多种价格形式，市场机制开始在价格形成中发挥作用。

（二）价格改革的展开与巩固阶段（1985—1991年）

这一阶段价格改革的主导思路是"实行混合价格体制"，重点是转换价格形成机制，建立和改善价格宏观调控体系以改革计划价格管理体制为主；价格改革的方式是调放结合，以放为主。

1985年，按照党的十二届三中全会通过的《中共中央关于经济体制改革的决定》精神，在进一步深入农村改革的同时，城市经济体制改革全面展开，价格改革先后采取了三项重大措施：（1）从1985年开始，放开了除国家定购的粮食、棉花、油料、糖料等少数品种以外的绝大多数农产品的购销价格；（2）从1985年开始，放开了计划外生产资料价格，实行生产资料价格"双轨制"；（3）以1986年放开电冰箱、洗衣机等7种耐用消费品价格为标志，进一步放开了消费品价格。

由于1988年出现了严重的通货膨胀，政府对经济实行了3年的"治理整顿"，价格改革的步伐放缓。在通货膨胀受到明显抑制、市场趋于平稳的情况下，有计划分步骤地调整了5大类20多个系列的产品价格，其中包含适当提高国家定价偏低的粮、棉、糖料收购价格，两次提高统配煤价格，三次提高原油价格，两次提高铁路货物运价以及提高铁路、水路、航空客运票价，特别是提高了25年未做调整的粮油统销价格，从而使长期偏低的主要商品价格水平得以提高。此外，还初步建立和健全了价格总水平的监测和调控体系，以及某些重要商品的储备制度、价格调节基金制度。

（三）建立社会主义市场价格体制的阶段（1992—2000年）

1992年10月，中共十四大确立了我国经济体制改革的目标是建立社会主义市场经济新体制。十四大报告明确提出要建立起以市场形成价格为主的价格机制。1997年12月，由全国人大常委会通过的《价格法》明确规定了我国的价格管理体制是"宏观经济调控下主要由市场形成价格的机制"。

这一阶段，价格改革的步伐明显加快，转换价格机制、调整价格结构以及健全价格调控体系等诸方面的改革全面深化。主要内容包括：(1) 重新修订和颁布了中央管理价格的分类目录，从中央到地方都大面积地放开了一批商品和劳务的价格；(2) 大力推进生产资料价格"双轨制"的并轨，绝大部分双轨价格在价格放开的基础上主要由市场调节；(3) 1992年至1997年的六年间，三次较大幅度提高粮食定购价格，四次大幅度提高铁路运价，五次提高原油的出厂价格和电力价格；(4) 从1997年开始实行粮食保护价格政策，较大幅度地提高了粮食收购价格和原油、统配煤、铁路运输、电子产品等国家定价水平；(5) 各地提高了城市公用事业和公益事业的收费标准。

（四）完善社会主义市场价格体制的阶段（2001年至今）

2001年12月11日我国正式加入WTO，标志着我国对外开放进入了一个新的阶段，价格体制与机制逐步与国际接轨。2003年10月中共十六届三中全会《决定》中提出了科学发展观的重要指导思想，对价格改革，特别是对农产品、资源类产品的价格改革提出了新的要求。

这一阶段，价格改革的主导思路是"完善市场形成价格机制"；重点是按照科学发展观的要求和参与全球化的需要，进一步完善市场形成价格的体制和政府对价格的管理调控体系，同时继续对极少数重要商品和服务价格进行调整；价格改革的方式是调放结合，继续放开价格，有升有降地调整政府管制的商品和政务价格，继续理顺价格体系。

在经济全球化大背景下，随着与国际市场的接轨，本阶段价格改革的主要内容包括：(1) 提高部分进口产品和资源类产品价格；(2) 降低了多种加工产品价格；(3) 2003年以来多次提高天然气价格，对成品油价格进行了近20次调整；(4) 取消了部分公益性服务收费项目。

二、我国价格改革三十年取得的成效

从党的十一届三中全会至今，我国价格改革走出了一条具有中国特色的计划价格体制向市场价格体制渐进转变的路子，取得了巨大成功，主要表现在：

（一）促进了工农业生产发展，推动了产业结构调整，提高了人民生活水平

价格改革促进了工农业生产的发展，各种农副产品的生产有了较快的增长，工业品的产量和质量都逐步有所提高；随着价格的改革，推动了产业结构和产品结构的调整，一、二、三产业的比例关系渐趋协调，产品也更加适应社

会的需要；价格改革还搞活了城乡经济，扩大了商品市场，促进了消费结构的改变，减少了经营者因价格不合理造成的亏损，从而增加了经营者收入，改善和提高了广大农民和企业职工的生活水平。

（二）价格体系逐步趋于合理

通过三十年来的调整与放开，在基本实现了价格形成机制转换后，除了成品油、天然气、电力等少数商品价格还未理顺外，绝大多数商品在市场机制作用下比价关系趋于合理。1978—2000年农产品收购价格和工业品零售价格的年均上涨率为6.61%和4.74%；1985—2007年采掘业产品出厂价格、原材料出厂价格和加工业产品出厂价格的年均上涨率分别为12.69%、7.92%和4.61%[1]。随着农产品价格、基础工业品价格、铁路运价和第三产业价格长期偏低状况的改善，严重不合理的比、差价关系得到缓解。一是工农产品比价关系得到一定程度的调整，这一成效主要是1985年以前调整阶段所取得的。二是工业品内部比价关系得到一定程度的调整，使能源、原材料与加工产品之间不合理的比价得到一定程度的缓解。三是纺织品内部比价和运输内部比价也都进行了调整。此外，还调整了差价体系，恢复或扩大了部分商品的质量差价、地区差价、季节差价、批零差价，逐步理顺了农产品购销价格关系。

（三）建立并逐步完善了以市场形成价格为主的机制和价格调控体系

1992年是我国改革史上具有重要历史地位的一年，这一年是新旧价格形成机制的转折点，市场机制在价格形成中已经起主导作用，价格改革全面深化，从商品和劳务价格到生产要素价格逐步扩展，改革的广度和深度都超过以往。之后一直延续这种态势，并进一步增强，使价格形成机制逐步走向合理化。具体变化参见下表：

品名	价格形式	1978	1991	1992	1998	2000	2006
社会商品零售总额	政府定价	97.0	20.9	5.9	4.1	3.2	2.8
	政府指导价	0.0	10.3	1.1	1.2	1.0	1.9
	市场调节价	3.0	68.8	93.0	94.7	95.8	95.3

---

[1] 中国价格协会课题组. 解放思想 敢于变革 敢于创新——价格改革30年的回顾与展望 [J]. 价格理论与实践, 2008 (6).

续表

品名	价格形式	1978	1991	1992	1998	2000	2006
农产品收购总额	政府定价	92.2	22.2	12.5	9.1	4.7	1.2
	政府指导价	2.2	20.2	5.7	7.1	2.8	1.7
	市场调节价	5.6	57.8	81.8	83.8	92.5	97.1
生产资料销售总额	政府定价	100.0	36.0	18.7	9.6	8.4	5.6
	政府指导价	0.0	18.3	7.5	4.4	4.2	2.3
	市场调节价	0.0	45.7	73.8	86.0	87.4	92.2

资料来源：成致平：《价格改革三十年》，中国市场出版社。2006年版第161页。2006年数据为有关部门提供[1]。

价格调控体系在上个世纪末建立后逐步完善，构成了涵盖面宽、内容广泛、相互联系的有机体系。确立了价格宏观调控目标，对微观经济主要实行间接调控；价格调控监管以经济、法律手段为主、行政手段为辅，配以宣传舆论手段，通过行业商协会组织企业加强价格自律；实行调控目标责任制，建立了少数重要商品储备制度和价格调节基金制度，建立了价格监测信息网络，逐步完善价格预测预警系统和临时价格干预措施和紧急措施等。

（四）初步建立了以《价格法》为核心的价格法律体系

1997年12月，由八届全国人大常委会第二十九次会议通过的《价格法》，总结了1978年以来价格改革的成果与经验，并在此基础上用法律形式对社会主义市场经济条件下价格形成机制、价格管理形式、政府调控监管、经营者的价格行为、政府的定价行为、价格总水平调控以及保护市场竞争与制止不正当价格行为等重大问题做了规定，对构建新的价格形成、运行和调控机制，发挥价格合理配置资源的作用，增强政府宏观调控能力，稳定市场价格总水平，规范市场价格行为，保护生产者、经营者和消费者的合法价格权益，提供了重要的法律保障。并以《价格法》为核心，制定了一批相配套的价格法规、规章和规范性文件。

（五）初步形成了具有中国特色的社会主义价格理论体系

在邓小平倡导的解放思想、实事求是的思想路线指导下，价格理论也有了

---

[1] 中国价格协会课题组. 解放思想 敢于变革 敢于创新——价格改革30年的回顾与展望[J]. 价格理论与实践，2008（6）.

重大突破。通过改革的实践，逐步探索并形成了对于市场价格的形成、运行、调控等若干新思想、新观点。价格改革不仅使价格体制发生了深刻变化，而且在实践中创新了价格理论，逐步形成了具有中国特色的社会主义价格理论体系，成为具有中国特色社会主义理论体系的组成部分。价格理论上的新思想观点成为推进我国价格改革的理论武器，对当前和今后市场经济条件下的价格实际工作也具有重要的指导意义。

（六）使国内市场价格与国际市场价格建立了联系

我国以市场为主形成价格的体制的建立，以及对价格管理逐步实现法制化、规范化，提高政府价格政策的透明度，使我国在价格体制和价格管理方式上同发达市场经济国家逐步接轨，这就为我国吸引外资、引进国外先进技术和管理，开展对外经济交流合作创造了体制、政策环境。[1] 通过价格改革，我国将进出口商品实行代理作价，由原来比照国内市场价格水平作价改为参照国际市场价格作价，加强了国内市场同国际市场的联系，有利于扩大进出口贸易，为扩大对外经济交流，发展开放型经济提供了重要条件。

在充分肯定三十年价格改革成效的同时，还应当看到，价格改革中存在的问题。主要是：价格总水平波动幅度过大，价格改革缺乏整体规划；资源性产品价格改革离完成还有较大差距，环境价格改革还刚刚起步，要素价格改革还未到位；医疗、教育、房地产价格收费改革还存在不少问题；价格调控决策的科学化、民主化、透明度还有待提高；价格改革方案论证不足，价格改革的方式、力度和时机选择不当，等等。

这些成效和问题的存在，向我们提出了一些在改革中应当注意的问题。这就是，价格改革必须与其他方面的改革配套进行，切忌孤军深入；价格改革必须与微观经济组织运行机制的改革同时进行；价格改革必须根据产品特点、价格现状与社会承受能力，慎重选择；合理安排改革顺序，先改生产资料价格，后改生活资料价格；必须通盘考虑，制定总体规划，必须进行充分的可行性论证；必须密切注视改革效果，随时调整改革方案。

三、新时期深化价格改革的前瞻

在当前我国继续深化改革，扩大开放的关键时期，我们回顾价格改革30年的进程，按照科学发展观的要求，认真总结价格改革正反两方面经验，进一

---

[1] 邹向群. 构建和谐社会与价格改革 [J]. 中国价格监督检查，2007（8）.

步明确深化价格改革的思路,有着重要而深远的意义。

(一) 继续坚持市场化改革取向

我国三十年价格改革的经验证明,只有把大多数价格放开,实行以市场价格为主的价格模式,才能从根本上转换价格形成机制与价格功能,使价格自动合理化,进而充分发挥价格杠杆的良性调节作用。因此,在今后的价格改革过程中,必须根据客观经济环境,各类商品价格的特征和存在的主要问题,坚持"胆子要大,步子要稳"的方针,采用边调边放,以放为主的改革方法,坚定不移地走这条具有中国特色的价格改革道路。在任何艰难的情况下,都不能走回头路,后退是没有出路的。

(二) 价格改革应与其他改革协调配套推进

首先,要安排好价格体系内部各项改革措施的协调配套。即在改革单项比价时,要注意与综合比价的变动协调;在改革比价体系时,要注意与差价体系的变动协调;改革价格体系时,要注意与价格体制的改革协调。总之,价格改革的每一个方案与步骤都应左顾右盼,注意价格体系内部的整体性与各种价格之间的相关性,避免价格改革先后出台的项目相互抵消而发生的比价复归。其次,价格改革方案的制定与出台必须与国家、企业和人民的承受能力相适应,做到因价格改革而使财政多支出的部分,财政能够负担;基础工业品价格提高引起加工产品成本上升的部分,加工企业能够消化;市场零售物价上升不至于引起多数人的生活水平下降。再次,价格改革要与其他方面的改革配套进行。一是要与国家财税体制改革配套进行,即按照财政和企业的负担能力,相应确定政府定价商品的调价幅度、放开的范围和步骤,使两者保持一致。二是要与流通体制的改革相适应。即要与健全的市场体系和市场规则的建立程度相适应,与国有商业主渠道作用的发挥程度相适应。只有健全了现代市场体系和市场规则,价格才能逐步放开。最后,价格改革要与企业经营机制的改革相适应,使企业行为能对市场价格信号作出灵敏的反应,从而通过价格在市场上的波动,促进生产要素的合理流动,实现生产要素的重新优化组合。

(三) 加大涉农价格监管力度,确立粮食等主要农产品目标价格

"三农"问题是党和政府工作的重中之重。要进一步巩固促进农业稳定发展、农民持续增收的价格政策,进一步加大扎实推进新农村建设的价格工作力度。首先,要促进农产品价格合理回升。要继续努力保持粮食等主要农产品价

格在合理水平上的基本稳定，促进农民增产增收。其次，要稳定化肥等农资价格。要加强和改进农资价格监管，继续落实化肥淡季储备制度，保障化肥供应，稳定化肥价格。再次，要整顿规范涉农收费。继续清理涉农收费，规范农村计划生育、婚姻登记、农民务工、农民建房等方面收费行为，认真落实促进农业生产、改善农民生活的各项收费优惠政策、征地补偿同地同价政策，完善和巩固涉农价格和收费公示制度、农村征地补偿办法。最后，要加快农村电力体制改革，在更大范围内实现城乡电价统一，把降低农村电价作为扶持农业的重要措施。

此外，近年来，国际市场粮价猛涨，粮食安全问题依然存在。因此，必须把完善粮食等主要农产品价格形成机制作为深化价格改革的首要任务，确立粮食等主要农产品的目标价格。目标价格要充分反映粮食生产消耗资源的价值和对生态、环境损害的成本。建立以市场价格为主，以目标价格和最低收购价格为辅的三元价格形成机制，保证粮食生产供应和粮农生活水平提高。以市场价格作为调节粮食供求关系的主要杠杆，以目标价格作为粮价合理化的标准，以最低收购价作为粮食价格的下限，当市场价格低于此线时，国家进市收购或者给粮农补贴。目标价格作为粮食价格的上线，反映粮食完全成本和合理盈利。在市场价格低于目标价格、高于最低收购价时给粮农非价格补贴。[①]

（四）完善资源性产品价格形成机制，深化垄断行业价格改革

为了实现经济社会的全面协调可持续发展，转变经济发展方式，建立节约型社会，就要加快推进资源性产品价格改革，建立能够反映市场供求关系和资源稀缺程度的价格形成机制。首先，在产品价格构成中，要体现完全成本，应包括资源的开发成本、资源开采后为保证持续开发的补偿成本以及资源消耗过程中环境污染的治理成本。其次，要使资源性产品价格逐步调整到合理水平，继续推进水价、电价、天然气价格改革，以促进资源节约，推动资源性产品生产的发展。再次，完善环境保护和资源补偿收费政策，按照"污染者付费"原则，提高工业企业排污收费标准。[②] 同时，对已经形成竞争的资源性产品要结合行业管理体制改革，放开价格管制，实行市场调节。最后，要构建合理的自然资源比价关系，完善资源性产品价格体系，指导行业协会协调资源进出口

[①] 中国价格协会课题组. 解放思想 敢于变革 敢于创新——价格改革 30 年的回顾与展望 [J]. 价格理论与实践，2008（6）.

[②] 国家发展改革委价格司. 2007 年推进价格改革思路 [J]. 中国经贸导刊，2007（8）.

价格。

在深化垄断行业价格改革方面，总的原则应是打破垄断，鼓励竞争。调整垄断性行业和公用事业价格前必须进行成本监审[①]。具体做法要区别竞争性产品与非竞争性产品、竞争性环节与非竞争性环节，采取不同的改革措施。对自然垄断性价格，如电网、路网、管网、水网要实行严格的价格管制，加强成本审核与成本约束，实行科学定价，防止利用垄断地位谋取暴利。目前，在电力领域，已经基本实现了厂网分开，竞价上网，但是对输配电价格进行改革还没有取得实质性进展。今后的改革方向是输配电分开，使配电价格具有竞争性，同时政府监管部门要加强对电网企业的成本监测管理，通过引入激励性管制方法，促进企业提高效率，降低成本[②]。对可以通过竞争形成的价格，如电信领域，除了与用户密切相关业务以外的其他业务，要进一步放开移动通信服务的价格，由企业自主确定收费标准，使之更加灵活地反映市场供求状况。

（五）坚持稳步前进的方针

价格改革的步子迈多大，不由人的主观意志所决定，而取决于客观经济条件。我国的客观经济条件决定了价格改革的步幅必须坚持稳步前进的方针。首先，长期以来，积累的价格问题太多，积重难返，短期内难以根本解决。其次，社会承受能力弱。价格改革的步幅必须与财政收入增加，财政承受能力增强，加工企业素质提高，消化能力增大，人民收入稳步增长，生活有相当的改善相适应。而财政、加工企业、人民生活的承受能力的增强，都需要一个过程。再次，价格改革所需要的相对宽松的经济环境，要通过综合治理才能求得，而治理环境，需要对财政政策、货币政策、投资政策、分配政策、就业政策等进行一系列的调整，这有一定的难度，需要较长时间才能完成，尤其是在我国目前还存在通货膨胀的条件下，更是如此。总之，价格改革是一个较为长期的过程，所以，我国价格改革必须始终坚持稳步前进的方针。

我国价格改革的道路，虽然是一条坎坷的、充满艰难险阻的道路，但又是一条可以化险为夷，最终走向成功的道路。因为，我国价格改革是在没有成功经验可以借鉴，经济环境客观上偏紧，市场发育不成熟，社会承受能力较弱等条件下进行的。最易诱发通货膨胀，物价大幅度上升，以至超过社会承受能

---

① 国家发展改革委价格司. 2007 年推进价格改革思路 [J]. 中国经贸导刊, 2007 (8).
② 许光建. 价格改革 30 年的回顾与展望 [EB/OL]. http//: www.stats.gov.cn/tjshujia/zggqgl/t20080925-402506567.htm, 2008-09-25.

力，出现不安定的因素，使价格改革被迫停止等等。但是，我国的价格改革又是在经济增长，人民安居乐业，绝大多数人生活水平稳步提高的条件下进行的，只要胆子大，步子稳，措施得力，价格改革道路上出现的险情完全可以消除，最终使价格改革走向成功的彼岸。

附录二

中国价格改革四十年重要政策文件法律法规目录索引

序号	时间	发文机关	文件名称	备注
1	1978年	国家物价局	《关于提高部分纸张出厂价格的请示报告》	
2	1979年	国家物价总局和第四机械工业部	《关于电子产品试行幅度价的通知》	
3	1979年	第一机械工业部	《关于颁发机械产品价格管理试行办法的通知》	
4	1979年	国家物价局	《关于出口工业品供应作价几个问题的请示报告》	
5	1979年	中国共产党中央委员会	《中共中央关于加快农业发展若干问题的决定》	《决定》提出：农产品收购价格提高，粮食销价一律不动，群众生活必需的其他农产品的销价，也要基本保持稳定，某些必须提价的，要给予消费者以适当补贴
6	1980年	中共中央、国务院	《关于加强物价管理，坚决制止乱涨价和变相涨价的通知》	
7	1980年	国务院	《关于严格控制物价、整顿议价的通知》	
8	1980年	国务院	《关于加强物价机构的通知》	

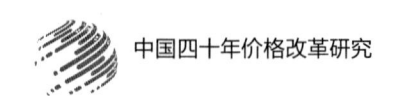

续表

序号	时间	发文机关	文件名称	备注
9	1980年	国务院	《国务院关于扩大试点企业价格自主权的规定》	
10	1981年	国务院	《关于国务院有关部门农产品价格分工管理试行目标的通知》	
11	1981年	国务院	《关于制止木材变相议价和随便加价的通知》	
12	1982年	国务院	《物价管理暂行条例》	
13	1982年	商业部、国家物价局、财政部	《取消农业用柴油价格补贴问题的报告》	
14	1982年	中共中央、国务院	《关于降低化学纤维织品价格和提高棉纺织品价格的通知》	
15	1983年	国家物价局、国家工商行政管理局、商业部、对外经济贸易部	《关于对紧俏农副产品加强市场和价格管理的报告》	
16	1983年	国务院	《关于加强市场和物价管理的通知》	
17	1983年	国家物价局	《关于加强物价管理，充实检察人员的报告》	
18	1983年	劳动人事部、国家物价局	《关于下达新增物价检查和农产品成本调查人员编制和劳动指标以及选调、录用干部的通知》	
19	1984年	国家物价局	《县级物价局（物委）主要任务和职责的试行规定》	
20	1984年	国家物价局	《关于全部放开小商品价格的通知》	
21	1984年	商业部	《关于做好蔬菜供应工作保持菜价基本稳定的报告》	
22	1984年	国家物价局和机械工业部	《机械产品浮动价格管理暂行规定》	

续表

序号	时间	发文机关	文件名称	备注
23	1984年	中国共产党中央委员会	《中共中央关于经济体制改革的决定》	《决定》指出：价格改革成为我国这一阶段经济体制改革的重要内容，价格改革也从前面的"调放结合，以调为主"过渡到"调放结合，以放为主"
24	1984年	国务院	《国务院关于进一步扩大国营工业企业自主权的暂行规定》	《规定》提出：企业有一定的产品自销权，自销的产品一般在不高于或低于国家定价20%幅度内，企业有权自定价格
25	1984年	国务院物价小组	《国务院物价小组关于1985年价格改革方案的汇报提纲》	
26	1985年	国家物价局	《物价检查所工作暂行规定》	
27	1985年	国务院办公厅	《转发国务院物价小组会议纪要的通知》	
28	1985年	国家物价局	《关于价格改革出台情况及稳定物价措施的报告》	
29	1985年	中共中央、国务院	《关于进一步活跃农村经济的十项政策》	《政策》规定：国家定价和国家指导价以外的农产品实行市场调节价，由生产者和经营者在国家政策规定的范围内自行定价
30	1985年	国家物价局	《对违反物价纪律实行经济制裁的暂行规定》（修订）	
31	1985年	国家物价局	《物价违纪案件审理工作暂行规定》	
32	1985年	国家旅游局、国家物价局	《中国国际旅游价格管理暂行规定》	
33	1985年	国务院	《关于下达调整生猪和农村粮油价格方案的通知》	

续表

序号	时间	发文机关	文件名称	备注
34	1985年	国家物价局、国家物资局	《关于放开工业品生产资料超产自销产品价格的通知》	
35	1985年	国务院	《关于加强物价管理和监督检查的通知》	
36	1985年	中国共产党中央委员会	《中共中央关于制定国民经济和社会发展第七个五年计划的建议》	《建议》指出：要逐步形成少数商品和劳务实行计划价格，多数实行浮动价格和自由价格的统一性和灵活性相结合的价格体系
37	1986年	国务院	《关于人民币汇价调整后有关价格等问题的几项规定》	
38	1986年	国家物价局	《物价检查人员守则》	
39	1987年	国务院	《中华人民共和国价格管理条例》	
40	1987年	国务院	《加强生产资料价格管理制止乱涨价、乱收费的若干规定》	
41	1987年	国务院	《关于整顿市场秩序加强物价管理的通知》	
42	1987年	国家物价局	《关于一九八七年物价安排意见的报告》	
43	1987年	国务院	《关于加强物价管理保持市场物价基本稳定的通知》	
44	1988年	国务院	《重要生产资料和交通运输价格管理暂行规定》	
45	1988年	国家物价局	《关于价格违法行为的处罚规定》	
46	1988年	中共中央政治局	《关于价格、工资改革的初步方案》	
47	1988年	中共中央政治局	《关于今后五年和明年物价、工资改革的初步方案》	

续表

序号	时间	发文机关	文件名称	备注
48	1988年	国家物价局	《关于税收、财务、物价大检查中查处价格违法行为若干政策界限的规定》	
49	1988年	国务院	《关于做好放开名烟名酒价格提高部分烟酒价格工作的通知》	
50	1988年	国务院办公厅、中宣部	《放开名烟名酒价格提高部分烟酒价格的宣传提纲》	
51	1988年	国务院	《关于加强物价管理严格控制物价上涨的决定》	
52	1988年	国务院	《关于做好当前物价工作和稳定市场的紧急通知》	
53	1988年	国务院办公厅	《关于向地方派驻物价特派视察员的通知》	
54	1989年	国家物价局	《关于价格违法案件审理工作的规定（试行）》	
55	1989年	国家物价局	《关于实行变卖商品抵缴罚没款的暂行办法（试行）》	
56	1989年	国务院	《关于做好提高铁路水运航空客运票价工作的通知》	
57	1989年	中国共产党中央委员会	《中共中央关于进一步治理整顿和深化改革的决定》	《决定》要求：逐步降低通货膨胀率，全国零售物价上涨幅度逐步降低到10%以下
58	1990年	国家计委、财政部、税务局、物价局	《关于调整国产彩色电视机特别消费税和价格的请示》	
59	1990年	国务院	《关于提高煤炭价格的通知》	
60	1990年	国务院	《关于提高铁路和水运货物运价的通知》	

续表

序号	时间	发文机关	文件名称	备注
61	1991 年	国家物价局、机械电子工业部、物资部	《关于农业机械产品销售价格管理办法》	
62	1991 年	国家物价局、人事部、财政部	《关于开展农村物价机构试点的通知》	
63	1992 年	国家物价局、建设部、财政部、中国人民建设银行	《商品住宅价格管理办法》	
64	1992 年	国家物价局	《国家物价局及国家有关部门分工管理价格的重工产品和交通运价目录（1992 本）》	
65	1992 年	国务院	《关于提高铁路货运、煤炭、天然气价格的通知》	
66	1992 年	国务院	《关于提高化肥及化肥用天然气价格的通知》	
67	1993 年	国务院	《粮食风险基金管理暂行办法》	
68	1993 年	国务院	《关于建立粮食收购保护价格制度的通知》	
69	1993 年	国务院	《关于加强农业生产资料价格管理以及对其主要品种实行最高限价的通知》	
70	1993 年	国务院办公厅	《关于解决中央部属院校价格补贴问题的通知》	
71	1993 年	国务院	《关于积极稳妥地推进物价改革抑制物价总水平过快上涨的通知》	
72	1993 年	国务院	《关于提高铁路货物运价的通知》	
73	1993 年	中国共产党中央委员会	《中共中央关于建立社会主义市场经济体制若干问题的决定》	《决定》提出：要推进价格改革，建立主要由市场形成价格的机制

续表

序号	时间	发文机关	文件名称	备注
74	1993年	中共中央、国务院	《中共中央、国务院关于当前经济情况和加强宏观调控的意见》	《意见》提出：要积极稳妥地推进价格改革，抑制物价总水平的过快上涨
75	1994年	国务院	《关于加强对居民基本生活必需品和服务价格监审的通知》	
76	1994年	国家计委	《城市房产交易价格管理暂行办法》	
77	1994年	财政部、国家计委、国家经贸委、国内贸易部、农业部	《副食品风险基金管理办法》	
78	1994年	国家计委	《关于商品和服务实行明码标价的规定》及其《实施细则》	
79	1994年	国家计委	《城市基本生活必需品和服务收费价格检测办法》	
80	1994年	国家计委	《关于调整原油、天然气、成品油价格的请示》	
81	1994年	国家计委	《关于改革化肥价格管理办法的请示》	
82	1994年	国家计委	《关于加强药品价格管理的请示》	
83	1994年	国家计委	《物价检查人员廉洁自律的若干规定》	
84	1994年	国家计委	《城市房地产交易价格管理暂行办法》	
85	1995年	国家计委	《制止牟取暴利的暂行规定》	
86	1995年	国务院	《关于开展1995年税收财务物价大检查的通知》	
87	1995年	国家计委、建设部	《关于房地产中介服务收费的通知》	
88	1995年	国家计委	《城市国有土地使用权价格管理暂行办法》	

续表

序号	时间	发文机关	文件名称	备注
89	1995年	国家计委、国内贸易部、中华全国供销合作总社	《餐饮、修理业价格行为规则》	
90	1995年	国家计委、国家经贸委	《关于改进工业盐供销和价格管理办法的通知》	
91	1996年	交通部、国家计委	《汽车客运站收费规则》	
92	1996年	国家计委、建设部	《城市住宅小区物业管理服务收费暂行办法》	
93	1996年	国家计委	《价格评估管理办法》	
94	1996年	国家计委	《价格评估机构管理办法》	
95	1996年	国家计委	《价格事务所工作管理暂行办法》	
96	1996年	国家教委、国家计委、财政部	《义务教育学校收费管理暂行办法》	
97	1996年	国家教委、国家计委、财政部	《普通高级中学收费管理暂行办法》	
98	1996年	国家教委、国家计委、财政部	《中等职业学校收费管理暂行办法》	
99	1996年	国家教委、国家计委、财政部	《高等学校收费管理暂行办法》	
100	1996年	国务院	《关于调整粮食销售价格的通知》	
101	1996年	国务院	《关于开展1996年税收财务物价大检查的通知》	
102	1996年	国家计委	《关于严格执行铁路运输国家定价的通知》	
103	1996年	国家计委	《关于加快价格法律体系建设的若干意见》	
104	1996年	国家计委	《关于对电煤实行国家指导价格的通知》	
105	1996年	国家计委	《关于进一步加强房地产价格工作的通知》	

续表

序号	时间	发文机关	文件名称	备注
106	1996年	国家计委	《关于进一步加强农村物价工作的通知》	
107	1997年	全国人民代表大会常务委员会	《中华人民共和国价格法》	
108	1997年	国家计委	《关于完善价格调节基金制度的通知》	
109	1997年	国家计委、国家旅游局	《关于加强旅游价格管理整顿旅游市场价格秩序的通知》	
110	1997年	国家计委	《关于价格文件执行日期有关问题的通知》	
111	1997年	国家计委	《关于治理乱收费、减轻企业负担有关政策的意见》	
112	1998年	国家计委	《关于完善粮食价格形成机制的意见》	
113	1998年	国家计委	《国家计委关于发挥价格调节作用积极促进经济结构调整的若干意见》	
114	1998年	国家计委、中宣部	《关于广泛深入地宣传〈中华人民共和国价格法〉的通知》	
115	1998年	国家计委	《涉案物品价格鉴定分级管理实施办法》	
116	1998年	国务院	《关于取消铁路地方建设附加费的通知》	
117	1998年	国家计委	《原油成品油价格改革方案》	
118	1998年	国家计委、卫生部、外交部	《关于取消对境内外患者实行两种医疗服务收费标准的通知》	
119	1998年	国家计委、国家冶金局	《关于制止低价倾销钢材的不正当竞争行为的规定》	

续表

序号	时间	发文机关	文件名称	备注
120	1998年	国家计委	《关于加强价格执法监督、规范价格执法行为的通知》	
121	1998年	国家计委、教育部	《关于对普通高校毕业生收费有关政策问题的通知》	
122	1998年	国家计委、国家经贸委	《关于制止低价倾销工业品的不正当价格行为的规定》	
123	1998年	国家计委、建设部	《城市供水价格管理办法》	
124	1998年	国家计委、经贸委、财政部、监察部、审计署、国务院纠风办	《收费许可证管理办法》	
125	1998年	国家计委、国家经贸委、财政部、监察部、审计署、国务院纠风办	《关于整顿电价秩序坚决制止乱加价乱收费行为的通知》	
126	1998年	国家计委	《关于进一步改革化肥价格管理办法的通知》	
127	1998年	中国共产党中央委员会	《中共中央关于农业和农村工作若干重大问题的决定》	《决定》提出：建立粮食风险基金、储备和保护价收购制度，对粮食市场进行吞吐调节
128	1999年	国家计委	《价格违法行为行政处罚规定》	
129	1999年	国家计委、经贸委、财政部、监察部、审计署、国务院纠风办	《中介服务收费管理办法》	
130	1999年	国家计委	《关于认真做好制止低价倾销工作及开展对低价倾销进行检查的通知》	
131	1999年	国家计委	《价格监测规定》	

续表

序号	时间	发文机关	文件名称	备注
132	1999年	国家计委	《低价倾销工业品的成本认定办法（试行）》	
133	1999年	国家计委、国家技术监督局	《质量体系认证收费标准》	
134	1999年	国家计委	《关于开展创建规范化基层物价检查所活动的通知》	
135	1999年	国家计委	《关于进一步明确进口化肥价格政策的通知》	
136	1999年	国家计委	《关于发挥价格杠杆作用扩大内需促进经济增长的若干意见的通知》	
137	1999年	国家计委	《农产品成本调查管理办法》	
138	1999年	国家计委	《关于制止低价倾销行为的规定》	
139	1999年	国家计委	《价格认证管理办法》	
140	1999年	国家计委	《关于进一步做好城乡用电同网同价工作的通知》	
141	1999年	国家计委、教育部	《关于制止向普通高校毕业生乱收费的通知》	
142	1999年	国家计委、国家经贸委	《关于利用价格杠杆促进电力消费有关问题的通知》	
143	2000年	国务院	《关于部分粮食品种退出保护价收购范围有关问题的通知》	
144	2000年	国家计委	《价格监督检查管辖规定》	
145	2000年	国家计委	《关于商品和服务实行明码标价的规定》（修改版）	
146	2000年	国家计委	《关于认真贯彻〈价格法〉严格规范市场价格竞争秩序的通知》	

211

续表

序号	时间	发文机关	文件名称	备注
147	2000年	国家计委、铁道部	《关于规范铁路客票销售服务收费有关问题的通知》	
148	2000年	国家计委	《关于改革药品价格管理的意见》	
149	2000年	国家计委	《药品政府定价办法》	
150	2000年	国家计委	《药品政府定价申报审批办法》	
151	2000年	国家计委、财政部	《关于氯碱行业生产用电实行优惠电价政策等有关问题的通知》	
152	2000年	国家计委	《关于实现城乡用电同价的指导意见》	
153	2000年	国家计委	《关于印发2000年全国粮食价格监测报告制度的通知》	
154	2000年	国家计委	《关于运用价格杠杆推动节假日消费促进国内需求增长有关问题的通知》	
155	2000年	国家计委	《关于进一步改进进口化肥价格管理办法的通知》	
156	2000年	国家计委	《省际间粮食收购价格衔接办法》	
157	2000年	国家计委、农业部	《关于加强农村经营服务性收费管理的通知》	
158	2000年	中共中央、国务院	《中共中央、国务院关于进行农村税费改革试点工作的通知》	
159	2000年	国家计委、卫生部	《关于改革医疗服务价格管理的意见的通知》	
160	2000年	国家计委、建设部、财政部	《关于积极稳妥地推进公有化房租金改革的意见的通知》	
161	2000年	国家计委	《关于运用价格杠杆促进西部开发的若干意见的通知》	

续表

序号	时间	发文机关	文件名称	备注
162	2000年	国家计委	《关于改革国家级特殊游览参观点门票价格管理体制的通知》	
163	2000年	国家计委	《关于改革水价促进节约用水的指导意见的通知》	
164	2000年	国家计委	《国家计委定价药品目录》	
165	2000年	国家计委	《药品政府定价办法》	
166	2000年	国家计委	《关于规范餐饮连锁企业价格管理的通知》	
167	2000年	国家计委办公厅	《关于工业盐价格管理有关问题的通知》	
168	2000年	中国共产党中央委员会	《中共中央关于制定国民经济和社会发展第十个五年计划的建议》	《建议》强调：完善粮食收购保护价、粮食储备和风险基金制度
169	2001年	国务院	《中华人民共和国反倾销条例》	
170	2001年	国家计委	《价格行政处罚程序规定》	
171	2001年	国务院	《中华人民共和国反补贴条例》	
172	2001年	体改办、国家计委、教育部、新闻出版总署	《关于降低中小学教材价格深化教材管理体制改革的意见》	
173	2001年	国务院	《关于进一步做好农村税费改革试点工作的通知》	
174	2001年	国家计委	《关于进一步做好价格工作的意见》	
175	2001年	国家计委	《禁止价格欺诈行为的规定》	
176	2001年	国家计委	《政府价格决策听证暂行办法》	
177	2001年	国家计委、教育部、新闻出版总署	《中小学教材价格管理办法》	

续表

序号	时间	发文机关	文件名称	备注
178	2001年	国家计委	《关于大准铁路客货运价有关问题的通知》	
179	2001年	国家计委、交通部	《关于全面放开水运价格有关问题的通知》	
180	2001年	国家计委	《关于整顿涉农价格和收费的通知》	
181	2001年	国家计委	《关于放开和下放部分商品和服务价格的通知》	
182	2001年	国家计委	《关于实行涉农价格和收费公示制度的通知》	
183	2001年	国家计委、卫生部、国家中医药管理局	《关于印发全国医疗服务价格项目规范（试行2001年版）的通知》	
184	2001年	国家计委	《政府制定价格行为规则（试行）》	
185	2002年	国家计委	《责令价格违法经营者停业整顿的规定》	
186	2002年	国家计委	《关于加快实施城乡用电同价工作的通知》	
187	2002年	国家计委	《关于加强企事业单位物价员工作的意见》	
188	2002年	国家计委	《关于南方电网西电东送价格有关问题的通知》	
189	2002年	国家计委	《关于印发教育收费公示制度的通知》	
190	2002年	国家计委	《价格主管部门公告价格违法行为的规定》	
191	2002年	国家计委	《责令价格违法经营者停业整顿的规定》	
192	2002年	国家计委	《政府价格决策听证办法》	
193	2002年	国家计委	《重要商品和服务价格成本监审暂行办法》	

续表

序号	时间	发文机关	文件名称	备注
194	2003年	国务院	《中华人民共和国进出口关税条例》	
195	2003年	国务院办公厅	《关于进一步加强农村税费改革试点工作的通知》	
196	2003年	国务院办公厅	《关于印发电价改革方案的通知》	
197	2003年	国务院	《关于全面推进农村税费改革试点工作的意见》	
198	2003年	国家计委	《食盐价格管理办法》	
199	2003年	中国共产党中央委员会	《中共中央关于完善社会主义市场经济体制若干问题的决定》	《决定》提出：分步实施税收制度改革
200	2004年	国家发改委	《价格违法行为举报规定》	
201	2004年	国务院	《收费公路管理条例》	
202	2004年	国务院办公厅	《关于推进水价改革促进节约用水保护水资源的通知》	
203	2004年	国家发改委	《价格违法行为行政处罚实施办法》	
204	2005年	建设部、发展改革委、财政部、国土资源部、人民银行、税务总局、银监会	《关于做好稳定住房价格工作的意见》	
205	2005年	国家发改委、建设部	《城镇廉租住房租金管理办法》	
206	2005年	国家发改委	《关于印发电价改革实施办法的通知》	
207	2005年	中国共产党中央委员会	《中共中央关于制定国民经济和社会发展第十一个五年规划的建议》	《建议》强调：未来五年价格总水平要基本稳定
208	2006年	国家发改委	《政府制定价格行为规则》	

续表

序号	时间	发文机关	文件名称	备注
209	2006年	国务院	《价格违法行为行政处罚规定》（修改版）	
210	2006年	国家发改委	《关于完善差别电价政策的意见》	
211	2006年	建设部、发展改革委、监察部、财政部、国土资源部、人民银行、税务总局、统计局、银监会	《关于调整住房供应结构稳定住房价格的意见》	
212	2006年	国家发改委	《政府制定价格成本监审办法》	
213	2007年	全国人民代表大会常务委员会	《中华人民共和国反垄断法》	
214	2007年	国家发改委	《关于2007年深化经济体制改革工作的意见》	《意见》强调：推进资源价格等相关改革，促进资源节约和环境保护
215	2007年	国家发改委	《价格监督检查证据规定》	
216	2008年	国务院	《关于实施成品油价格和税费改革的通知》	
217	2008年	国务院	《关于切实落实政策保证市场供应维护副食品价格稳定的紧急通知》	
218	2008年	国务院	《价格违法行为行政处罚规定》（修改版）	
219	2008年	国家发改委	《政府制定价格听证办法》	
220	2008年	中国共产党中央委员会	《中共中央关于推进农村改革发展若干重大问题的决定》	《决定》提出：完善粮食等主要农产品价格形成机制，理顺比价关系，充分发挥市场价格对增产增收的促进作用
221	2008年	国家发改委	《关于对部分重要商品及服务实行临时价格干预措施的办法》	

续表

序号	时间	发文机关	文件名称	备注
222	2009年	国家发改委、卫生部、人力资源和社会保障部	《改革药品和医疗服务价格形成机制的意见》	
223	2009年	国家发改委、财政部	《关于改革化肥价格形成机制的通知》	
224	2009年	国家发改委	《价格监督检查统计报告制度》	
225	2010年	国务院	《价格违法行为行政处罚规定》（修改版）	
226	2010年	国务院	《关于稳定消费价格总水平保障群众基本生活的通知》	
227	2010年	国务院	《关于进一步促进蔬菜生产保障市场供应和价格基本稳定的通知》	
228	2010年	国务院	《关于坚决遏制部分城市房价过快上涨的通知》	
229	2010年	国家发改委	《反价格垄断行政执法程序规定》	
230	2010年	国家发改委	《反价格垄断规定》	
231	2010年	国家发改委、中国地震局	《地震安全性评价收费管理办法》	
232	2010年	国家发改委、国家旅游局、国家工商总局	《关于规范酒店客房市场价格的意见》	
233	2010年	国家发改委	《国家发展改革委定价药品目录》（修订版）	
234	2011年	国务院办公厅	《关于促进生猪生产平稳健康持续发展防止市场供应和价格大幅波动的通知》	
235	2011年	国家发改委	《关于整顿规范电价秩序的通知》	
236	2011年	国家发改委	《商品房销售明码标价规定》	

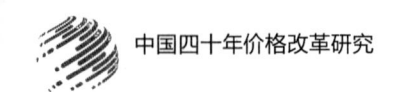

续表

序号	时间	发文机关	文件名称	备注
237	2012年	国务院办公厅	《关于深化电煤市场化改革的指导意见》	《意见》提出：完善煤电价格联动机制。
238	2012年	国家发改委、财政部	《关于降低部分行政事业性收费标准的通知》	
239	2012年	国家发改委、卫生部、人力资源和社会保障部	《关于推进县级公立医院医药价格改革工作的通知》	
240	2013年	国家发改委	《价格行政处罚程序规定》（修改版）	
241	2013年	国家发改委、住房城乡建设部	《关于加快建立完善城镇居民用水阶梯价格制度的指导意见》	
242	2013年	国家发改委	《价格行政处罚案件审理审查规则》	
243	2013年	国家发改委	《价格行政处罚案卷管理规定》	
244	2013年	国家发改委	《价格行政处罚证据规定》	
245	2013年	中国共产党中央委员会	《中共中央关于全面深化改革若干重大问题的决定》	《决定》强调：完善主要由市场决定价格的机制。凡是能由市场形成价格的都交给市场，政府不进行不当干预
246	2014年	国家发改委	《价格违法行为举报处理规定》（修订版）	
247	2014年	中国银监会、国家发改委	《商业银行服务价格管理办法》	
248	2014年	国家发改委、工业和信息化部	《关于运用价格手段促进水泥行业产业结构调整有关事项的通知》	
249	2014年	国家发改委	《关于改进低价药品价格管理有关问题的通知》	
250	2014年	国家发改委、国家卫生计生委、人力资源和社会保障部	《关于非公立医疗机构医疗服务实行市场调节价有关问题的通知》	

续表

序号	时间	发文机关	文件名称	备注
251	2014年	国家发改委	《关于建立健全居民生活用气阶梯价格制度的指导意见》	
252	2015年	国家发改委	《中央定价目录》（修订版）	
253	2015年	国家发改委	《地方定价目录》（修订版）	
254	2015年	国家发改委、国家卫生计生委、人力资源和社会保障部、工业和信息化部、财政部、商务部、食品药品监管总局	《推进药品价格改革的意见》	
255	2015年	中共中央、国务院	《中共中央国务院关于推进价格机制改革的若干意见》	
256	2015年	国家发改委	《价格认证规定》	
257	2015年	国家发改委、国家能源局	《输配电定价成本监审办法（试行）》	
258	2015年	国家发改委	《关于完善煤电价格联动机制有关事项的通知》	
259	2015年	国家发改委、住房和城乡建设部、交通运输部	《关于进一步完善机动车停放服务收费政策的指导意见》	
260	2015年	国家发改委、教育部、司法部、新闻出版广电总局	《关于下放教材及部分服务价格定价权限有关问题的通知》	
261	2015年	国家发改委	《关于进一步放开建设项目专业服务价格的通知》	
262	2015年	国家发改委	《关于降低非居民用天然气门站价格并进一步推进价格市场化改革的通知》	
263	2016年	国务院办公厅	《关于推进农业水价综合改革的意见》	

续表

序号	时间	发文机关	文件名称	备注
264	2016年	国家发改委、国家卫生计生委、人力资源和社会保障部、财政部	《推进医疗服务价格改革的意见》	
265	2016年	国家发展改革委、民政部、财政部、人力资源和社会保障部、统计局	《关于进一步完善社会救助和保障标准与物价上涨挂钩联动机制的通知》	
266	2016年	国家发改委	《关于明确储气设施相关价格政策的通知》	
267	2016年	国家发改委	《天然气管道运输价格管理办法（试行）》	
268	2016年	国家发改委	《天然气管道运输定价成本监审办法（试行）》	
269	2016年	国务院办公厅	《关于推进农业水价综合改革的意见》	
270	2016年	国家发改委	《网络交易价格举报管辖规定（试行）》	
271	2016年	国家发改委、工业和信息化部	《关于运用价格手段促进钢铁行业供给侧结构性改革有关事项的通知》	
272	2016年	国家发改委	《关于进一步完善成品油价格形成机制有关问题的通知》	
273	2016年	国家发改委	《关于推进化肥用气价格市场化改革的通知》	
274	2016年	国家发改委	《关于放开食盐价格有关事项的通知》	
275	2017年	国家发改委	《政府制定价格行为规则》（修订版）	
276	2017年	国家发改委	《政府定价的经营服务性收费目录清单》	
277	2017年	国家发改委	《关于全面深化价格机制改革的意见》	

续表

序号	时间	发文机关	文件名称	备注
278	2017年	国家发改委	《政府制定价格成本监审办法》	
279	2017年	国家发改委、国家能源局	《区域电网输电价格定价办法（试行）》	
280	2017年	国家发改委、国家能源局	《跨省跨区专项工程输电价格定价办法（试行）》	
281	2017年	国家发改委、财政部	《关于深化棉花目标价格改革的通知》	
282	2017年	国家发改委、国家能源局	《关于制定地方电网和增量配电网配电价格的指导意见》	
283	2017年	国家发改委、国家卫生计生委、人力资源和社会保障部	《关于推进按病种收费工作的通知》	
284	2017年	国家发改委	《农产品成本调查管理办法》（修订版）	
285	2017年	国家发改委	《关于进一步加强垄断行业价格监管的意见》	
286	2017年	国家发改委	《关于降低非居民用天然气基准门站价格的通知》	
287	2017年	国家发改委	《关于核定天然气跨省管道运输价格的通知》	
288	2017年	国家发改委、中国银监会	《关于取消和暂停商业银行部分基础金融服务收费的通知》	
289	2017年	国家发改委	《关于深化铁路货运价格市场化改革等有关问题的通知》	
290	2018年	国家发改委	《关于加大力度推进农业水价综合改革工作的通知》	
291	2018年	国家发改委	《关于创新和完善促进绿色发展价格机制的意见》	

续表

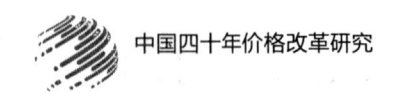

序号	时间	发文机关	文件名称	备注
292	2018年	国家发改委办公厅、财政部办公厅	《关于取消国家储备糖和储备肉交易服务价格政府定价有关事项的通知》	
293	2018年	国家发改委、财政部	《行政事业性收费标准管理办法》	
294	2018年	国家发改委	《关于证券期货业监管费标准等有关问题的通知》	
295	2018年	国家发改委	《关于理顺居民用气门站价格的通知》	
296	2018年	国家发改委	《关于取消代办中国公民因私签证服务价格政府定价有关事项的通知》	
297	2018年	国家发改委	《关于完善国有景区门票价格形成机制降低重点国有景区门票价格的指导意见》	
298	2018年	国家发改委	《关于降低一般工商业电价有关事项的通知》	

附录三

2016 年版中央定价目录

中央定价目录

《中央定价目录》已经国务院批准，现予以发布，自 2016 年 1 月 1 日起施行。

序号	定价项目	定价内容	定价部门	备注
1	天然气	各省（自治区、直辖市）天然气门站价格	国务院价格主管部门	定价范围为国产陆上天然气和2014年底前投产的进口管道天然气，直供用户（不含化肥企业）用气除外
2	水利工程供水	中央直属及跨省（自治区、直辖市）水利工程供水价格	国务院价格主管部门	供需双方自愿协商定价的除外
3	电力	省及省以上电网输配电价	国务院价格主管部门	电力市场交易机制形成前，省及省以上电网统一调度的未通过市场交易形成价格的上网电量，由国务院价格主管部门制定上网电价；省及省以上电网未通过市场交易形成价格的销售电量，由国务院价格主管部门制定定价原则和总体水平，省级价格主管部门制定各类电力用户具体价格水平

续表

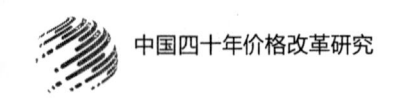

序号	定价项目	定价内容	定价部门	备注
4	特殊药品及血液	麻醉药品和第一类精神药品最高出厂价格和最高零售价格	国务院价格主管部门	
		公民临床用血的血站供应价格	国务院卫生计生部门会同国务院价格主管部门	
5	重要交通运输服务	铁路运输服务：中央管理企业全资及控股铁路普通旅客列车票价率	国务院价格主管部门	竞争性领域除外
		铁路运输服务：中央管理企业全资及控股铁路货物、行李运价率	国务院价格主管部门	竞争性领域除外
		民航运输服务：民航国内航线及国际航线国内段旅客票价率	国务院民用航空主管部门会同国务院价格主管部门	竞争性领域除外
		民航运输服务：民用机场、军民合用机场垄断环节服务收费	国务院民用航空主管部门	
		民航运输服务：民航飞行校验服务收费	国务院民用航空主管部门	
		民航运输服务：民航空管服务收费	国务院民用航空主管部门	
		港口服务：渔港收费	国务院农业主管部门会同国务院价格主管部门	定价范围为船舶进出渔港、停泊、靠泊等服务
		港口服务：沿海、长江干线主要港口及其他所有对外开放港口的垄断服务收费	国务院交通运输主管部门会同国务院价格主管部门	定价范围为船舶进出港、靠离泊和港口安保等服务
		跨省（自治区、直辖市）长途管道运输价格	国务院价格主管部门	

续表

序号	定价项目	定价内容	定价部门	备注
6	重要邮政业务	信函寄递资费	国务院价格主管部门会同国务院财政部门、国务院邮政管理部门	
		邮政汇兑资费		
		机要通信资费		
		国家规定报刊发行资费		
		单件重量不超过10千克的包裹寄递资费	国务院价格主管部门会同国务院财政部门、国务院邮政管理部门	竞争性领域除外
7	重要专业服务	商业银行基础服务收费、银行卡刷卡手续费	国务院价格主管部门会同中国人民银行、国务院银行业监管机构（具体根据职责分工确定）	定价范围为转账汇款、现金汇款、取现、票据等商业银行基础服务，银行卡刷卡服务（竞争性环节除外）

后 记

中国四十年改革开放，波澜壮阔，成就辉煌，今天的中国，综合国力显著增强，人民生活水平大幅提升，四十年改革开放取得的成就，可歌可泣。为纪念我国改革开放四十周年，我们以已有价格研究成果和长期积累的文献资料为基础，研究撰写《中国四十年价格改革研究》文稿，公开出版。全书由蒋和胜确定选题、拟定研究提纲，修改初稿，总纂定稿，并撰写第一章，曾兴撰写第二、三章，李小瑜撰写第四、五、六章，并参与统稿，李潇整理了中国价格改革四十年有关重要政策文件法律法规目录索引。

本书较为全面系统阐释了中国四十年价格改革的历史全貌、重要地位、阶段分期、伟大成就，客观翔实记叙了四十年价格改革的历史过程和重要改革举措，探索总结了中国特色价格改革道路的成功经验、逻辑理路和客观规律，并对进一步深化价格改革做出展望。本书还收录了作者为庆祝中国改革开放十周年、三十周年撰写的有关价格改革的论文，以增强对我国四十年价格改革过程中重要历史阶段的认识。本书可供广大经济工作者和高等学校师生阅读参考。由于价格问题十分复杂和重要，热点价格问题较多，价格改革政策性强，加之我们掌握的史料有限，本书对中国四十年价格改革的认识不一定全面，书中某些观点不一定正确，恳请读者批评指正，以便我们进一步深化研究。

在本书的研究撰写中，我们参考了已出版的大量文献，吸收了有关价格研究领域的最新成果，这些我们都在当页脚注和文末参考文献中标明；在本书出版过程中，得到了四川大学经济学院、四川大学出版社的领导及编辑的大力支持和四川大学经济学院出版基金的资助，我们在此一并表示诚挚的感谢。

作 者

2018 年 8 月